RECENT POETRY
OF SPAIN

RECENT POETRY OF SPAIN

A BILINGUAL ANTHOLOGY

Translated and Edited by

Louis Hammer and Sara Schyfter

SACHEM PRESS / OLD CHATHAM, NEW YORK

ACKNOWLEDGMENTS

Grateful acknowledgment is made to the following persons for permission to reprint the poems included in this volume:

Josefina Manresa, vda. de Hernández, for the poems of Miguel Hernández; Luis Rosales; Felicidad Blanc, vda. de Panero, for the poems of Leopoldo Panero; Gabriel Celaya; Soledad Vivanco, for the poems of Luis Felipe Vivanco; Germán Bleiberg; Sabina de la Cruz, for the poems of Blas de Otero; Rafael Morales; César Hidalgo Iglesias, for the poems of José Luis Hidalgo; José Hierro; Ángela Figuera Aymerich; Gloria Fuertes; Claudio Rodríguez; José Ángel Valente; Ángel González; Carlos Sahagún; Jaime Gil de Biedma; Francisco Brines; Félix Grande; Manuel Vázquez Montalbán; Pedro Gimferrer; Guillermo Carnero; Antonio Colinas and Pureza Canelo.

Published by Sachem Press, P.O. Box 9, Old Chatham, NY 12136, with the assistance of a grant from The New York State Council on the Arts.

Printed in the United States of America.

FIRST EDITION

Library of Congress Cataloging in Publication Data
Main entry under title:

Recent Poetry of Spain.

    English and Spanish.
    Bibliography.
    Index.
    1. Spanish poetry—20th century—Translations into English. 2. English poetry—Translations from Spanish. 3. Spanish poetry—20th century.
I. Hammer, Louis.   II. Schyfter, Sara E.
PQ6267.E2   1983   861'.6'08   83-11235
ISBN 0-937584-07-X
ISBN 0-937584-08-8 (pbk.)

NOTE OF APPRECIATION

Of the many persons whose help, encouragement and support contributed to this book we would especially like to thank Manuel Alvar and José Olivio Jiménez. Their knowledge was an invaluable source of information. We are also grateful to Wayne and Linnette Reed, who assisted in translating some poems. We could not have gotten along without the gracious help of Sally Stevenson, Head of the Interlibrary Loan Department of the library at the State University of New York at Albany. We also wish to thank the New York State Council on the Arts for a grant provided the publisher, which has made publication of the book possible.

L.H.
S.S.

CONTENTS

INTRODUCTION   xiii

ON TRANSLATION   xix

MIGUEL HERNÁNDEZ
  Un carnívoro cuchillo / A Carnivorous Knife   2 / 3
  Como el toro / Like the Bull   4 / 5
  Elegía / Elegy   4 / 5
  El niño yuntero / Yoke Boy   8 / 9
  Canción del esposo soldado / Song of the Soldier Husband   10 / 11
  El tren de los heridos / The Train of the Wounded   14 / 15
  (Guerra) / (War)   16 / 17
  Todas las casas son ojos / All the Houses Are Eyes   16 / 17
  Después del amor / After Love   18 / 19
  Eterna sombra / Eternal Shadow   20 / 21

LUIS ROSALES
  De Misericordia / from Compassion   24 / 25
  Autobiografía / Autobiography   24 / 25
  La última luz / The Last Light   26 / 27
  El mundo es nuestra herencia /
     The World Is Our Inheritance   26 / 27
  Creciendo hacia la tierra / Growing toward Earth   30 / 31
  El naufragio interior / Interior Shipwreck   30 / 31
  La pregunta / The Question   32 / 33
  Elegía del anochecer / Elegy of Nightfall   34 / 35
  Lo que no se recuerda / What Isn't Remembered   34 / 35
  De La casa encendida / from The House in Lights   36 / 37

LEOPOLDO PANERO
  Sola tú / You Alone   38 / 39
  Escrito a cada instante / Written at Every Instant   38 / 39
  César Vallejo / César Vallejo   40 / 41
  Madrigal lento / Slow Madrigal   42 / 43
  Visión de Astorga / Vision of Astorga   44 / 45
  Arte poética / Ars Poetica   44 / 45

GABRIEL CELAYA
  La noche era un silencio / The Night Was a Silence   48 / 49
  Quien me habita / The One Who Lives in Me   48 / 49
  Nocturno / Nocturne   50 / 51
  Poema-cosa / Poem-Thing   52 / 53
  Cosas que pasan / Things that Happen   54 / 55
  La llamada / The Call   58 / 59

La cámara octogonal / The Octagonal Chamber   58 / 59
Alfa-3 / Alpha-3   60 / 61
Terror de lo abierto / Terror of the Open   64 / 65

LUIS FELIPE VIVANCO
La mirada del perro / The Dog's Glance   66 / 67
Normalidad / Normality   66 / 67
Sentencia / Verdict   68 / 69
Palinodia blanca / White Palinode   70 / 71
Mutismo de Pablo / The Muteness of Pablo   72 / 73

GERMÁN BLEIBERG
Dulce y sereno / Sweet and Serene   76 / 77
Nuestros amigos, los sueños / Our Friends, Our Dreams   76 / 77
Elegía en la muerte de Pedro Salinas /
   Elegy on the Death of Pedro Salinas   78 / 79
Buffalo 1 / Buffalo 1   80 / 81
Pensaba todos los días / I Thought Every Day   82 / 83

BLAS DE OTERO
Cuerpo de la mujer, río de oro /
   Body of Woman, River of Gold   86 / 87
Igual que vosotros / The Same as You   86 / 87
Hombre / Man   88 / 89
Crecida / Swollen River   90 / 91
Paso a paso / Step by Step   92 / 93
A la inmensa mayoría / To the Immense Majority   94 / 95
En el principio / In the Beginning   94 / 95
Gallarta / Gallarta   96 / 97
Biotz-Begietan / Biotz-Begietan   96 / 97
El obús de 1937 / The 1937 Howitzer   98 / 99
Lo fatal / What's Inevitable   100 / 101

RAFAEL MORALES
Agonía del toro / Death-agony of the Bull   104 / 105
Los ancianos / Old People   104 / 105
Los idiotas / Idiots   106 / 107
El cemento / Cement   106 / 107
Mujer desnuda / Naked Woman   108 / 109
Recuerdo de Yaya la modista /
   Memory of Yaya the Dressmaker   108 / 109

JOSÉ LUIS HIDALGO
La mina / The Mine   110 / 111
Gato / Cat   112 / 113
Espera siempre / It's Always Waiting   112 / 113

Lo fatal / What's Inevitable   114 / 115
Estoy maduro / I'm Ripe   116 / 117
¿Por qué voy a llorarme? / Why Should I Mourn Myself?   116 / 117
Después del amor / After Love   118 / 119
Nacimiento / Birth   118 / 119

JOSÉ HIERRO
Amanecer / Dawn   120 / 121
Reportaje / Report   122 / 123
Para dos poetas de América / For Two American Poets   128 / 129
Vino el ángel de las sombras /
    The Angel of Shadows Came   128 / 129
Alucinación en Salamanca / Hallucination in Salamanca   130 / 131
Acelerando / Accelerando   136 / 137

ÁNGELA FIGUERA AYMERICH
Carne de mi amante / My Lover's Flesh   140 / 141
Insomnio / Insomnia   140 / 141
Mujeres del mercado / Women of the Market   140 / 141
La cárcel / The Jail   142 / 143
Cuando mi padre pintaba / When My Father Painted   144 / 145
Si no has muerto un instante /
    If You Haven't Died for an Instant   146 / 147
Símbolo / Symbol   148 / 149

GLORIA FUERTES
Nota biográfica / Biographical Note   150 / 151
No perdamos el tiempo / Let's Not Waste Time   152 / 153
La ida del hombre / The Man's Departure   154 / 155
Llantos nocturnos / Nighttime Tears   154 / 155
Miradme aquí / Look at Me Here   156 / 157
Caí / I Fell   156 / 157
Hospital-asilo ancianos pobres /
    Hospital-Old-age Asylum for the Poor   158 / 159
La termita / The Lady-termite   158 / 159
Homenaje a Rubén Darío / Homage to Rubén Darío   160 / 161
La verdad de la mentira / The Truth inside the Lie   160 / 161
Al dolor no le huyas / Don't Run Away from Pain   162 / 163

CLAUDIO RODRÍGUEZ
Siempre la claridad viene del cielo /
    Light Always Comes from the Sky   164 / 165
Como si nunca hubiera sido mía /
    As if It Had Never Been Mine   164 / 165
A mi ropa tendida / To My Shirt Hanging on the Line   166 / 167
Visión a la hora de la siesta / Vision of an Afternoon Nap   168 / 169

Cáscaras / Peels   170 / 171
De Oda a la niñez / from Ode to Childhood   174 / 175
Hacia la luz / Toward Light   174 / 175
Voz sin pérdida / Voice without Loss   176 / 177
Ahí mismo / Right There   178 / 179
Salvación del peligro / Rescue from Danger   180 / 181

JOSÉ ÁNGEL VALENTE
El adiós / The Farewell   184 / 185
Cae la noche / Night Falls   184 / 185
El cántaro / The Pitcher   186 / 187
El puente / The Bridge   186 / 187
Extramuros / Outside the Walls   188 / 189
Como ríos contiguos / Like Neighboring Rivers   190 / 191
Con palabras distintas / With Different Words   192 / 193
El sacrificio / The Sacrifice   194 / 195
Un cuerpo no tiene nombre / A Body Has No Name   194 / 195
Picasso-Guernica-Picasso: 1973 /
    Picasso-Guernica-Picasso: 1973   196 / 197

ÁNGEL GONZÁLEZ
Miro mi mano / I Look at My Hand   198 / 199
Sé lo que es esperar / I Know what It Is to Wait   200 / 201
Ciudad cero / Zero City   202 / 203
Los Sábados las prostitutas madrugan mucho para estar dispuestas /
    On Saturdays Prostitutes Get up Very Early in order to
    Be Ready   204 / 205
Preámbulo a un silencio / Preamble to Silence   208 / 209
Vals de atardecer / Evening Waltz   208 / 209
Quinteto enterramiento para cuerda en cementerio y piano rural /
    Funeral Quintet for Cemetery Strings and Rustic
    Piano   210 / 211
A veces, en octubre, es lo que pasa . . . /
    Sometimes, in October, That's what Happens . . .   212 / 213

CARLOS SAHAGÚN
Aula de química / Chemistry Lecture Hall   214 / 215
Canción / Song   216 / 217
Febrero 1848 / February, 1848   218 / 219
Vegetales / Vegetables   218 / 219
Nada salvaría / I'd Save Nothing   220 / 221
Amanecía duramente / The Dawn Was Harsh   220 / 221
Para encontrarte / In Order to Find You   222 / 223

JAIME GIL DE BIEDMA
  Los aparecidos / Appearances   224 / 225
  Peeping Tom / Peeping Tom   226 / 227
  Ruinas del Tercer Reich / Ruins of the Third Reich   228 / 229
  Intento formular mi experiencia de la guerra /
     I Attempt to Formulate My Experience of the War   228 / 229
  Después de la muerte de Jaime Gil de Biedma /
     After the Death of Jaime Gil de Biedma   232 / 233
  De Vita Beata / De Vita Beata   236 / 237

FRANCISCO BRINES
  Mere Road / Mere Road   238 / 239
  Amor en Agrigento / Love in Agrigento   240 / 241
  Métodos de conocimiento / Ways of Knowing   242 / 243
  No hagas como aquél / Don't Be like Him   244 / 245
  El curso de la luz / The Course of Light   246 / 247
  Mi dos realidades / My Two Realities   248 / 249
  El por qué de las palabras /
     The Whys and Wherefores of Words   248 / 249

FÉLIX GRANDE
  Ofendo, como ofenden los cipreses /
     I Offend the Way the Cypresses Offend   252 / 253
  Madrigal / Madrigal   252 / 253
  En la alta madrugada / In the Late Dawn   254 / 255
  Has sido aquí infeliz / You've Been Unhappy Here   256 / 257
  Boceto para una placenta / Notes for a Placenta   256 / 257
  Cabellera compasiva / Compassionate Head of Hair   260 / 261
  La resistencia / Resistance   262 / 263
  Dame ungüento de carne, Loba /
     Give Me Unguent of Flesh, Wolf-Lady   264 / 265

MANUEL VÁZQUEZ MONTALBÁN
  Otoño cuarenta / Fortieth Autumn   266 / 267
  De Ars amandi / from Ars Amandi   270 / 271
  Hippy-blues / Hippy-blues   272 / 273
  De Variaciones sobre un 10% de descuento /
     from Variations on a 10% Discount   274 / 275
  Ulises / Ulysses   276 / 277
  Hölderlin 71 / Hölderlin 71   278 / 279
  Como el judío que añora / Like the Jew who Longs   280 / 281

PEDRO GIMFERRER
En invierno, la lluvia dulce en los parabrisas . . . /
In Winter, the Gentle Rain on the Windshields . . .   284 / 285
De La muerte en Beverly Hills /
from Death in Beverly Hills   286 / 287
By love possessed / By Love Possessed   288 / 289
Antagonías / Antagonies   290 / 291
Vlad Drakul / Count Dracula   292 / 293
Noche de abril / April Night   296 / 297

GUILLERMO CARNERO
Melancolía de Paul Scarron, poeta burlesco /
Melancholy of Paul Scarron, Burlesque Poet   300 / 301
Oscar Wilde en París / Oscar Wilde in Paris   302 / 303
El sueño de Escipión / Scipio's Dream   304 / 305
Puisque réalisme il y a / Puisque Réalisme il y a   306 / 307
Mira el breve minuto de la rosa /
Look at the Brief Moment of a Rose   308 / 309
Museo de historia natural /
Museum of Natural History   308 / 309
Ostende / Ostend   310 / 311

ANTONIO COLINAS
Cementerio del Père Lachaise /
The Graveyard of Père Lachaise   316 / 317
Ocaso / Sunset   316 / 317
Encuentro con Ezra Pound / Meeting with Ezra Pound   318 / 319
Novalis / Novalis   320 / 321
Homenaje a Tiziano (1576-1976) /
Homage to Titian (1576-1976)   320 / 321
Megalítico / Megalithic   322 / 323

PUREZA CANELO
La luz / Light   324 / 325
Ya puedo morirme si me dejo / I Can Die if I Feel like It   324 / 325
La presencia / Presence   326 / 327
Poema de desván séptimo /
Poem of the Seventh-floor Attic   328 / 329
Poema de nueve de diciembre de mil novecientos cuarenta y seis /
Poem of December Ninth, Nineteen Forty-six   330 / 331

Biographical Sketches and Bibliographies   334

Index of Poets   340

INTRODUCTION

On the eve of the Spanish Civil War, in 1934, Federico García Lorca writes to Miguel Hernández that "today the most lovely poetry in Europe is being written in Spain." And, indeed, this was true. The Spanish nation was in the midst of one of the richest epochs of poetic activity since the Golden Age of the sixteenth and seventeenth centuries, the period that had produced such figures as Lope de Vega, Quevedo, Góngora, San Juan de la Cruz, Garcilaso de la Vega and Fray Luis de León. At the time of Lorca's letter, two generations of Spanish writers had already left the imprint of a renewed artistic and spiritual stance. These were the Generation of 1898 and the Generation of 1927, the group to which Lorca himself belonged.

The Generation of 1898—among them Unamuno, Antonio Machado, Azorín, Pío Baroja and Valle-Inclán—forged their identity at a time of great national disaster. Theirs is a literature that seeks to change Spain's social and intellectual climate through a vision of history that is personal and aesthetic. The writers of this age imagine a new Spain, "otra España," in total opposition to the stagnant and tottering Spanish state.

Two strong but opposing currents dominate the thinking of these writers. On the one hand they were inspired by Spain's glorious past and set out to decipher her literary and intellectual tradition. On the other hand they turned towards the ideas and culture of Europe with the aim of Europeanizing or modernizing their nation. The thinkers who have had the greatest influence on the ideas of Spanish poets since Unamuno have been Schopenhauer, Nietzsche, Bergson, Freud and Heidegger, while Poe, Baudelaire and Verlaine are the poetic sensibilities most in tune with their own.

Unamuno begins his literary agenda with an attack on the false and distorted image of the Spain of his time. Wishing to uncover the eternal Spain that lives outside of the accidents of history, he speaks of the *intrahistoria*, of national and personal values that are permanent and beyond the transformations of temporality.

Antonio Machado echoes Unamuno's concerns for Spain in a more serene but equally melancholic voice. His poetic canon is an extraordinary example of spiritual determination and magnitude put at the service of a nation and its destiny. Machado speaks, however, in an intensely personal voice. He writes of time and memory, of youth, of emotion for the stark Castilian landscape, of mourning at the death of his beloved wife, Leonor, of a search for God in the everyday, inside an interior labyrinth of solitude and doubt.

Machado's deeply personal and Spanish voice becomes a model for the great "realistic" or socially and historically conscious poetry of modern Spain. His tendency toward a more communicable poetry, toward one that is more human in its concerns, becomes what is often called the "rehumanization" of Spanish writing.

At the same time, a totally different vein of poetry, "Modernism," is introduced into Spain by the Nicaraguan poet, Rubén Darío, and followed most faithfully by Juan Ramón Jiménez, Spain's greatest aesthete. Juan Ramón's artistic credo, with its aim of inventing a world of pure beauty, was much influenced by the French Symbolists and by such diverse English writers as Blake, Shelley, Keats and Yeats. Leaving a legacy of exquisite sensitivity and subtle lyrical transcendence, Juan Ramón sought to fuse a personal, invented beauty with a universal, metaphysical perfection of form. His so-called "poesía desnuda," naked poetry, follows a mystical path, intellectual and refined, towards a final ecstasy of self-discovery in the pristine perfection of the poetic image.

The Generation of 1927, which includes such masters as Pedro Salinas, Rafael Alberti, Jorge Guillén, Lorca, Luis Cernuda and Vicente Aleixandre, extends Juan Ramón's purifying drive but unites it with a nationalistic aim that attempts to merge the contemporary poetic spirit with the formal elements of classical Spanish poetry. The baroque poet Góngora embodies the conceptual and stylistic model favored by the members of this new poetic fraternity. Seeking to integrate a personal identity with an historical one, the poets of the Generation of 1927 created a literature that is very modern in its utter traditionalism, very national and yet highly cosmopolitan. For these poets, formal artistic perfection and absolute beauty are primary. Absorbing the influence of Surrealism, many are less interested in clear communication than in suggesting unique states of consciousness, and they employ metaphor as a primary poetic device. The power of metaphor is defined by Lorca when he says that it "joins two antagonistic worlds by means of an equestrian leap of the imagination."

The work of this extraordinary group of poets had already reached maturity before the outbreak of the Spanish Civil War and most have been widely translated in recent years. We begin our anthology with Miguel Hernández, whose poems on the war, along with those of Alberti, mark the return to the human in the poetic discourse of a war-torn nation. Dying in jail at the age of thirty-one, Hernández created a poetry that stands as the great divide between the avant-garde experimentation of the earlier years and the simplified style of collective suffering that determines the writing of post-Civil War poetry.

Hernández' poetry is closely linked to his intense and dramatic life. He began, like other young poets of his generation, as an apprentice to Góngora, but soon discarded the conceits of the master to find a more "realistic" verse. Indeed, Hernández' poetry is alive today through what it retains of the earth, of the strong virtues of manhood that he praised, of the intense amorous moment relived, and in poems foreshadowing his own death and exposing the brutalities of war. His texts are marked by a deep and rebellious social consciousness that links him to the drama of historical events that he witnessed and recorded. He is certainly the most mythologized poet of his generation and his voice of protest marks an important event in the literature of Spain, along with the voices of his Latin American counterparts, César Vallejo and Pablo Neruda.

The Civil War created a climate in which young poets were forced to confront crises of individualism, of religious faith, of existential anguish and of social and political turmoil. A more prosaic style emerged as poetry attempted to record the wounded world around it. Many young writers felt that only a political literature could claim any moral stature. Too much engagement, however, often led to a body of writing that was more prose than verse, more a narrative and dramatic presentation of the everyday than a poetic discourse that gave primacy to the linguistic act.

Yet, perhaps because of these unbearable demands on the artistic consciousness, a parallel poetry of lyrical and personal quality rediscovered the individual, captured the mystery of life in a moment of remembered joy, sang of the Muse, of the beloved and the self. The poets of the personal voice, again turning to a classical predecessor, this time Garcilaso de la Vega, took his Petrarchan sonnets as models. In delicate, technically brilliant exercises they evoked a pastoral, amorous and religious sensibility more in keeping with an earlier, less blood-stained time.

This formalist period of post-war poetry was relatively short-lived. The aftermath of the Civil War dispersed the literary community that formed the new Golden Age. Jiménez, Salinas, Guillén, Felipe and Alberti became known as "la España peregrina," the wandering Spain of exile. Death claimed others: Unamuno, Machado, Lorca and Hernández.

The poets who remained on native soil, such as Vicente Aleixandre, Dámaso Alonso and Gerardo Diego, assumed the role of guardians toward the younger poets. In 1944 the publication of Aleixandre's Sombra del paraíso (Shadow of Paradise) and Alonso's Hijos de la ira (Sons of Wrath) contributed to the rehumanization and liberalization of poetry. Both these books were enormously influential by directing poetry outward toward the actual human world. Alonso's book lashed out against the social conditions found in Franco's Spain, identified with the poor, the dead and the maimed, and broke the poetic silence with a coarse cry of realism. The emergence of several important literary magazines kept the spirit of community alive and soon an intense controversy developed between the *garcilacistas* and those who wished to promote a less esoteric and aesthetically exquisite poetry.

Poets who published in the journals *Escorial* and *Garcilaso* followed the neo-classical movement that wished to restore the Renaissance lyrical tradition. It is not surprising to find that of a total of 800 poems published by *Garcilaso* in its 36 issues, almost half of them are sonnets and the rest poems of traditional versification and classical themes. The early work of Rosales, Panero, Vivanco, Morales and Bleiberg contains very little free verse. On the other hand, the magazine *Espadaña* founded by Eugenio de Nora and Victoriano Crémer, claimed to represent the voice of the common man. In the 1944 prologue to the magazine's first issue, the editors urged that poetry be written in and about the streets, in a "naked" vein, "tremendista" in the starkness of its vision, "impure" and soiled like humanity itself. The early work of Gabriel Celaya, José Hierro and Blas de Otero is closest to the anti-classical and anti-intellectual position of this publication.

The appearance in 1952 of an anthology edited by Francisco Ribes raised the social preoccupation of Spanish poetry to a new level of acceptability. Notable in this book was the publication of a statement of each author's *ars poetica*. Many were clearly following Aleixandre's dictum that "Poetry is communication" and that it must reach the common man and change society. One of the least ambiguous about the role of poetry is Gabriel Celaya who states: "Poetry is not neutral. These days no man can be neutral. And, to begin with, a poet is a man." The flight from "pure poetry" is best exemplified perhaps by Blas de Otero's dedication of his work "to the immense majority" in contrast to Jiménez' "immense minority." It is obvious that this aesthetic is based not on the formal and technical perfection of the verse but on its emotional and human content. A renewed relationship between man and his historical moment is now evident, following closely the tenets of Antonio Machado. Hierro expresses the power and limitation of such a commitment in his poem "For Two American Poets," asking his American colleagues to understand "Why it is we belong to the narrow time in which we live/and only to that time."

An important strain of religious emotion and reflection pulsates in the work of poets of this period with differing aesthetic commitments. Rosales, Otero and Hidalgo are among the strongest poets with a religious voice. Rosales writes from the dark side of experience, from the shadows that hold the light higher and higher until the day comes true in total darkness. His religious poetry is an anguished lament to a hidden God whose only sign of presence is inside the long journey of pain that illuminates the soul and sets it free to join the rest of humanity. Equally pained is the voice of Otero as he addresses God in psalmodic desperation. Jacob-like he fights the angel of death hand to hand only to discover that he too is an angel but an angel with chains. Hidalgo writes powerfully of the intrusion of death in life, experienced by the victims of war and by himself in his fatal illness. He addresses God with deep existential courage and fervent composure.

The poets who began to publish in the fifties neither rejected nor accepted unreservedly the social commitment of their immed-iate predecessors. Gloria Fuertes starts out as firmly as Celaya wanting to use poetry to relieve human suffering but continually introduces an ironic, detached and self-mocking tone in her poems. This hard, nearly confessional look at the world and oneself, along with awareness of the growing isolation of the poet, affects the work of González, Valente, Gil de Biedma, Sahagún, Rodríguez to a lesser degree, and even Ángela Figuera Aymerich.

Many of these poets draw heavily on their recollections of a childhood interrupted by the war or marred by the post-war repression and they turn to ever-deepening reflection on the daily drama of lives often held together by a quiet rage. They echo Otero's line: "I write and keep quiet." Writing itself becomes purposeful not as a way of transforming social conditions but as a means of cognition.

Joined by younger poets such as Brines and Grande, this generation sees poetry as a medium for discovering knowledge. All of them are concerned with the nature of language and the truths that language may express. Valente makes his position clear in a 1961 statement in which he says that he writes poetry

because the poetic act offers me a road of access to reality for which nothing else can be substituted. Perhaps it is not difficult to conclude from this that I see poetry in the first place as knowledge and only secondly as communication . . . . In so far as poetry can know reality it orders it, and in so far as it orders it, it justifies it.

What is most remarkable about the work of this rich and diverse group of poets is that they stay close to the events and tone of daily life and daily speech while achieving a kind of transcendent vision. Claudio Rodríguez probably best realizes this aesthetic impulse, combining abstraction, lyricism and spiritual vision in a language that remains consistently transparent to daily events.

The generation of the seventies, often called *los novisimos*, the newest ones, because of the title (*Nueve novisimos*, 1970) of a well-known anthology by José María Castellet, marks a definitive rupture with the previous poetry. These poets promote the autonomy of art, reclaim the obsolete values of poetry as end in itself, and consider the poem as an independent and self-sufficient object. They have all been formed by the mass media. Their aesthetic sensibilities are in tune with the techniques of film and television, such as montage, ellipsis and syncopation. Rejecting the poetry of social and intimistic concerns, they discover such forbidden writers as Rimbaud, the French Surrealists, Saint-John Perse, T.S. Eliot, Ezra Pound, Wallace Stevens, Octavio Paz, Vicente Huidobro and Jorge Luis Borges.

Important elements of this poetry that leave an imprint on all young writers are: absolute liberty of form; the attempt to avoid logical discourse and substitution of a field of alogical meaning made up of songs, advertisements, newspaper clippings and other "pop" items; juxtaposition of exotic and artificial elements with the poet glossing previous literary texts and counterposing classical myths to mass media in an ironic parody of "imperialist" cultures across the centuries, as in the work of Manuel Vázquez Montalbán.

Another 1970 anthology, *Nueva poesía española*, concentrated on those young poets who search for their literary inspiration inside the Spanish canon, particularly the Generation of 1927. Their poetics entails a return to a morally concerned art, a poetry of the self and mind in which dream, illusion, fantasy and suggestion are still at the center of the poetic act. Gimferrer, Colinas and Carnero are the most representative of this group. Many of them rely on a renewed faith in language, leading to rebellion against the "massification" of culture. They return to a more baroque and neosymbolist poetry as well as to a sense of loyalty to Iberian culture, while searching for the roots of their inheritance in the classics of the Golden Ages of Greece, Rome and their own Spain.

These poets display sensitivity to contemporary discussions of literary theory and often incorporate in their work reflections on the relation between the act of writing and the being of a world. In "Scipio's Dream" Carnero addresses this problem in these lines:

> The poem comes from reality
> by way of violence; reality comes to be
> the visualization of a chaos from a perspective
> over which the poet presides from the point of escape.

In the power and sophistication of their thought, as well as in the invention of new techniques, the younger poets, whose work ranges from the classical precision of Colinas to the broken existential rhythms of Canelo, once again renew the poetic vigor of Spain.

ON TRANSLATION

Translation appeals to our age perhaps because of a profound desire to enter the experience of another, coming, as we do, from a growing solitude. Can it be that to translate the text of a writer is to become that writer in a privileged and magical way: without the pain of origination and retaining the freedom to invent inside a new linguistic universe?

Such, it would seem, is the magic of translation that translators make themselves responsible for the original work and for the translation without ever having to fear any presumption on their part. A good translation, after all, is one in which the wills of writer and translator merge so that "the work itself" appears in the new language. If the translation is faithful, it would seem, there is no new individuation, only the original work reincarnated. By something like a principle of sufficient reason, the translator could accomplish his task only if the powers of writer and translator were continually to coincide.

Yet we know that this is hardly ever the case. Good translations are made by people who aren't remotely like the writers they translate. Perhaps one goes too far in suggesting that the translator *becomes* the writer of the first text. Perhaps the translator is more like someone quoting a text, careful to repeat it with strictest accuracy.

When I quote from you I take your discourse into mine. (Is there any reason why I can't quote everything you say?) Quotation is a kind of hearing, a hearing inside of speaking, an interpenetration of hearing and speaking. I hear the other's words becoming mine. This becoming mine is a progressive claiming or process of laying hold of another's words in order to enfold them in mine. To do this I must tear them away from the other, hold them in the nest of my speech, care for them in a way that the other does not. Quotation is a special form of care, just as hearing is. In quoting I confirm* the other's words in a way that isn't open to him, for he is the originator. (With good reason we tend to ridicule someone who quotes from himself. Such an act shows an inappropriate solicitude.) The originator, the first speaker, the writer, the poet is barred from hearing his own words as the listener, the quoter or translator hears them. Yet it may be that the return of his utterance to him through the hearer or translator is not incidental but essential to the original speech or writing. Now this return can be seen to increase the magnitude of the text. The text's echo magnifies and clarifies it. It releases what was concealed by treating

*Confirming may include challenging, disputing, struggling with, etc.

every gesture as important. There is no nuance that the translator doesn't aim to reveal.

Perhaps now we can say with George Steiner that the translation of a text, say, a poem, is founded in the interpretation of those gestures of concealment that occur in everyday speech.

Every speaking or writing aims at concealment as well as at disclosing or revealing. But the concealing is at the same time a communication. Our not telling others or our hiding from them reveals to them something about what we hide. What gets covered up lies in its mound of concealment and so is seen as the hidden. We may use language to avert attention or to intimate what we don't wish to say, but the more closely we are listened to or are read the more attention focuses on our silences or evasions or our tone of avoidance. For others to understand us they must hear our tone or gesture as speech, and they must give language to our silence. In other words, translation occurs at the heart of all communication. The concealed material lies as though in another language, even when one natural language is being used. There is intralingual translation and interlingual translation hardly differs from it.

Poetry, of course, is as rich in concealments as any conversation and translating it interlingually benefits from the practice of that fundamental interpretation which is now being called intralingual translation. Interlingual translation is a reading by writing in another word-system. One way to read is to compose other words. That is the translator's art. It is to engage in a forced encounter with the ambiguities, concealments and evasions of the poem in order to achieve a new word-harmony on the original ground. This forced, violent encounter stirs the latent pulsions of the work. A good translation captures the hidden, dense life of the poem, something we feel, experience and know but which cannot be directly inspected. It must be teased into presence by a violent act of giving life to another universe of sounds.

Now a stronger picture of translation begins to emerge. The translation is not a reincarnation or quotation or interpretation of something set into being with completeness in another language. It is a way of breaking open a channel for something that in its way of being overflows the boundaries of a language.

The translation aims at uncovering the poetry of the poem, something which lies hidden in the poem. The poetry of the poem is what finds its way in the translation. The translation opens up a course through the receptor language, moving the words of that language into place so that a course can appear. The translation lets the poetry find a way or course from one language through another. It is this flow, a kind of revealing course, which the translation aims to let happen. Though what the translator does is to set word after word in the receptor language, he soon discovers how this course is opening, how the words must be placed to permit the revealing flow.

There is violence in this work, but it is not like shaking gold loose from the ore. It is the violence of leaving one place and being left alone to find your way in another. Or the violence of supplying a parallel energy that tracks beside the original and is in danger of pulling abruptly off course. The translation inevitably vibrates beside the original with its own leaping motion, straining to be an independent life. The translaton cannot succeed without establishing its own authority, its own bodily warmth, its corporeal integrity. As it becomes body in its own right it risks displacing the first work, a sign universe that endures by gathering tonal and rhythmic strands into harmonies of unique valence. The translation re-arranges these valences, it opens a route in a new bodily time, it inaugurates and gratifies a new yearning for fullness.

Violence occurs because in bringing something forth we must impose on it the concrete forms which condition our under-standing. Only by breaking it open can we bring forth a being with an inner life which shows itself. To think through another being's situation and to bring forth something whole we must create or invent the radical meaning of that being's presence. Only through our creation by means of a hearing from our life-center will the reality of the other make an appearance, and so we must stamp the form of that being by our own bold act. As Heidegger tells us, all thinking is poetizing, a leading forth which allows something to stand in the light of its being. To understand another is to let the other stand forth. In translating we are each poet of the other, a relation that is sustained by the violence of bringing forth.

While a poem establishes itself as a work of art the originating writer disappears. He is in no position to enforce a claim that the poem is his alone or even that his words are the words of the poem. The poet simply gets something down in words to begin the life of this thing called the poem. When the translator approaches the poem this absence of ownership sets up a strange image—the emergence of a kind of transcendent language in which the poem inheres and toward which both the "original" language and the translator's language aspire. Both the writing of the poem and the translating of the poem are revealed as a quest after an elusive poetic being called up in these efforts. The so-called "original" poem does not enjoy a privileged position; "the poem," the very thing the translation tries to capture, hovers at the intersection of all versions. Its being is imaginary, it lives in the transmuting substance of the imagination, given in versions but beyond them. Just as the poet tried to find the very poem he was writing, so the translator must pursue this creature of odd substance which the imagination sustains.

Translation is the deepest hearing or reading because it provides the poem with a parallel or accompanying energy, it refounds the poem's life, giving it another opening of life. The poem is to be taken apart by translation in order to attempt to penetrate to the absolute level of its demand and so to establish its unity and its bodily tension. Because no poem founds or intersects or represents a reality absolutely and because every poem is an ambivalent motion of speech—moving both toward and away from a "real"—translation exhibits the poem both coming and going in its strange tripping. Translation refuses to allow the poem to glide in its steadying balance of art, tending toward silence. The words must be challenged to speak their meaning once again, speak in yet another language, echo their own sense.

Words are attached to the world, they have to come together with the marks of experience on them. Words are governed by the world-strands they trail. That is why a translation can succeed. There is another order supporting the order of the words. This is a trans-verbal order. Call it the world. The translator tempts that order with the flesh of new words.

Louis Hammer

RECENT POETRY
OF SPAIN

Miguel Hernández

UN CARNÍVORO CUCHILLO

Un carnívoro cuchillo
de ala dulce y homicida
sostiene un vuelo y un brillo
alrededor de mi vida.

Rayo de metal crispado
fulgentemente caído,
picotea mi costado
y hace en él un triste nido.

Mi sien, florido balcón
de mis edades tempranas,
negra está, y mi corazón,
y mi corazón con canas.

Tal es la mala virtud
del rayo que me rodea,
que voy a mi juventud
como la luna a la aldea.

Recojo con las pestañas
sal del alma y sal del ojo
y flores de telarañas
de mis tristezas recojo.

¿Adónde iré que no vaya
mi perdición a buscar?
Tu destino es de la playa
y mi vocación del mar.

Descansar de esta labor
de huracán, amor o infierno
no es posible, y el dolor
me hará a mi pesar eterno.

Pero al fin podré vencerte,
ave y rayo secular,
corazón, que de la muerte
nadie ha de hacerme dudar.

A CARNIVOROUS KNIFE

A carnivorous knife
with sweet and homicidal wing
keeps up a steady flight, flashing
around my life.

Lightning ray of quivering metal
brilliantly fallen,
pecking at my side
it builds a sad nest there.

My temples, flowered
balcony of my early youth,
are black, but my heart,
my heart is gray.

Because of the evil virtue
of the lightning ray that surrounds me,
I go toward my youth
like the moon toward the village.

With my eyelashes I gather
salt from the soul and the eye
and I gather cobwebbed flowers
from my sadness.

Where should I go so I won't
be searching for my ruin?
Your destiny is with the beach
and my vocation with the sea.

It's not possible to rest
from this labor of hurricanes, love
or hell, and pain
can make my sorrow eternal.

But in the end I can conquer you,
bird, hundred-year-old lightning,
because, heart, no one
can make me unsure about death.

Sigue, pues, sigue, cuchillo,
volando, hiriendo. Algún día
se pondrá el tiempo amarillo
sobre mi fotografía.

El rayo que no cesa, 1936

COMO EL TORO

Como el toro he nacido para el luto
y el dolor, como el toro estoy marcado
por un hierro infernal en el costado
y por varón en la ingle con un fruto.

Como el toro lo encuentra diminuto
todo mi corazón desmesurado,
y del rostro del beso enamorado,
como el toro a tu amor se lo disputo.

Como el toro me crezco en el castigo,
la lengua en corazón tengo bañada
y llevo al cuello un vendaval sonoro.

Como el toro te sigo y te persigo,
y dejas mi deseo en una espada,
como el toro burlado, como el toro.

El rayo que no cesa, 1936

ELEGÍA

*(En Orihuela, su pueblo y el mio, se me ha muerto
como del rayo Ramón Sijé, con quien tanto quería.)*

Yo quiero ser llorando el hortelano
de la tierra que ocupas y estercolas,
compañero del alma, tan temprano.

Alimentando lluvias, caracolas
y órganos mi dolor sin instrumento,
a las desalentadas amapolas

daré tu corazón por alimento.
Tanto dolor se agrupa en mi costado,
que por doler me duele hasta el aliento.

Go on, knife, go on, then,
flying, wounding. Someday
time will turn yellow
on my photograph.

The Lightning that Doesn't Stop, 1936

LIKE THE BULL

Like the bull I was born for mourning
and pain, I'm marked like the bull
with an infernal iron in my side
and I'm marked as a male with seed in my groin.

Like the bull my boundless heart
finds everything too small,
and like the bull I fight with your love
for a kiss from your face.

Like the bull I grow through punishment,
I have a tongue bathed in heart
and I harness the sonorous gale in my neck.

Like the bull I follow and pursue you,
and you leave my desire on a sword,
like the bull deceived, like the bull.

The Lightning that Doesn't Stop, 1936

ELEGY

*(In Orihuela, his village and mine, as if struck
by lightning, someone so dear to me, Ramón Sijé, has died.)*

I want to be the weeping gardener
of the earth you occupy and fertilize,
long before your time, companion of my soul.

Feeding rains, snails
and organs my ineffectual pain,
I will give your heart for nurture

to the fading poppies.
So much sorrow settles in my side
that even my breath hurts from sorrow.

Un manotazo duro, un golpe helado,
un hachazo invisible y homicida,
un empujón brutal te ha derribado.

No hay extensión más grande que mi herida,
lloro mi desventura y sus conjuntos
y siento más tu muerte que mi vida.

Ando sobre rastrojos de difuntos,
y sin calor de nadie y sin consuelo
voy de mi corazón a mis asuntos.

Temprano levantó la muerte el vuelo,
temprano madrugó la madrugada,
temprano estás rodando por el suelo.

No perdono a la muerte enamorada,
no perdono a la vida desatenta,
no perdono a la tierra ni a la nada.

En mis manos levanto una tormenta
de piedras, rayos y hachas estridentes
sedienta de catástrofes y hambrienta.

Quiero escarbar la tierra con los dientes,
quiero apartar la tierra parte a parte
a dentelladas secas y calientes.

Quiero minar la tierra hasta encontrarte
y besarte la noble calavera
y desamordazarte y regresarte.

Volverás a mi huerto y a mi higuera:
por los altos andamios de las flores
pajareará tu alma colmenera

de angelicales ceras y labores.
Volverás al arrullo de las rejas
de los enamorados labradores.

Alegrarás la sombra de mis cejas,
y tu sangre se irán a cada lado
disputando tu novia y las abejas.

Tu corazón, ya terciopelo ajado,
llama a un campo de almendras espumosas
mi avariciosa voz de enamorado.

A las aladas almas de las rosas
del almendro de nata te requiero,

A hard slap, a cold blow,
an invisible and homicidal hatchet,
a brutal push has cut you down.

There is no greater expanse than my wound,
I weep my misfortune and its fullness
and I feel your death more than my life.

I walk in the stubble of dead men,
and without warmth or comfort
I move from my heart to my daily cares.

Death took its flight early,
dawn became dawn early,
you roam the ground early.

I do not forgive lovestruck death,
I do not forgive distracted life,
I do not forgive the earth or anything.

In my hands I lift a storm
of stones, lightning and strident axes
hungry and thirsty for catastrophes.

I want to dig the earth with my teeth,
I want to tear the earth piece by piece
with hot and dry bites.

I want to mine the earth until I find you
and to kiss your noble skull
and to unwrap you and to bring you back.

You'll return to my garden and to my fig tree:
in the high scaffolding of flowers
your honied soul will nest

in angelic wax and labor.
You'll return to the lullaby of country lovers
played on iron window grates.

You'll cheer the shadows of my eyebrows,
and your blood will go from side to side
fighting for your bride and the honeybees.

Your heart now crushed velvet,
calls my greedy lover's voice
into the foaming almond field.

I need you by the winged souls of roses
of the creamy almond-tree,

que tenemos que hablar de muchas cosas,
compañero del alma, compañero.

(10 de enero de 1936.)

Viento del pueblo, 1937

EL NIÑO YUNTERO

Carne de yugo, ha nacido
más humillado que bello,
con el cuello perseguido
por el yugo para el cuello.

Nace, como la herramienta,
a los golpes destinado,
de una tierra descontenta
y un insatisfecho arado.

Entre estiércol puro y vivo
de vacas, trae a la vida
un alma color de olivo
vieja ya y encallecida.

Empieza a vivir, y empieza
a morir de punta a punta
levantando la corteza
de su madre con la yunta.

Empieza a sentir, y siente
la vida como una guerra,
y a dar fatigosamente
en los huesos de la tierra.

Contar sus años no sabe,
y ya sabe que el sudor
es una corona grave
de sal para el labrador.

Trabaja, y mientras trabaja
masculinamente serio,
se unge de lluvia y se alhaja
de carne de cementerio.

A fuerza de golpes, fuerte,
y a fuerza de sol, bruñido,
con una ambición de muerte
despedaza un pan reñido.

because we have so many things to talk about,
companion of my soul, companion.

(January 10, 1936)

Wind of the People, 1937

YOKE BOY

Flesh of the yoke, he's born
more humble than fine,
with his neck pursued
by the neck's yoke.

Born, like a tool,
destined to blows,
from a discontented land
and an unsatisfied plow.

In pure and fresh
cowdung, he brings to life
an olive-colored soul
already old and calloused.

Beginning to live, he begins
to die step by step
lifting his mother's
crust with the yoke.

Beginning to feel, he feels
life like a war,
and exhausted he strikes
the bones of the earth.

Though he doesn't know his own age,
he already knows that sweat
is a heavy crown
of salt for the peasant.

He works, and while working
seriously like a man,
he's anointed with rain and bejeweled
with the cemetery's flesh.

Strong, from the heavy blows,
tanned by the sun,
with death his ambition
he breaks a bitter bread.

Cada nuevo día es
más raíz, menos criatura,
que escucha bajo sus pies
la voz de la sepultura.

Y como raíz se hunde
en la tierra lentamente
para que la tierra inunde
de paz y panes su frente.

Me duele este niño hambriento
como una grandiosa espina,
y su vivir ceniciento
revuelve mi alma de encina.

Lo veo arar los rastrojos,
y devorar un mendrugo,
y declarar con los ojos
que por qué es carne de yugo.

Me da su arado en el pecho,
y su vida en la garganta,
y sufro viendo el barbecho
tan grande bajo su planta.

¿Quién salvará a este chiquillo
menor que un grano de avena?
¿De dónde saldrá el martillo
verdugo de esta cadena?

Que salga del corazón
de los hombres jornaleros,
que antes de ser hombres son
y han sido niños yunteros.

Viento del pueblo, 1937

CANCIÓN DEL ESPOSO SOLDADO

He poblado tu vientre de amor y sementera,
he prolongado el eco de sangre a que respondo
y espero sobre el surco como el arado espera:
he llegado hasta el fondo.

Morena de altas torres, alta luz y altos ojos,
esposa de mi piel, gran trago de mi vida,

Each new day he's
more rooted, less childlike,
listening under his feet
to the voice of the tomb.

And like the root he sinks
slowly into the earth
so that the earth may cover
his forehead with peace and bread.

This hungry child hurts me
like a great thorn,
and his life in ashes
shakes my soul which is hard as oak.

I see him plow the stubble,
and devour a crumb
and question with his eyes
why he's flesh of the yoke.

I feel his plow in my breast,
and his life in my throat,
and I suffer seeing the fallow land
so wide under his foot.

Who will save this child
smaller than a grain of oats?
Where will the executioner's hammer
for this chain come from?

Let it come from the hearts
of the working men,
who before being men are and have been
yoke boys just like him.

Wind of the People, 1937

SONG OF THE SOLDIER HUSBAND

I've sown your womb with love and seed,
I've prolonged the echo of blood which I answer
and I wait in the furrow the way the plow waits:
I've touched the depths.

Brown-skinned woman of tall towers, tall lights and tall eyes,
wife of my skin, long swallow of my life,

tus pechos locos crecen hacia mí dando saltos
de cierva concebida.

Ya me parece que eres un cristal delicado,
temo que te me rompas al más leve tropiezo,
y a reforzar tus venas con mi piel de soldado
fuera como el cerezo.

Espejo de mi carne, sustento de mis alas,
te doy vida en la muerte que me dan y no tomo.
Mujer, mujer, te quiero cercado por las balas,
ansiado por el plomo.

Sobre los ataúdes feroces en acecho,
sobre los mismos muertos sin remedio y sin fosa
te quiero, y te quisiera besar con todo el pecho
hasta en el polvo, esposa.

Cuando junto a los campos de combate te piensa
mi frente que no enfría ni aplaca tu figura,
te acercas hacia mí como una boca inmensa
de hambrienta dentadura.

Escríbeme a la lucha, siénteme en la trinchera:
aquí con el fusil tu nombre evoco y fijo,
y defiendo tu vientre de pobre que me espera,
y defiendo tu hijo.

Nacerá nuestro hijo con el puño cerrado,
envuelto en un clamor de victoria y guitarras,
y dejaré a tu puerta mi vida de soldado
sin colmillos ni garras.

Es preciso matar para seguir viviendo.
Un día iré a la sombra de tu pelo lejano,
y dormiré en la sábana de almidón y de estruendo
cosida por tu mano.

Tus piernas implacables al parto van derechas,
y tu implacable boca de labios indomables,
y ante mi soledad de explosiones y brechas
recorres un camino de besos implacables.

Para el hijo será la paz que estoy forjando.
Y al fin en un océano de irremediables huesos
tu corazón y el mío naufragarán, quedando
una mujer y un hombre gastados por los besos.

Viento del pueblo, 1937

your crazed breasts swell and skip towards me
like a pregnant doe.

To me you seem a delicate crystal,
I fear the slightest touch will shatter you,
I come to reinforce your veins with my soldier's skin,
like the cherry tree.

Mirror of my flesh, mainstay of my wings,
I give you life in a death which they hand me and I refuse.
Woman, woman, surrounded by bullets, desired by lead,
I love you.

Over the fierce coffins in ambush,
over the dead alone with no help or grave,
I love you, and I would like to kiss you with all my heart,
you who are my wife until we turn to dust.

When I think of you and I'm near the battlefields,
my brow neither cooling nor quieting your image,
you approach me like an immense mouth
of hungry teeth.

Write to me at war, feel what it's like for me in the trench:
here I call and write your name with my gun,
and I defend your peasant womb waiting for me,
and I defend your child.

Our child will be born with a clenched fist
wrapped in the noise of victory and guitars,
and I will leave my soldier's life at your doorstep
without fangs or claws.

One has to kill to go on living.
One day I'll enter the shadows of your distant hair
and I'll sleep in starched sheets, in sheets of thunder
sewn by your hand.

Your implacable legs go to give birth unafraid,
and your implacable mouth with its untamed lips,
and before my solitude filled with explosions and impacts
you follow a journey of relentless kisses.

The peace I am forging is for the sake of the child.
And in the end in a sea of irreparable bones
your heart and mine will drown, leaving
a woman and a man worn out by kisses.

Wind of the People, 1937

EL TREN DE LOS HERIDOS

Silencio que naufraga en el silencio
de las bocas cerradas de la noche.
No cesa de callar ni atravesado.
Habla el lenguaje ahogado de los muertos.

Silencio.

Abre caminos de algodón profundo,
amordaza las ruedas, los relojes,
detén la voz del mar, de la paloma:
emociona la noche de los sueños.

Silencio.

El tren lluvioso de la sangre suelta,
el frágil tren de los que se desangran,
el silencioso, el doloroso, el pálido,
el tren callado de los sufrimientos.

Silencio.

Tren de la palidez mortal que asciende:
la palidez reviste las cabezas,
el ¡ay! la voz, el corazón, la tierra,
el corazón de los que malhirieron.

Silencio.

Van derramando piernas, brazos, ojos,
van arrojando por el tren pedazos.
Pasan dejando rastros de amargura,
otra vía láctea de estelares miembros.

Silencio.

Ronco tren desmayado, enrojecido:
agoniza el carbón, suspira el humo,
y maternal la máquina suspira,
avanza como un largo desaliento.

Silencio.

Detenerse quisiera bajo un túnel
la larga madre, sollozar tendida.
No hay estaciones donde detenerse,
si no es el hospital, si no es el pecho.

THE TRAIN OF THE WOUNDED

Silence that shipwrecks in the silence
of mouths shut by the night.
It doesn't stop being quiet, even when something crosses
   in front of it.
It speaks the drowned language of the dead.

Silence.

It opens the roads filled deep with cotton,
gags the wheels, the clocks,
restrains the voice of the sea, of the dove:
stirs the night made of dreams.

Silence.

The train wet with loose blood,
the fragile train full of men bleeding profusely,
the silent, painful, pale train,
the train kept quiet by suffering.

Silence.

Train with mortal pallor ascending:
pallor covers the heads,
the groans, the voice, the heart, the ground,
the heart of those badly wounded.

Silence.

They go along shedding legs, arms, eyes,
they go along flinging scraps through the train.
They pass, leaving trails of bitterness,
a new Milky Way with stars that are their limbs.

Silence.

Hoarse, languid train, turned red:
the coal's in its death-agony, the smoke sighs,
and the engine sighs like a mother,
it advances like a long discouragement.

Silence.

The long mother would like to stop
beneath a tunnel and stretch out sobbing.
There are no way stations,
except the hospital, except the breast.

Para vivir, con un pedazo basta:
en un rincón de carne cabe un hombre.
Un dedo solo, un trozo solo de ala
alza el vuelo total de todo un cuerpo.

Silencio.

Detened ese tren agonizante
que nunca acaba de cruzar la noche.
Y se queda descalzo hasta el caballo,
y enarena los cascos y el aliento.

El hombre acecha, 1939

(GUERRA)

La vejez de los pueblos.
El corazón sin dueño.
El amor sin objeto.
La hierba, el polvo, el cuervo.
¿Y la juventud?

En el ataúd.

El árbol solo y seco.
La mujer como un leño
de viudez sobre el lecho.
El odio sin remedio.
¿Y la juventud?

En el ataúd.

Cancionero y romancero de ausencias, 1939-1942

TODAS LAS CASAS SON OJOS

Todas las casas son ojos
que resplandecen y acechan.

Todas las casas son bocas
que escupen, muerden y besan.

Todas las casas son brazos
que se empujan y se estrechan.

In order to live, a tiny bit's enough:
even in a corner of flesh there's room for a man.
A single finger, a single piece of wing
can lift a whole body into total flight.

Silence.

Hold back that dying train
that never finishes crossing the night.
And even the horse is left unshod,
and the hoofs and breath buried in sand.

The Man in Ambush, 1939

(WAR)

Old age of villages.
Heart with no owner.
Love without object.
Grass, dust, crow.
And youth?

In the coffin.

Tree alone and dry.
Woman like a widowed
log on the bed.
Hatred that can't be cured.
And youth?

In the coffin.

Songbook and Balladbook of Absences, 1939-42

ALL THE HOUSES ARE EYES

All the houses are eyes
that shine and lie in ambush.

All the houses are mouths
that spit, bite and kiss.

All the houses are arms
that shove and hug one another.

De todas las casas salen
soplos de sombra y de selva.

En todas hay un clamor
de sangres insatisfechas.

Y a un grito todas las casas
se asaltan y se despueblan.

Y a un grito todas se aplacan,
y se fecundan, y esperan.

Cancionero y romancero de ausencias, 1939-1942

DESPUÉS DEL AMOR

No pudimos ser. La tierra
no pudo tanto. No somos
cuanto se propuso el sol
en un anhelo remoto.
Un pie se acerca a lo claro,
en lo oscuro insiste el otro.
Porque el amor no es perpetuo
en nadie, ni en mí tampoco.
El odio aguarda un instante
dentro del carbón más hondo.
Rojo es el odio y nutrido.
El amor, pálido y solo.
Cansado de odiar, te amo.
Cansado de amar, te odio.
Llueve tiempo, llueve tiempo.
Y un día triste entre todos,
triste por toda la tierra,
triste desde mí hasta el lobo,
dormimos y despertamos
con un tigre entre los ojos.
Piedras, hombres como piedras,
duros y plenos de encono,
chocan en el aire, donde
chocan las piedras de pronto.
Soledades que hoy rechazan
y ayer juntaban sus rostros.
Soledades que en el beso
guardan el rugido sordo.
Soledades para siempre.
Soledades sin apoyo.

Blasts of shadow and forest
rush out from all the houses.

In all of them there's an outcry
of unsatisfied blood.

And on hearing a shout all the houses
assault each other and empty of people.

And on hearing a shout all of them calm down
and become fertile and wait.

Songbook and Balladbook of Absences, 1939-42

AFTER LOVE

We couldn't be. The earth
couldn't take that much. We're not
as much as the sun proposed
in a remote desire.
One foot reaches toward the light,
the other insists on darkness.
For love is not perpetual
in anyone, not even in me.
Hate awaits its moment
inside the deepest coal.
Hate is rosy and well-nourished.
Love is pale and alone.
Tired of hating, I love you.
Tired of loving, I hate you.
It rains time, it rains time.
And one sad day among many,
sad on the whole earth,
enormously sad,
we sleep and we wake
with a tiger between our eyes.
Stones, men like stones,
hard and full of rancor,
clash in the air, where
rocks suddenly collide.
Solitudes which today reject their faces
and which yesterday commingled them.
Solitudes that hide
a deaf roar in the kiss.
Always solitudes.
Solitudes without support.

Cuerpos como un mar voraz,
entrechocando, furioso.
Solitariamente atados
por el amor, por el odio.
Por las venas surgen hombres,
cruzan las ciudades, sordos.
En el corazón arraiga
solitariamente todo.
Huellas sin campaña quedan
como en el agua, en el fondo.
Sólo una voz, a lo lejos,
siempre a lo lejos la oigo,
acompaña y hace ir
igual que el cuello a los hombros.
Sólo una voz me arrebata
este armazón espinoso
de vello retrocedido
y erizado que me pongo.
Los secos vientos no pueden
secar los mares jugosos.
Y el corazón permanece
fresco en su cárcel de agosto,
porque esa voz es el arma
más tierna de los arroyos:
"Mi fiel: me acuerdo de ti
después del sol y del polvo,
antes de la misma luna,
tumba de un sueño amoroso."
Amor: aleja mi ser
de sus primeros escombros,
y edificándome, dicta
una verdad como un soplo.
Después del amor la tierra.
Después de la tierra, todo.

Cancionero y romancero de ausencias, 1939-42

ETERNA SOMBRA

Yo que creí que la luz era mía
precipitado en la sombra me veo.
Ascua solar, sideral alegría
ígnea de espuma, de luz, de deseo.

Bodies clashing furiously
like a fierce sea.
Tied in solitude
by love, by hate.
Men surge in the veins,
cross cities, deaf.
In the heart everything
takes root in solitude.
Footprints remain in the depths,
without ground, as though in water.
Only one voice, in the distance,
always heard in the distance,
accompanies it and makes it move
the way the neck moves with the shoulders.
Only one voice tears from me
this thorny armor that I wear
made of ingrown
and bristly hair.
The arid winds can't
dry the liquid seas.
And the heart remains
fresh in its August prison
because that voice is the
stream's tenderest arm.
"My faithful one: I remember you
after the sun and the dust,
before the moon itself,
tomb of an amorous dream."
Love: separate my being
from its first ruins
and build me, declare
a truth like a whisper.
After love, the earth.
After the earth, everything.

Songbook and Balladbook of Absences, **1939-42**

ETERNAL SHADOW

I who believed that the light belonged to me
find myself precipitated into shadow.
Solar ember, sidereal joy
ignited by foam, by light, by desire.

Sangre ligera, redonda, granada:
raudo anhelar sin perfil ni penumbra.
Fuera, la luz, en la luz sepultada.
Siento que sólo la sombra me alumbra.

Sólo la sombra. Sin astro. Sin cielo.
Seres. Volúmenes. Cuerpos tangibles
dentro del aire que no tiene vuelo,
dentro del árbol de los imposibles.

Cárdenos ceños, pasiones de luto.
Dientes sedientos de ser colorados.
Oscuridad de rencor absoluto.
Cuerpos lo mismo que pozos cegados.

Falta el espacio. Se ha hundido la risa.
Ya no es posible lanzarse a la altura.
El corazón quiere ir más de prisa
fuerza que ensancha la estrecha negrura.

Carne sin norte que va en oleada
hacia la noche siniestra, baldía.
¿Quién es el rayo de sol que la invada?
Busco. No encuentro ni rastro del día.

Sólo el fulgor de los puños cerrados,
el resplandor de los dientes que acechan.
Dientes y puños de todos los lados.
Más que las manos, los montes se estrechan.

Turbia es la lucha sin sed de mañana.
¡Qué lejanía de opacos latidos!
Soy una cárcel con una ventana
ante una gran soledad de rugidos.

Soy una abierta ventana que escucha,
por donde va tenebrosa la vida.
Pero hay un raoy de sol en la lucha
que siempre deja la sombra vencida.

Poemas últimos, 1941-42

Blood, nimble, round, full of seeds:
swift longing with no profile or penumbra.
Outside, the light buried in light.
I feel that only shadow illuminates me.

Only shadow. Without stars. Without sky.
Beings. Volumes. Tangible bodies
within the air that can't fly,
within the tree of things impossible.

Scarlet frowns, passionate grief.
Teeth thirsty to be red.
Darkness of absolute hate.
Bodies like blocked-up wells.

There's no room. Laughter has sunk down.
It's no longer possible to strive after heights.
The heart wants quickly to become
the force that stretches the narrow blackness.

Flesh without a North Star moving in waves
towards sinister, barren night.
Which is the sunlight that invades?
I don't find a trace of daylight.

Only the glow of clenched fists,
the splendor of teeth lying in ambush.
Teeth and fists, on all sides.
More than hands, the hills reach toward us.

The struggle that has no thirst for the future is confused.
What vastness filled with gloomy heartbeats!
I'm a prison with one window
before a great roaring solitude.

I'm an open window that listens,
where life flows in darkness.
But there's a ray of sun in the struggle
that always leaves the shadow defeated.

Last Poems, 1941-42

Luis Rosales

de MISERICORDIA

He aquí que fue el silencio el primero de tus dones
era el silencio:
tierra sin hierba en noche estremecida,
después sólo tus ojos entre el ser y la nada;
¿qué evidencia de amor movió tu lengua?;
era el silencio,
toda la tierra en éxtasis como un mar asombrado;
fue cántico la vida porque el silencio era
sobre el haz de las aguas la unidad de las cosas.
Comprended
que el silencio es como una oración inmóvil,
como el desangrarse de un corazón;
oíd, montes, mares, islas:
he aquí que el silencio es amor;
yo lo pongo a tus plantas y con él la norma,
la intención de perseverar en el instante puro;
no lloro lo perdido, Señor, nada se pierde.

Segundo Abril, (1933-38) 1972

AUTOBIOGRAFÍA

Como el náufraga metódico que contase las olas que faltan para
      morir,
y las contase, y las volviese a contar, para evitar errores, hasta la
      última,
hasta aquella que tiene la estatura de un niño y le besa y le cubre la
      frente,
así he vivido yo con una vaga prudencia de caballo de cartón en el
      baño,
sabiendo que jamás me he equivocado en nada,
sino en las cosas que yo más quería.

Rimas, 1937-1951

from COMPASSION

Here it was silence that was the first of your gifts,
it was silence:
lands with no grass in a trembling night,
then only your eyes between being and nothingness;
what sign of love moved your tongue?
it was silence,
all the earth in ecstasy like an astonished ocean;
life was song because on the face of the waters
silence was the unity of all things.
Understand
that silence is like a motionless prayer,
like the hemorrhaging of a heart;
listen, hills, seas, islands:
it is silence that is love;
I place it at your feet and with it the norm,
the intention to persevere in the pure instant;
I don't weep for what is lost, Lord, nothing is ever lost.

Second April, (1933-38) 1972

AUTOBIOGRAPHY

Like a methodical shipwrecked man who counts the waves
     adequate for dying;
and counts them, and counts them again, to avoid errors,
     until the last one,
until that one which is the height of a child and covers his forehead,
so have I lived with the vague prudence of a cardboard horse
     in the bathtub,
knowing I have never been mistaken in anything,
except in those things I most loved.

Rhymes, 1937-1951

LA ÚLTIMA LUZ

Eres de cielo hacia la tarde, tienes
ya dorada la luz en las pupilas,
como un poco de nieve atardeciendo
que sabe que atardece,
                y yo querría
cegar del corazón, cegar de verte
cayendo hacia ti misma,
cayendo hacia avanzar, como la noche
ciega de amor el bosque en que camina
de copa en copa cada vez más alta,
hasta la rama isleña, sonreída
por la postrera luz,
                ¡y sé que avanzas
porque avanza la noche, y que iluminas
tres hojas solas en el bosque!,
                y pienso
que la sombra te hará clara y distinta,
que todo el sol del mundo en ti descansa
¡en ti, la retrasada, la encendida
rama del corazón en la que aún tiembla
la luz, sin sol, donde se cumple el día!

      Rimas, 1937-1951

EL MUNDO ES NUESTRA HERENCIA
(Balada de lo que siempre se difiere)

Considérate vivo y ponte en cura,
lo restante no importa.

Basta cambiar de sitio la alegría
del corazón;

             si nombras
el trigo te harás pan;

               la primavera
es primavera y nada más;

                 nos toca
algún hambre del mundo en el reparto,
y una extraña congoja
hace que nuestros huesos
jueguen al dominó sobre la alfombra.

THE LAST LIGHT

You're made of sky towards afternoon,
the light is already golden in your pupils,
like a little snow becoming twilight
that knows it's becoming twilight,

                and I wanted
to blind you from the heart, to blind you seeing
how, falling forward, you fall
toward yourself, the way night
blinds from love the forest in which it walks
from treetop to treetop, each time going higher,
toward an island branch, smiled on
by the last light,

             and I know you advance
because night advances, and that you illuminate
three single leaves in the forest!,

              and I think
that the shadow will make you clear and distinct,
that all the earth's sun rests in you
in you, the delayed, the burning
branch of the heart in which the light still
trembles, sunless, where the day comes true!

      Rhymes, 1937-1951

THE WORLD IS OUR INHERITANCE
(Ballad of What's Always Deferred)

Consider yourself alive and begin to heal,
the rest doesn't matter.

It's enough to change the place of the heart's
gladness:

        if you name
the wheat you'll become bread;

                 spring
is spring and that's all

                    in the distribution
some of the world's hunger is ours,
and a strange anguish
causes our bones
to play dominoes on the carpet.

Basta ponerse en marcha y que la vida
cobre su transitoria
y pujante verdad:

Todo está siendo,
cuanto es;

las mariposas
no son estrellas: vuelan
un solo día de sol y se deshojan;

no elijas tu camino: no hay caminos,

el pan es pan como la sombra es sombra;

considérate vivo y ponte en cura;
lo restante no importa.

Alguien entierra el mundo poco a poco
y en la playa, cansado, el mar se ahoga;
no esperes un milagro que te quite
del pecho esta congoja;

no busques lo que tienes;

no preguntes
nunca por el sentido de las cosas:
ellas son su sentido

y las palabras
son lluvia sobre el mar;
como una copa
de vino hay que beber
la vida gota a gota,

porque la angustia embriaga como el vino,
hasta poder decir:

Llegó la hora,

no sabemos de qué;
no lo sabemos
ni lo hemos de saber, pero no importa,
ha llegado y es todo: nos empuja;
es nuestra y nos conforta,

considérate vivo y no preguntes
lo que tienes que hacer:

Llegó la hora.

Rimas, 1937-1951

It's enough to get moving and to have life
vest its transitory
and piercing truth:

                Everything's becoming
what it is;

        butterflies
are not stars: they fly
a single sunny day and they wither;

don't choose your way: there are no ways,

bread is bread just as shadow is shadow;

consider yourself alive and begin to heal;
the rest doesn't matter.

Someone buries the earth little by little
and on the beach, worn out, the sea drowns;
don't expect a miracle to relieve
your breast of this anguish;

don't search for what you have;

                don't ever ask
about the meaning of things:
they are their own meanings

            and words
are rain on the sea;
           like a cup
of wine you must drink
life drop by drop,

because anguish makes us drunk the way wine does,
until we can say:

          The hour has come,

we don't know for what;
                we don't know
we can't know, but it doesn't matter,
it's come and that's all: it shoves us;
it's ours and it confronts us,

Consider yourself alive and don't ask
what has to be done:

        The hour has come.

Rhymes, 1937-1951

CRECIENDO HACIA LA TIERRA

Cuando llegue la noche y sea la sombra un báculo,
cuando la noche llegue, quizás el mar se habrá dormido,
quizás toda su fuerza no le podrá servir para mover sólo un grano
   de arena,
para cambiar de rostro una sonrisa,
y quizá entre sus olas podrá nacer un niño
cuando llegue la noche.
Cuando la noche llegue y la verdad sea una palabra igual a otra,
cuando todos los muertos cogidos de la mano formen una cadena
   alrededor del mundo,
quizás los hombres ciegos comenzarán a caminar como caminan las
   raíces en la tierra sonámbula,
caminarán llevando alegre el corazón igual que un árbol de coral,
y cuando encuentren a otros seres se tocarán los rostros y los
   cuerpos en lugar de decirse sus nombres,
y sentirán una fe manual repartiendo entre todos su savia,
y quizá irán creciendo unos dentro de otros, hasta formar un bosque
   silencioso,
un bosque de raíces que formarán un árbol único
cuando llegue la noche.

       Rimas, 1937-1951

EL NAUFRAGIO INTERIOR

A veces se separan
los pasos que hemos dado y ves que todo
pierde su juventud; la vida entera
cabe dentro del odio;
tratas de unir de nuevo
la sombra con el cuerpo, y el reposo
con el asombro de vivir; no vives:
lo recuerdas tan sólo.
No hay respuesta posible a una pregunta
¿tuve un nudo en los ojos
que me impidió mirar?, ¿o bien un ciego
temblor, un transitorio
temblor de nácar, dentro
de la mirada roto,
igual que en el naufragio
aún queda abierta el agua, y se ve todo

GROWING TOWARD EARTH

When night comes and the shadows become a staff,
when night comes, perhaps the sea will have been asleep,
perhaps all its strength won't help it move a single grain of
    sand,
change the face of a smile,
and perhaps in its waves a child might be born
when night comes.
When night comes and truth is a word like any other,
when all the dead holding hands will form a chain around
    the world,
perhaps blind men will begin to walk the way roots walk in the
    somnambulant earth,
they'll walk with happy hearts like a coral tree,
and when they finally meet they'll let their faces and bodies
    touch instead of calling one another by name,
and they'll feel a faith sharing its sap by hand with everyone,
and perhaps they'll keep on growing one inside the other, until
    they form a silent forest,
a forest of roots that will form a single tree
when night comes.

       Rhymes, 1937-1951

INTERIOR SHIPWRECK

Sometimes the steps we've taken
come apart and you see that everything
loses its youth; all of life
fits inside hatred;
you try once more to unite
the shadow with the body, and repose
with the wonder of life; you don't live:
you only remember living.
There's no answer possible to any question
did I have a knot in my eyes
that kept me from seeing? or was it a blind
tremor, a passing
tremor of ivory, broken
inside the glance,
just as in a shipwreck
the water continues to stay open, and everything

cayendo y atraído
hacia el amor del fondo,
hacía seguir cayendo como un grito
que abandonado sigue ardiendo solo?

Rimas, 1951-1970

LA PREGUNTA

Estoy pensando en el misterio de que unas cuantas palabras unidas
    puedan formar una pregunta;
una pregunta que en el momento mismo de nacer,
recién nacida,
puede abarcar la vida entera:
las ciudades que están expedientadas,
los trenes despidiéndose con cierto aire de orgasmo,
la prensa eyaculada y matutina,
las canciones, las mieses y los hombres;
estoy pensando en el misterio de que unas cuantas palabras, que no
    se bastan a sí mismas, puedan llegar a ser una pregunta,
esto es: una niñez,
una niñez eterna,
que liga el mundo con nosotros
igual que una bisagra donde se junta el cielo con la tierra,
la palabra y su sombra de dominio,
lo natural que duele y lo increado.
Pero, además, estoy pensando que una pregunta sigue viviendo,
sigue siendo pregunta después de contestada,
como un paisaje de Van Gogh sigue siendo paisaje encerrado
    y expuesto en su marco,
sigue siendo anterior a la tierra,
sigue *haciéndose tierra* en algún sitio todavía;
y estoy pensando, finalmente, que la pregunta es inextinguible por
    lo que tiene de esperanza,
y que acaso algún día con lluvia en los cristales
se acercará Luis Cristóbal a mí,
se acercarán a mí sus quince años,
desde todas sus horas,
desde todos sus días,
como los chopos, cuando el viento los mueve, muestran alegremente
    todas sus hojas a la vez,
se acercarán a mí para decirme de palabra en palabra:
¿Conociste a Azorín?

Rimas, 1951-1970

is seen falling and drawn
by love towards the bottom,
towards a continual falling like an abandoned
scream that keeps on burning all alone?

Rhymes, 1951-1970

THE QUESTION

I keep thinking of the mystery of how a few words put together
   can form a question;
a question that at the very moment of birth,
newly born,
can contain all of life;
cities that are rush orders,
trains departing with a certain orgasmic air,
the newspaper ejaculated each morning,
songs, wheat and men;
I keep thinking of the mystery of how a few words, that are nothing
   in themselves, can come to be a question,
that is: a childhood,
an eternal childhood,
that binds the world to us
like a vise in which heaven and earth are joined,
the word and its shadow of dominion,
the natural that hurts and the uncreated.
But, still, I keep thinking that a question goes on living,
it continues to be a question after it is answered,
as a landscape by Van Gogh goes on being a landscape sealed
   and exposed in its frame,
goes on being anterior to the earth,
some place still goes on *making itself earth:*
and I keep thinking, finally, that the question is inextinguishable
   for what it contains of hope,
and maybe someday when there is rain on the windowpanes
Luis Cristóbal will come to me,
his fifteen years will come to me,
from inside all his hours,
from inside all his days,
the way the black poplar, when moved by the wind, gladly shows
   all its leaves at once,
will come to me to say word by word:
Did you ever meet Azorín?

Rhymes, 1951-1970

ELEGÍA DEL ANOCHECER

A Félix Grande.

Hay hombres que se entierran solamente
para pisotearlos; sin embargo
reviven, se levantan
como si recogieran los harapos,
sacan su lepra al sol; dime, ¿es preciso
vivir para enterrarlos
una vez y otra vez?; dime, ¿es preciso
seguir viviendo, hermano?
No tengo ya que recordarte: a veces
estoy vivo de ti; no es necesario
que vuelvas: no te has ido,
siento la carne tuya en el cansancio
total que me anochece
el cuerpo y que me has dado
esta muerte reunida con la mía,
y este dolor quemándome los labios
que repite y repite en mis adentros
una pregunta: —Hermano,
¿es preciso vivir? Dime, ¿es preciso
vivir? —. Imaginamos
que es nuestro el mundo y que la vida sigue
viviendo, imaginamos
que somos nuestra estatua, y llega un día
en que te basta dar un solo paso
para pisar tu cuerpo, lo que aún queda
de tu cuerpo mortal; para pisarlo
y volverlo a enterrar sin saber cómo
se entierra lo viviente, y arroparlo,
y llevarle el embozo hasta la cara
como una papeleta de desahucio.

Rimas, 1951-1970

LO QUE NO SE RECUERDA

Para volver a ser dichosos era
solamente preciso el puro acierto
de recordar . . . Buscábamos
dentro del corazón nuestro recuerdo.
Quizá no tiene historia la alegría.
Mirándonos adentro

ELEGY OF NIGHTFALL

For Félix Grande.

There are men who are buried only
to be trampled; still
they revive, they get up
as if they gathered their rags,
taking the sun their leprosy; tell me, do we need
to live in order to bury them
again and again? tell me, do we need
to go on living, brother?
I don't have to remember you any more: at times
I live in you; you don't have
to come back: you haven't left,
I feel your flesh in the total exhaustion
that makes my body grow dark
and in which you've given me
this death reunited with mine,
and this pain burning my lips
that repeats and repeats inside me
one question: — Brother,
do we need to live? Tell me, do we need
to live? —. We imagine
that the world is really ours and that life goes on
living, we imagine
that we are our own statue, and a day comes
when a single step is enough
to trample your body, what's still left
of your mortal body; in order to trample it
and bury it again without knowing how
one buries what is living, and how one covers it,
and lifts the sheet to its face
like an eviction notice.

> *Rhymes,* 1951-1970

WHAT ISN'T REMEMBERED

To be happy again all that
was needed was the bull's-eye
of remembering...We searched
for our memory in our hearts.
Maybe happiness has no history.
Looking inside each other

callábamos los dos. Tus ojos eran
como un rebaño quieto
que agrupa su temblor bajo la sombra
del álamo... El silencio
pudo más que el esfuerzo. Atardecía,
para siempre en el cielo.
No pudimos volver a recordarlo.
La brisa era en el mar un niño ciego.

Rimas, 1951-1970

de *LA CASA ENCENDIDA*

Ahora que estamos juntos
y siento la saliva clavándome alfileres en la boca,
ahora que estamos juntos
quiero deciros algo,
quiero deciros que el dolor es un largo viaje,
es un largo viaje que nos acerca siempre vayas a donde vayas,
es un largo viaje, con estaciones de regreso,
con estaciones que no volverás nunca a visitar,
donde nos encontramos con personas, improvisadas y casuales,
    que no han sufrido todavía

Las personas que no conocen el dolor son como iglesias sin bendecir,
y yo quisiera recordarte, padre mío, que hace unos años he visitado
    Italia,
yo quisiera decirte que Pompeya es una ciudad exacta, invariable y
    calcinada,
una ciudad que está en ruinas igual que una mujer está desnuda;
cuando la visité sólo quedaba vivo en ella
lo más efímero y transitorio:
las rodadas que hicieron los carros sobre las losas del pavimento;
así ocurre en la vida;
y ahora debo decirte
que Pompeya está quemada por el Vesubio como hay personas que
    están quemadas por el placer,
pero el dolor es la ley de gravedad del alma,
llega a nosotros iluminándonos,
deletreándonos los huesos,
y nos da la insatisfacción que es la fuerza con que el hombre se
    origina a sí mismo,
y deja en nuestra carne la certidumbre de vivir
como han quedado las rodadas sobre las calles de Pompeya.

La casa encendida, (nueva versión), 1967

we were both silent. Your eyes
were like a quiet flock
that herds its trembling under the poplar's
shadow...Silence
could do more than our effort. It became permanent
evening in the sky.
We couldn't remember any more.
The breeze was a blind child in the sea.

Rhymes, 1951-1970

from THE HOUSE IN LIGHTS

Now that we are together
and I feel my saliva sticking my mouth with pins,
now that we are together
I want to tell you something,
I want to tell you that pain is a long journey,
a long journey that always takes us to each other no matter
    where we go,
it is a long journey, with stations of return,
with stations we never again visit,
where we meet people, improvised and casual, who have not yet
    suffered.

People who don't know pain are like unblessed churches,
and may I remind you, father, that a few years ago I visited Italy,
may I tell you Pompeii is a precise city, invariable and powdery,
a city that is in ruins the way a woman is naked;
when I visited it only the most ephemeral
and transient things still lived there:
tracks left by carts on the pavement stones;
so it happens in life;
and now I must tell you
that Pompeii was burned by Vesuvius just like those people burned
    by pleasure,
but pain is the soul's law of gravity,
it comes to illuminate us,
deciphering our bones,
and giving us the discontent that is the force by which man
    originates himself,
and leaves in our flesh the certainty of having lived
just as the tracks are still left on the streets of Pompeii.

The House in Lights (revised version), 1967

Leopoldo Panero

SOLA TÚ

Sola tú junto a mí, junto a mi pecho;
sólo tu corazón, tu mano sola
me lleva al caminar; tus ojos solos
traen un poco de luz hasta la sombra
del recuerdo; ¡qué dulce,
qué alegre nuestro adiós...! El cielo es rosa,
y es verde el encinar, y estamos muertos,
juntos los dos en mi memoria sola.
Sola tú junto a mí, junto al olvido,
allá donde la nieve, la sonora
nieve del Guadarrama, entre los pinos,
de rodillas te nombra;
allá donde el sigilo de mis manos;
allá donde la huella silenciosa
del ángel arrebata la pisada;
allá donde la borra...
estamos solos para siempre; estamos
detrás del corazón, de la memoria,
del viento, de la luz, de las palabras,
juntos los dos en mi memoria sola.

Versos del Guadarrama, 1930-39

ESCRITO A CADA INSTANTE

A Pedro Laín Entralgo

Para inventar a Dios, nuestra palabra
busca, dentro del pecho,
su propia semejanza y no la encuentra,
como las olas de la mar tranquila,
una tras otra, iguales,
quieren la exactitud de lo infinito
medir, al par que cantan...
Y Su nombre sin letras,
escrito a cada instante por la espuma,

YOU ALONE

You alone next to me, next to my breast;
your heart alone, your hand alone
leads me in walking; your eyes alone
bring a little light into the shadow
of memory: how sweet,
how joyous our goodbye...! The sky is pink,
and the oak is green, and we are dead,
the two of us together alone in my memory.
You alone next to me, next to forgetting,
there where the snow, the sonorous
snow of the Guadarrama, in the pines,
on its knees names you;
there where the hiddenness of my hands;
there where the silent mark
of the angel carries off the footprint,
there where he erases it...
we are alone forever, we are
somewhere behind the heart, behind memory,
behind wind, behind light, behind words,
the two of us together in my solitary memory.

Poems to the Guadarrama, 1930-39

WRITTEN AT EVERY INSTANT

For Pedro Laín Entralgo

In order to invent God, our word
searches inside the heart
for its own likeness and doesn't find it,
as the waves of a tranquil sea,
one after another, all equal,
want to measure the exactitude
of the infinite, while they sing...
And His name without letters,
written at every instant by the foam,

se borra a cada instante
mecido por la música del agua;
y un eco queda sólo en las orillas.

¿Qué número infinito
nos cuenta el corazón?
                              Cada latido,
otra vez es más dulce, y otra y otra;
otra vez ciegamente desde dentro
va a pronunciar Su nombre.
Y otra vez se ensombrece el pensamiento,
y la voz no le encuentra.
Dentro del pecho está.
                              Tus hijos somos,
aunque jamás sepamos
decirte la palabra exacta y Tuya,
que repite en el alma el dulce y fijo
girar de las estrellas.

Escrito a cada instante, 1949

CÉSAR VALLEJO

A José María Valverde

¿De dónde, por qué camino había venido,
soplo de ceniza caliente,
indio manso hecho de raíces eternas,
desafiando su soledad, hambriento de alma,
insomne de alma hacia la inocencia imposible,
terrible y virgen como una cruz en la penumbra;
y había llegado hasta nosotros para gemir, había venido
para gemir, aunque callaba tercamente en su corazón ilusorio,
agua trémula de humildad
y labios que han besado mucho de niño?

Callaban, llenas de miedo, sus palabras,
lo mismo que al abrir una puerta golpeando en la noche;
transparente, secretamente vivo en la tierra,
transido en las mejillas de palidez y de tempestad en los huesos;
y el eco cauteloso de sus plantas desnudas
era como la hierba cuando se corta;
y su frente de humo gris,
y sus mandíbulas dulcemente apretadas.

is erased at every instant
rocked by the music of the water;
and only an echo remains on the shore.

What infinite number
does the heart count for us?
         Each throb
once more is sweeter, over and over again;
once more blindly from within
going to pronounce His name.
And once again thought becomes shadowy
and the voice doesn't reach it.
It's within the heart.
         We are Your children,
even though we may never know
how to utter the exact word which is Yours,
that repeats in the soul the sweet and constant
whirling of the stars.

Written at Every Instant, 1949

CÉSAR VALLEJO

For José María Valverde

From where, by what road had he come,
gust of hot ash,
gentle Indian made of eternal roots,
defying his solitude, hungry for soul,
sleepless for soul toward an impossible innocence,
terrible and virginal like a cross in the darkness;
and had he come to us to groan, had he come
to groan even though he was stubbornly silent in his dreaming
    heart,
water trembling with humility
and lips that kissed too much as a child?

His words, full of fear, were stilled,
like a banging door opened in the night;
transparent, secretly alive in the earth,
exhausted in his pale cheeks and with a tempest in his bones;
and the cautious echo of his bare feet
was like the grass being cut;
and his brow made of gray smoke,
and his jaws gently shut.

Indio bravo en rescoldo y golondrinas culminantes de tristeza,
había venido, había venido caminando,
había venido de ciudades hundidas y era su corazón como un friso
   de polvo,
y eran blancas sus manos todavía,
como llenas de muerte y espuma de mar;
y sus dientes ilesos como la nieve,
y sus ojos en sombra, quemados y lejos,
y el triste brillo diminuto de su mirada infantil.

Y estaba siempre solo, aunque nosotros le quisiéramos
ígneo, cetrino, doloroso como un aroma,
y estaba todavía como una madre en el rincón donde envejecen las
   lágrimas,
escuchando el ebrio galope de su raza y el balar de las ovejas recién
   paridas,
y el sonido de cuanto durmiendo vive
en el sitio de la libertad y el misterio.

¡Ay! Había venido sonriendo, resonando como un ataúd
   hondamente,
descendiendo de las montañas, acostumbrado al último rocío,
y traía su paisaje nativo como una gota de espuma,
y el mar y las estrellas llegaban continuamente a su abundancia,
y lejos de nosotros, no sé dónde,
en un rincón de luz íntimamente puro.

Después hizo un viaje hacia otra isla,
andando sobre el agua, empujado por la brisa su espíritu,
y un día me dijeron que había muerto,
que estaba lejos, muerto;
sin saber dónde, muerto;
sin llegar nunca, muerto;
en su humildad para siempre rendida, en su montón de noble
   cansancio.

Escrito a cada instante, 1949

MADRIGAL LENTO

Te haces al deshacerte más hermosa
lo mismo que en la nieve derretida
bajo su tersa limpidez dormida
el tiempo, vuelto espíritu, reposa.

Brave Indian smoldering and with swallows culminating in sadness,
he had come, he had come on foot,
he had come from sunken cities and his heart was like a frieze
    of sand,
and his hands were still white,
as if full of death and of the sea's foam;
and his teeth untouched like the snow,
and his shadowy eyes, burnt and distant,
and the small sad gleam of his childlike stare.

And he was always alone, even though we wanted him
fiery, gloomy, pained like an aroma,
and still he was like a mother in the corner where tears age,
listening to the drunken gallop of his race and to the bleating
    of newborn sheep,
and to the sound of whatever lives sleeping
in the place of liberty and mystery.

Oh! He had come smiling, deeply sonorous like a coffin,
descending the hills, accustomed to the last dew,
and he brought his native landscape like a drop of foam,
and the sea and the stars came continually to his abundance,
and far from us, I don't know where,
into a corner of light intimately pure.

And later he traveled to another island,
walking on the waters, his spirit driven by the breeze,
and one day they told me he had died,
that he was far away, dead,
without knowing where, dead,
without ever arriving, dead,
vanquished forever in his humility, in his heap of noble exhaustion.

Written at Every Instant, 1949

SLOW MADRIGAL

Taking yourself apart you make yourself more beautiful
just as time, turned into spirit,
rests in the melting snow,
asleep under its terse limpidity.

Te haces tan dulcemente tenebrosa,
lago de mi montaña ensombrecida,
que en tu quietud recoges hoy mi vida;
mi ayer que a mi mañana se desposa.

Igual que ayer cantaba a mi montaña,
hoy a ti, mi honda paz, mi nieve viva,
mi muerte atesorada en la costumbre,

canto, mientras tu tiempo me acompaña,
oh clara compañera fugitiva,
hacia el desnudo mar desde la cumbre.

Escrito a cada instante, 1949

VISIÓN DE ASTORGA

Para morir despacio, desleído
el corazón, tras la tenaz batalla,
en el descanso entero que se halla,
después, Felicidad, de haber vivido;

para morir despacio, vuelto al nido
lejanamente fiel, y a la muralla
que entibia el sol de invierno y que detalla
el ramaje del campo aterecido;

para morir contigo cada día,
Felicidad, te quiero. ¡Oh insondable
pasión de la vejez en largo sueño!

Desligados del mundo en lejanía,
tus ojos en mis ojos, que nos hable
la palabra a los dos del solo dueño.

Caracas Navidad, 1955

ARTE POÉTICA

Más que decir palabras, quisiera dar la mano
a un niño, hundir el pecho contra la espuma viva,
y estar callado, llena la frente de oceano,
bajo un pino silente, palpitando hacia arriba.

You become so sweetly dark,
lake of my mountain covered with shadow,
that today you gather my life in your quiet:
my yesterday that is wedded to my tomorrow.

Just as yesterday I sang to my mountain,
today I sing to you, my deep peace, my living snow,
my death treasured by custom,

oh clear fugitive companion,
I sing, while your time accompanies me,
from the heights towards the naked sea.

Written at Every Instant, 1949

VISION OF ASTORGA

In order to die slowly, the heart
unread, after the fierce battle,
in the complete rest in which it finds itself,
after having lived, Felicidad;

in order to die slowly, back at the nest,
faithful from a distance, and at the wall
warmed by the winter sun, on which is engraved
the foliage of the shivering countryside;

in order to die with you each day,
Felicidad, I want you. Oh unfathomable
passion of old age in long sleep!

Unfastened from the world in remoteness,
your eyes in my eyes, let the word belonging
to a single owner speak to both of us.

Caracas Christmas, 1955

ARS POETICA

Rather than speaking words, I'd prefer to give my hand
to a child, immerse my heart in living foam,
and be quiet, with my forehead full of ocean
under a silent pinetree, pulsating upward.

Más que decir palabras, navegar en un llano
de espigas empujadas, ondeadas, donde liba
la inmensidad su jugo de noche de verano;
y en vez de soñar nombres que el viento los escriba.

Más que juntar canciones cogidas en la infancia
quisiera mis mejillas como un nido robado,
y el sabor de mis labios húmedos de ignorancia,

y la primer delicia del que nunca ha besado:
más que decir palabras ser su propia fragancia,
y estar callado, dentro del verso, estar callado...

Siete poemas, 1959

Rather than speaking words, navigating in a plain
of crushed wheat, growing in waves, where immensity
extracts the juice of summer nights;
and instead of dreaming names letting the wind write them.

Rather than collecting songs harvested in infancy
I'd prefer my cheeks to be like a ravished nest,
and the taste of my lips to be moist with ignorance,

and with the very first delight of someone who has never kissed;
rather than speaking words, to be the words' own fragrance,
and to be quiet, inside the poem, to be quiet...

Seven Poems, 1959

Gabriel Celaya

LA NOCHE ERA UN SILENCIO

La noche era un silencio
en equilibrio matemático de esferas.

En la luna había
guitarras verdes de hielo,
balaustradas y terrazas,
escalinatas,
estatuas
bajo árboles blancos de escarcha.

En la luna había
sonámbulos inmóviles
con los ojos en blanco,
lacerados,
ciegos;
sonámbulos que velan
la luna y su misterio.

Algas largas y sueltas,
medusas fosforescentes,
cabelleras de luna flotaban
sobre los pálidos y yertos mares verdes.

La luna olía a química,
a éter,
a muerte.

Marea del silencio, 1935

QUIEN ME HABITA

Car Je "est" un autre. — Rimbaud.

¿Qué extraño es verme aquí sentado,
y cerrar los ojos, y abrirlos, y mirar,
y oír como una lejana catarata que la vida se derrumba,
y cerrar los ojos, y abrirlos, y mirar!

THE NIGHT WAS A SILENCE

The night was a silence
in the mathematical equilibrium of spheres.

On the moon there were
green guitars made of ice,
balustrades and terraces,
staircases,
statues
under trees white with frost.

On the moon there were
motionless sleepwalkers
with upturned eyes,
wounded,
blind;
sleepwalkers guarding
the moon and her mystery.

Long and flowing algae,
phosphorescent Medusas,
and moon hair floated
over the pale and stiff green seas.

The moon smelled of chemistry,
of ether,
of death.

Tide of Silence, 1935

THE ONE WHO LIVES IN ME

Car Je "est" un autre. — Rimbaud

How odd it is to see myself sitting here,
and close my eyes and open them and look,
and hear life collapsing like a distant waterfall,
and close my eyes and open them and look!

¡Qué extraño es verme aquí sentado!
¡Qué extraño verme como una planta que respira,
y sentir en el pecho un pájaro encerrado,
y un denso empuje que se abre paso difícilmente por mis venas!

¡Qué extraño es verme aquí sentado,
y agarrarme una mano con la otra,
y tocarme, y sonreír, y decir en voz alta
mi propio nombre tan falto de sentido!

¡Oh, qué extraño, qué horriblemente extraño!
La sorpresa hace mudo mi espanto.
Hay un desconocido que me habita
y habla como si no fuera yo mismo.

La soledad cerrada, 1934-35 (1947)

NOCTURNO

Estoy sentado,
sencillamente sentado en una silla
junto a la luz redonda de mi lámpara verde,
y enfrente, justo enfrente,
sentado en otra silla
está el silencio sin ojos.

Está allí sentado y espera
como si yo debiera decir algo
o quizá espera que Dios al fin nos hable
o, ¿quién sabe?, otro amor que aún no ha nombrado nadie.

La noche abre los brazos mientras cierra los ojos.
Yo, sin párpados, sufro.
Aprieto mis puños desesperados contra el pecho.
Me golpeo. No sé por qué. Me golpeo.
Quizá para sentirme. No sé. Me golpeo.

No comprendo qué quiero o qué no quiero.
No sé qué me propongo. No sé si tengo miedo.
Sé solo que mis ojos sin párpados me duelen,
que me clavo las uñas,
que no sé dónde
algo, espantosamente, se derrumba.

Mas la noche se exalta, los brazos se levantan,
y los hombres con ellos

How odd it is to see myself sitting here!
How odd to see myself like a plant that breathes,
and feel in my heart a bird imprisoned,
and a thick surge that painfully opens its way in my veins!

How odd it is to see myself sitting here,
and grasp one hand in the other,
and touch myself and smile and in a loud voice
say my own meaningless name!

Oh, how odd, how horribly odd!
Surprise makes my fright mute.
There's a stranger who lives in me
and speaks as if he were not me.

Imprisoned Solitude, 1934-35 (1947)

NOCTURNE

I'm sitting,
simply sitting in a chair
next to the circular light of my green lamp,
and in front, just in front,
seated in another chair
is silence with no eyes.

It sits there and waits
as though I ought to say something
or perhaps it expects God finally to speak to us
or, who knows?, some other love whom nobody yet has named.

The night opens its arms while it closes its eyes.
Lacking eyelids, I suffer.
I clench my fists desperately against my chest.
I hit myself. I don't know why. I hit myself.
Maybe so I can feel myself. I don't know. I hit myself.

I don't understand what I want or what I don't want.
I don't know what I'm planning. I don't know if I'm afraid.
I know only that my lidless eyes hurt,
that I dig in my nails,
that I don't know where
something crumbles dreadfully.

But night rises up, arms are lifted,
and with them men

se ponen de puntillas en su grito más alto.
Me asomo a mi ventana.
El mundo se me acaba.
Y allá dentro, en mi estancia,
una dama vestida de nocturno piano
va y viene, dispone
con movimientos lentos de sus desnudos brazos
las cosas extrañas que hallaré mañana.

¡Ah, basta, basta!
La muerte me domina.
Voy a quedarme inmóvil
de plata y sal luciente en la hora fría.

¡Ah, basta, basta!
Ya vuelvo con espanto hacia mi estancia
mientras fuera, en la plaza,
en la indeciblemente triste luz del alba,
pasa un hombre de luto
con un enorme estuche de violón entre sus brazos.

La música y la sangre, 1934-36 (en *Deriva*, 1950)

POEMA-COSA

Arrancadas a una hondura
surgen, visibles, las cosas
antes apenas sentidas
como llanto, brisa o sombra.

Aún desconozco sus nombres,
mas yo las noto pesar,
increíbles y reales,
con su enjundia elemental.

¡Pleamar de la canción
que levanta hasta el nivel
de lo humano ese latido
vegetal del corazón!

Poema, vuélvete objeto,
brilla redondo en la luz,
que ella te toque temblando
sin fundirte en lo uno-azul.

Para que cese mi anhelo,
sé tú una cosa que pueda

stand on tiptoe in their loudest cry.
I go to my window.
The world's ended for me.
And inside, in my room,
a lady dressed in nocturnal piano
comes and goes, arranging
with the slow movements of her naked arms
the strange things that I will find tomorrow.

Ah, enough, enough!
Death dominates me.
I'm going to remain motionless
shining with silver and salt in this cold hour.

Ah, enough, enough!
I return in fright to my room
while outside, in the square,
in the unspeakable sad light of dawn,
a man in mourning passes
with an enormous violin-case in his arms.

  Music and Blood, 1934-36 (in *Drift*, 1950)

POEM-THING

Torn from the depths
things surge, visible,
barely felt before
like tears or breeze or shadow.

I don't know their names
yet I watch them pass,
incredible and real,
with their elemental substance.

High tide of song
that lifts to human
level that vegetal
beat of the heart!

Poem, turn into an object
shining roundly in the light,
so the light may touch you trembling
without melting you into the blue-oneness.

So that my longing may end,
be something that can

acariciarse, mirarse,
increíble, cierta, externa.

Ceda el rítmico latido
y hágase así tu silencio:
el de las cosas que están,
y estando, están porque sí,
y están ahí sin saberlo.

Objetos poéticos, 1940-41 (1948)

COSAS QUE PASAN

Serpiente, cambia, sigue.
Un mundo enorme y rosa, el otoño, una tarde
flotante y vacía.
Las lentas nubes blandas. Una casa barata,
y entre sus paredes el hombre aquel que ha muerto.
(Los tirantes estaban colgando en una silla.)

La viuda lloraba.
Vio venir una rubia señora gorda y fluida
—serpiente, cambia, sigue—,
vio venir unos hombres esmirriados zumbando
como mosquitos feos en un cáliz de faldas,
que decían, decían...
(no supo qué decían).
Uno estaba limpiando sus lentes con la manga.

Y se puso la tarde de gris seguido en seda,
y le dieron dinero, y besaron a su hijo.
Serpiente, cambia, sigue,
resbalada si acaso por ese poco de oro,
por el perfume caro de aquella gran señora,
por una voz de grasa,
por los ojos clavados y las tristes sirenas
de las fábricas muertas con luces encendidas
(¡ay, su hombre hoy hubiera ganado algunos extras!).

Y nadie (ella en la silla),
y nadie en todo el mundo que le hable de esta cosa
de lágrimas y risas que al resbalar se irisan.
Serpiente, cambia, sigue.
Y "¡es bonita!" —dice alguien—,
"es bonita ¡y tan joven!"
(Mas ella oye aún los dientes chocando con el vaso,

be caressed, can be seen,
unbelievable, certain, external.

Let the rhythmic beat stop
and so let your silence be made:
of the things that are,
and being, are merely so,
and are there without knowing it.

Poetic Objects, 1940-1941 (1948)

THINGS THAT HAPPEN

Serpent, changes, follows.
An enormous world, a rose, autumn, a floating
empty afternoon.
The slow soft clouds. A cheap house,
and within its walls that man who has died.
(His suspenders were hanging on a chair.)

The widow sobbed.
She saw a blonde, fat, fluid lady arrive
— serpent, changes, follows —
she saw some lean men arrive buzzing
like ugly mosquitoes inside a chalice made of skirts,
they said, they said...
(she never knew what they said).
One was wiping his glasses on his shirt sleeve.

And the afternoon became thick, silken, gray,
and they gave her money, and kissed her son.
Serpent, changes, follows,
sliding perhaps because of that bit of gold,
or the expensive perfume of that great lady,
or the well-greased voice,
or the starry eyes and the sad sirens
of dead factories with burning lights
(oh, today her man would've earned some overtime!)

And no one (with her sitting on a chair),
and no one in all the world to speak to her of that,
of tears and laughter that radiate as they slide.
Serpent, changes, follows.
And "she's pretty!" — someone says —
"she's pretty and so young!"
(But she still hears the teeth clacking against the cup,

el vidrio con la muerte, los huesos con los huesos.
¡Y es duro! No lo aguanta.)

Serpiente, cambia, sigue.
Y por las escaleras de madera los guardias
con un ruido de botas;
y aquella gente rara que le daba limosnas,
y un reporter curioso,
y aquel niño—¡tan suyo!—que ella guarda abrazado . . .

¡Ay, calla, no podía,
ay, calla, no podía sufrir tanta tristeza,
ni tanto fango blando pegándose a su cuerpo,
ni aquel señor amable que quiso acariciarla!
¡Ay—palabra—, quería quedar sólo en los huesos,
ser de hueso intangible, indeformable y duro,
ser de claro sonido, de seca cosa honrada!
¡Palabra!, no quería sentirse tan indigna.

Serpiente, cambia, sigue.
Lloraban los vecinos su propio llanto turbio,
no el de ella, solo suyo,
no el de aquel hombre muerto y aquel hijo de dentro,
tan macizo y tan suyo, tan real, doloroso.
Se dice pronto: ¡un hijo!

Serpiente, cambia, sigue.
Sigue y siguen días,
y aquel señor amable volvía a visitarla,
y le hablaba, y reía.
(Y ella ya no entendía por qué ríe la gente.)
Y aquel señor amable le besaba a su niño
—serpiente, cambia, sigue—,
le decía que fueran a virir a su casa,
y ella no quería.
¿Para qué? No entendía.

No obstante, tanto y tanto insistía, insistía,
tanto los vecinos murmuraban, decían;
tan fatal parecía
—serpiente, cambia, sigue—,
que al fin siguió a aquel hombre,
y vivió—Dios lo quiso—,
tuvo aún cuatro hijos,
y aunque fue desgraciada,
al morir suspiraba: "¡Todavía un poquito,
un poco más de vida!"

Los poemas de Juan de Leceta, 1961

the glass with death, bone against bone.
And it's hard! She can't bear it.)

Serpent, changes, follows.
And on the wooden stairs the police
with the sound of boots;
and those strange people who gave her alms,
and a curious reporter,
and that child — so much her own! — whom she holds and hugs...

Oh, be quiet, she couldn't
oh, be quiet, she couldn't take so much sadness
or so much white mud sticking to her body,
or that friendly man who wanted to caress her!
Oh — I swear — she wanted only to become bone,
to be intangible bone, unchangeable and hard,
to be like a clear sound, like dry honest matter!
I swear! she didn't want to feel so unworthy.

Serpent, changes, follows.
The neighbors cried their own murky tears,
not her tears, only theirs,
not those of that dead man and that child inside,
so hardy and so much his, so real, so full of pain.
It's easily said: a son!

Serpent, changes, follows.
Day succeeded day,
and that friendly man continued to visit her,
and talk to her, and laugh.
(And she didn't understand why people laugh.)
and that friendly man kissed her son
—serpent, changes, follows—
he would tell her she should come to live in his house,
but she didn't want to.
What for? She didn't understand.

Still, he insisted again and again, insisted,
the neighbors whispered so much, spoke of it;
it seemed so inevitable
— serpent, changes, follows —
that at last she went along with that man,
and she kept on living — God wanted it that way —
she even had four more children,
and in spite of being very unfortunate,
she whispered when dying: "Just a little more,
just a little bit more of life!"

The Poems of Juan de Leceta, **1961**

LA LLAMADA

Le llamaron, y fue.
En la primera puerta no le reconocieron.
Mató al guardián.
En la segunda puerta no había guardián.
Tampoco en la tercera.
Y entonces, perdido, empezó a sentir miedo.
En la cuarta puerta se encontró con su amante.
No hubo dificultades.
En la quinta puerta tuvo que escoger,
pues le proponían tres.
Escogió 5-6-B, por suerte la correcta.
El guardián le acogió con el mayor respeto.
En la séptima, el guardián, tras de darle un refresco,
le abrió, de par, las puertas de lo que iba buscando.
Pero en el gran salón no estaba el que buscaba.
Y él nunca se atrevió a volver por las puertas
que ya había pasado.
Y se quedó esperando, dudando entre las luces
de los grandes candelabros.
Estaba medio loco.
Se le había olvidado que aún faltaba otra puerta:
acquella tras la cual tampoco espera nadie,
pero se ve, sentado, de frente, un hombre muerto.
La salida cero. O el perpetuo comienzo.
Le detuvieron, claro.
Y, encerrado en su celda,
pensaba que el Gran Jefe quizá fuera
aquel guardián que mató junto a la primera puerta.

Los espejos transparentes, 1968

LA CÁMARA OCTOGONAL

(Homenaje a Leonardo de Vinci)

Ante un espejo, de frente,
extrañamos al que vemos,
chocamos con el que viene
y está mirando sin vernos.
Si hay otro espejo a la espalda,
sospechando, nos volvemos,

THE CALL

They called him and he went.
At the first door they didn't recognize him.
He killed the guard.
At the second door there was no guard.
Neither at the third.
And lost, then, he began to feel frightened.
At the fourth door he found his sweetheart.
There were no problems.
At the fifth door he had to choose,
because they offered him three.
He chose 5-6-B, luckily the correct one.
The guard greeted him with the greatest respect.
At the seventh, after giving him a cold drink, the guard
opened the doors wide, the doors to what he was searching for.
But what he was searching for wasn't in the big hall.
And he never dared go back through the doors
he had already passed through.
And he stood waiting, wondering in the light
of the great candelabra.
He was half crazy.
He had forgotten there was still one more door:
the one behind which no one ever waits,
but in front of which a dead man can be seen seated.
Exit Number Zero. Or perpetual beginning.
They arrested him, of course.
And, once locked in his cell,
he thought that maybe the Big Chief had been
that guard whom he had killed beside the first door.

Transparent Mirrors, 1968

THE OCTAGONAL CHAMBER

(Homage to Leonardo da Vinci)

Before a mirror, facing it,
we're surprised at whom we see,
we crash against the person who comes
and is looking without seeing us.
If there's another mirror in back of us,
we turn suspiciously,

¿y qué decir si aumentamos
más los vértigos del miedo?

Leonardo imaginó
un octógono de espejos
matemático y extraño.
Quien se ponía en el centro
de ese aparato, y miraba
los incontables reflejos
y las varias perspectivas
de los focos y agua en juego,
terminaba en invisible:
hecho puro desencuentro,
de frente y de espalda se iba
por ocho puertas a un tiempo,
y 8 es el signo de Hermes,
y Hermes, el dios del secreto.
Hubo muchos que jugaron,
sin saber que no era un juego,
al octógono absorbente
del ojo del nuevo insecto.
Y hubo quien nunca volvió
tras de situarse en el centro,
matemático sin duda,
pero lleno de misterio,
que imaginó Leonardo.
Reflejo contra reflejo
se iba desagregando.
¡Gloria a aquel Renacimiento
que, sin magia, consiguió
ciertos cálculos secretos
y un disponer perspectivas
como quien abre misterios!

Los espejos transparentes, 1968

ALFA-3

Le nueva Física nos está dictando un poema sobre las Metamorfosis, mucho más fantástico por real, simplemente más real, que el que escribió Ovidio mitologizando.

En su blanco candente, la luz quema el hecho
pretérito e imperfecto.
Un humo de pájaros alargándose fuma

and what can we say if we increase
the vertigo of fear?

Leonardo imagined
an octagon of mirrors
mathematical and strange.
Whoever stood in the center
of that contraption, and looked at
the innumerable reflections
and the various perspectives
of the lights and the water in play,
ended up invisible:
turned into pure absence,
going and coming, in front and in back
through eight doors at once,
and 8 is the sign of Hermes,
and Hermes is the god of secrets.
There were many who played at it
without knowing it wasn't a game,
the absorbent octagon
of the new insect's eye.
And some never came back
after placing themselves in the center
imagined by Leonardo,
undoubtedly mathematical
but full of the mysterious.
Reflection opposite reflection
went on disintegrating.
Glory to that Renaissance
that, without magic, achieved
certain secret calculations
and directed perspectives
like someone who opens up mysteries!

Transparent Mirrors, 1968

ALPHA-3

The new Physics dictates to us a poem on the Metamorphosis much more fantastic for being real, basically more real, than the one written by Ovid while inventing myths.

In its white incandescence, light burns the
preterite and imperfect act.
A smoke of parting birds slowly

lento, melancolías
más vastas que el recuerdo de la anécdota de un día.
¡Los pájaros!
                    ¿Quién sabe
qué son esos raudos, intocables, raros?
Ya han volado, y el cielo
parece de repente más radiante,
más igual a sí mismo,
más puro o más loco en su vacío,
más abierto a lo impensable
y al prodigio.

¿Qué va a pasar? ¿Qué puede
pasar cuando terminan los incendios,
y el terror, y los dioses,
y el cielo, de puro cielo, se convierte en un vacío
y en un espejo barrido?
Todo está limpio.
O todo oculto en sí mismo.

En su celda carcelaria, los átomos sin flores
de explosiones, radiaciones
o nuevas metamorfosis de —Ovidio, perdón— los dioses
en que actualmente creemos
y muy pronto no creeremos (es posible, ya veremos).
Yo los nombro y los evoco por su poder ionizante
y la magia de sus nombres fascinantes y vulgares:
Mesones neutros o pi, hiperones, positrones,
neutrinos y nuetrones, mesotronios y muones,
que sois más y sois mejor que Antígona y Edipo
o Hécuba, y Medea, y Alcestes, personajes
para una tragedia griega donde el *fatum*
(*eme* por *ce* que es igual a *uve* al cuadrado)
dicta el mismo terror
estúpido, implacable, de un orden ciego, no humano,
mientras brilla el azul, o el vacío, todo luz,
de donde se han escapado todas las aves, y quedan
sólo los hombres pensando, es decir, no volando.

       Lírica de cámara, 1969

puffs melancholies
more vast than the memory of a day's anecdote.
The birds!
            Who knows
what these swift, untouchable strange beings are?
They have already flown away, and the sky
appears suddenly more radiant,
more like itself,
more pure and more mad in its emptiness,
more open to the unthinkable
and to the prodigious.

What's going to happen? What can happen
when the fires end,
and the terror, and the gods,
and the sky is converted from pure sky to an emptiness
and a swept mirror?
Everything is clean.
Or everything is hidden in itself.

In their prison cells, the flowerless atoms
of explosions, of radiations
or a new metamorphosis — pardon me, Ovid — of the gods
in whom we presently believe
and in whom we'll soon not believe (it's possible, we'll see).
I name them and evoke them for their ionizing power
and the magic of their fascinating and vulgar names:
Neutral mesons or pions, hyperons, positrons,
neutrinos and neutrons, mesotrons and muons,
you are bigger and better than Antigone and Oedipus
or Hecuba, and Medea, and Alcestis, characters
in a Greek tragedy where the *fatum*
(*m* over *c* is equal to *v* squared)
dictates the same stupid,
implacable terror of a blind order, a non-human order,
while the blue shines, or the emptiness is all turned to light,
from where all the birds have escaped, and only
men remain thinking, that is to say, not flying.

    Chamber Lyrics, **1969**

TERROR DE LO ABIERTO

Laberinto de fuera,
   figuras, rodeos;
laberinto de dentro,
   focos, espejos.
¿Qué se descubre?
   El espacio sin centro,
la conciencia sin nadie
   y el mundo al cero.
No hay vigilante.
   No hay nadie en medio.
¡Terror! Es el espacio
   simplemente abierto.
Se grita. Y es terrible,
   no hay eco.
Y uno vuelve a la cueva
   y al miedo,
y a hablar consigo mismo
   del cero-cielo.
Laberinto final: Serpiente
   del pensamiento.

Buenos días. Buenas noches, 1976

TERROR OF THE OPEN

Outside labyrinth,
               figures, detours;
inside labyrinth,
               lights, mirrors.
What does one discover?
               Space without center,
consciousness with no one
               and the world at zero.
There's no watchman.
               There's no one in the middle.
Terror! It's space
               simply open.
One screams. And it's terrible,
               there's no echo.
And one returns to the cave
               and to fear,
and to talking to oneself
               about sky-zero.
Final labyrinth: Serpent
               of thought.

Good Morning. Good Night, 1976

Luis Felipe Vivanco

LA MIRADA DEL PERRO

De pronto, trabajando, comiendo, paseando, me encuentro
la mirada del perro.

Me interrumpe como dos hojas de árbol dentro de una herida,
como llanto infantil de alma que nunca ha sido pisada todavía
o esa vieja mujer que friega, en cambio, el suelo, de rodillas.
De no saber qué hacer resignada, y huidiza
y suplicante —de no saber que permanece en su orilla—,
me deja interrumpido como pequeña iglesia románica en un pueblo
o esa peña y sus grietas a un lado del atajo mientras sigo subiendo.
(Me deja entre mis libros de elemental e ingreso,
naturalmente, estudiosamente unido a Dios en el tiempo
de la imaginación que aún mezcla sus leyendas de Bécquer con
    insectos.)
O me atraviesa con su temor de criatura confiada y su exceso
de alegría por mí (que soy un poco duro y no me la merezco).

La mirada del perro.

    El descampado, 1957

NORMALIDAD

Vida normal y creación normal (Palabras sombras anticipos
    visiones carpetas cartas sin contestar normales) Pensamientos
    normales Ensueños—o falta de ensueños—normales Des-
    pertar normal y una vejez normal hacia una muerte normal

Preguntas y respuestas normales Todo es normal (Y ¿qué es
    normal? y ¿qué es todo?) Lecturas normales Aburrimiento
    normal (y formal) Soledad normal (y mortal) Penuria normal
    y retraso normal Fracaso normal Indiferencia normal y
    exaltación normal Todo—y nada—normal

Horas normales y minutos normales Tiempo —y espacio—
    normal Relojes normales Falta de humor normal Platos y

THE DOG'S GLANCE

Suddenly, as I work, eat, walk, I encounter
the dog's glance.

It interrupts me like two leaves of a tree inside a wound,
like the infantile weeping of a soul that hasn't yet been stepped on,
or of that old woman who, in contrast, scrubs the floor on her knees.
Because it doesn't know how to be resigned, and stealthy
and supplicant—because it doesn't know that it stays resting on its
    shore—
it leaves me interrupted like a small Romanesque church in a village
or like that rock and its crevices on the side of the shortcut while I
    continue climbing.
(It leaves me among my elementary texts and I enter,
naturally, studiously united with God in the time
of the imagination still mixing up Bécquer legends with insects.)
Or it pierces me with its trusting creature's fear and its excess
of happiness on seeing me (who am a little tough and don't deserve it).

The dog's glance.

Open Country, 1957

NORMALITY

Normal life and normal creation   (Words shadows advance payments
    visions files normal unanswered letters)   Normal thoughts
    Normal daydreams—or lack of daydreams—Normal awakening
    and a normal old age on the way to a normal death

Normal questions and answers   Everything is normal   (And   what
    is normal?   and   what is everything?)   Normal reading matter
    Normal   (and formal)   boredom   Normal   (and mortal)
    loneliness   Normal poverty and normal arrears   Normal failure
        Normal indifference and normal exaltation   Normal every-
        thing—and nothing—

Normal hours and normal minutes   Normal time—and space—
    Normal clocks   Normal lack of humor   Normal plates and

ceniceros normales   Cenizas ascensores centinelas normales
Dolor concupiscencia lotería normal Plenitud y vacío
normales Decadencia normal   Desaliento normal (y apacible)
Negativas rutina niebla y noche normales junto con un lavado y
un plancha normales y una falta de hogura y de imaginación
normal que normaliza su destino con sus muchos bártulos y
apostillas

Prosas propicias, 1976

SENTENCIA

Considerando en frío, imparcialmente,
que el hombre es triste, tose, y sin embargo . . .
        César Vallejo

CONSIDERANDO las cláusulas de allanamiento peninsular pasivo
    declaradas en la infrascrita cesión mayoritaria a resultas de
    haber disminuido notoriamente los motivos agentes en las
    regiones pectorales más humildes de cuya abolición se deducen
    los puestos en litigio de ambición y trabajo

CONSIDERANDO el grado de crepúsculo alcanzado frente al
    porvenir y el adjunto recurso que niega la existencia de
    acreditadas líneas colaterales en el acaso de que todas las
    gangas juveniles retiren su exigencia de sucesión legítima y
    acepten la nulidad dictada y sancionada que estima el causahabiente

CONSIDERANDO las muchas ocasiones de prohibición oculta con
    arreglo a descargas periciales que al lesionar las miras quijotescas
    que elevan el nivel de la aventura impiden la ordinaria gestión de
    un arbitraje con vistas panorámicas llamadas a extinguir entre
    sus verdes márgenes piscícolas de ortigas y cinismo

RESULTANDO que en el estado actual de la renuncia se acusan
    mutuamente de nocivas las particiones hechas y siguen
    sometidas a un transcurso posesorio ilimitado multiplicando así
    el innato rencor de las mejillas oponentes que se refugian en
    los mínimos placeres vegetales de una herencia gastada de
    antemano

RESULTANDO item más que según lo predispuesto en el mandato
    encomendado a los supuestos albaceas que nacerán al cabo de
    muchos escenarios y aulas desalojadas que la extracción de un
    caldo ya difunto como lucro emergente y paridad cesante

ashtrays   Normal ashes elevators guards   Normal pain con-
cupiscence lottery   Normal plenitude and void   Normal de-
cadence   Normal (and mild) discouragement   Normal negative
statements routine fog and night together with a normal
cleaning and pressing and a normal lack of ease and imagination
that normalizes its destiny with its many tools and marginalia

Propitious Prose, 1976

VERDICT

Considering coldly, impartially,
that man is sad, coughs, and nevertheless . . .
  César Vallejo

CONSIDERING the clauses of passive peninsular pacification
declared in the majority session infrascripture as a result of
having greatly diminished the active motives in the most
humble pectoral regions from whose abolition one can deduce
the positions of ambition and work in litigation

CONSIDERING the degree of twilight reached in the face of destiny
and the added recourse that negates the existence of accredited
collateral lineage in case all the juvenile bargains should with-
draw their demands for legitimate succession and accept the
declared and sanctioned nullification that the rightholder
believes he has

CONSIDERING the many occasions of surreptitious prohibition in
discharge of experts' reports that in wounding the quixotic
aims which elevate the level of adventure impede the ordinary
negotiation of arbitration with panoramic views called to
extinguish among its green borders sea-nettles and cynicism

RESULTING in the present state of the claims both accuse each
other of creating noxious partitions and they continue to be
subject to a limited possessive lapse multiplying in this manner
the innate rancor of the opposing cheeks which take refuge in
the minute vegetable pleasures of an inheritance spent ahead
of time

RESULTING in addition in more than what was predisposed in the
mandate entrusted to the presumed executors that will be born
at the end of much scenery and empty classrooms that the
extraction of a soup stock already dead as emergent profit and

obtiene prelación sobre toda posible permuta utilitaria de emigrantes y playas

DEBEMOS SENTENCIAR Y SENTENCIAMOS EN JUSTICA los puntos suspensivos (. . .) tal vez consustanciales con el mejor desagüe no violento de la mentira diaria y compasiva

Prosas propicias, 1976

PALINODIA BLANCA

Comentario al libro Blanco Spirituals *de Félix Grande*

Somos blancos y olemos a blancura irreparable   gastamos aceitunas y sandalias con los griegos   añoramos fiordos y ocupamos el lecho nupcial de Carlomagno

Somos blancos y enseñamos los dientes del espíritu con Pablo el navegante   y armamos nuestros barcos mercantiles de filiación fenicia y vocación errante de archipiélago

Somos blancos   por tierra mar y aire   tripulando aviones bellos como triángulos o aparatos domésticos sí que también cargados de angustia vital y terrorismo

Somos blancos azules verdes-amarillentos   grises   pardos   overos alazanes y hasta negros   Que no nos tosa nadie   porque hemos amarrado todos los litorales   sobre la piel del mapa

Nuestro amor   nuestras firmas avaladas   nuestro juicio educado y viril   nuestro egoísmo   nuestra razón exigua y militante nuestra imaginación exhausta nuestros cheques valiosos nuestras armas

Hemos desembarcado   cundido   sancionado   juzgado   abandonado   Hemos perdido todo lo ganado menos el horizonte de ciudad insaciable y semillas violentas

Recorremos los nombres de todas las estrellas   los mitos del placer la prehistoria y el hambre   Recogemos la magia   las mentes incipientes   los tatuajes   para avivar el ascua de un canto de universo

Peinamos nuestra vieja cabellera a la moda ambulante del desierto y de las selvas vírgenes   Pintamos nuestros ojos cinemáticos con las plumas de un sueño que nos cubren por dentro

Somos blancos   rapaces   perversos hasta el whisky y el bolígrafo

terminating parity obtains priority over any possible useful exchange of emigrants and beaches

THE COURT MUST RENDER A VERDICT AND WE RULE WITH JUSTICE the ellipsis (. . .) perhaps consubstantial with the best non-violent drainage of the compassionate daily lie

Propitious Prose, 1976

WHITE PALINODE

Commentary on the book White Spirituals *by Félix Grande*

We are white and we smell of irreparable whiteness   we employ olives and sandals with the Greeks   we long for fiords and we lie in the nuptial bed of Charlemagne

We are white and we bare the teeth of the spirit with Paul the navigator and we arm our mercantile boats of Phoenician affiliation and of the wandering vocations of archipelagoes

We are white by earth sea and air   flying airplanes beautiful as triangles or flying appliances yes also loaded with the anguish of living and with terrorism

We are white   blue   yellowish-green   gray   brown   peach   sorrel and even black   Let no one cough on us because we have tied together all the shores on the skin of the map

Our love   our guaranteed signatures   our educated and manly judgment   our egoism   our scant and militant reason   our exhausted imaginations   our valuable checks   our armaments

We have disembarked   we have spread   we have sanctioned   we have judged   we have abandoned   We have lost everything that was won except the horizon of an insatiable city and violent seeds

We traverse the names of all the stars   the myths of pleasure prehistory and hunger   We gather up the magic   the incipient minds   the tattoos to enflame the embers of a song of the universe

We comb our old head of hair in the ambulant fashion of the desert and the virgin forests   We paint our cinematic eyes with dream feathers that cover us inside

We are white   rapacious   perverse to the extent of whiskey and

cansados y estudiantes aplicados   Somos los que investigan
más allá de las algas y de los alfileres

Somos blancos y escépticos e históricos   religiosos y múltiples
dominantes y ahítos, químicos   carniceros y carteros   pero
siempre al acecho y cazadores

Somos blancos remotos alerta musicales y hondos   superficiales
rítmicos   cantables y bailables   corporales al son que ha
renovado la cal de nuestros huesos

Somos blancos y negros   Negamos y esperamos   Blasfemos
rezamos y seguimos midiendo nuestra felicidad contaminada

Prosas propicias, 1976

MUTISMO DE PABLO

(En la muerte de Pablo Neruda)

Siempre hacemos lo mismo: despreciamos la viva voz del hombre,
pero honramos en su cadáver mudo su mutismo.
        L.F.V.

Qué bien que ya no cantas   qué bien que ya no hablas   qué bien que
ya no rabian en tu voz colectiva constelaciones y olas
vegetaciones   ríos   minerales y hombres

Qué bien   Pablo   qué bien   que ya estás mudo y quieto   ya estás
eternizado   ya no encordias cadáver   y al son de tu mutis-
mo   se decretan tres días deshonestos de luto nacional

Qué bien que ya no escribes tus cartas perseguidas a mineros
salitreros   poetas populares   pescadores   ya no alzas en tus
manos los furiosos crepúsculos   la esperanza civil juramentada
los rostros del futuro

Qué bien que ya no asistes desterrado y colérico   a tantos fusilados
tantos encarcelados que añaden sus torturas de inspiración
reciente a tu coral profético por la patria en tinieblas

Ya estás muerto en tu cuna maderera   en esa larga faja de pobreza
habitada que asume el gran océano   ya estás muerto en el agua
sometida a derrota y orilla avergonzada

Ya estás mudo en tus labios desbocados de amor que mordían las
uvas y en tu lengua secreta que apacentaba un trozo caliente y
suficiente de mujer o naufragio

the ballpoint pen   tired and dedicated students   We are the ones who investigate a lot further than the algae and pins

We are white   skeptical and historical   religious and multiple dominating and surfeited   chemists   butchers and postmen but always on the lookout and hunters

We are white remote alert musical and profound   superficial rhythmic   singable and danceable   corporeal to the tune of having renewed the calcium of our bones

We are white and black   We negate and hope   We blaspheme   we pray and continue measuring our contaminated happiness

Propitious Prose, 1976

THE MUTENESS OF PABLO

(On the death of Pablo Neruda)

We always do the same thing: we don't appreciate the man's living voice but we honor the muteness of his silent corpse.
L.F.V.

It's alright for you not to sing any more   it's alright for you not to talk any more   it's alright that in your collective voice constellations and waves don't rage any more   or vegetation or rivers   minerals and men

It's alright   Pablo   it's alright   that now you're mute and still now you're something eternal   you don't bind corpses any more   and to the tune of your muteness   three dishonest days of national mourning are declared

It's alright for you not to write continuous letters to miners any more   saltpeter workers   popular poets   fishermen   for you not to lift furious twilights in your hands any more   duly sworn civil hope   faces of the future

It's alright for you in your exile and torture not to help any more so many executed so many jailed who add their tortures of recent inspiration to your prophetic chorus on behalf of a homeland in darkness

You're dead now in your wooden crib   in that long strip of inhabited poverty that the great ocean assumes   you're dead now on water subjected to defeat and on the shamefaced shore

You're mute now on your lips opened wide with love that used to bite grapes and on your secret tongue that fed on a hot and adequate chunk of woman or of shipwreck

Ya estás quieto final e inofensivo para el feliz convenio de altas
magistraturas que proclaman idénticos principios superiores
practicando las armas de su asistencia mutua

Ya tu ataúd reposa contigo y tus poderes entre los negros muros
saqueados y entre los muchos libros que levantan su hoguera de
traición y uniforme

Te has muerto cuando Chile derrama sobre el mundo la estatura
moral y el prestigio del nombre de un nuevo Balmaceda y
presunto suicida asesinado

Te has muerto cuando estaban creciendo los instantes de tu voz
hecha mano disponible y oficio practicable por todas las
esquinas   pero la misma ráfaga que debiera ampararlos los
derriba y anula

Te has muerto y no se acaban los cardos ni la tinta   las nubes ni las
letras prometidas   ni los brazos pacíficos   ni el olor a mañana
con que te alimentaba tu oficio de poeta

Sigue creando   Pablo americano   sigue afirmando el ámbito de un
pueblo que llegará a ocupar todas las ocasiones de bienestar
terrestre con que lo palpitaba tu corazón chileno

Prosas propicias, 1976

You're still now   final and inoffensive for the happy convenience
of high magistrate courts that proclaim identical superior
principles while practicing with the weapons of their mutual
assistance

Your coffin now rests near you and your powers between the black
besieged walls and the many books that lift up their bonfire
consuming treason and uniforms

You've died at a time when Chile spills over the world the moral
stature and the prestigious name of a new Balmaceda and a
murder victim presumed to be a suicide

You've died at a time when the moments of your voice were
becoming available hands and practical work on all the
streetcorners   but the same gust that should protect them
wrecks and annuls them

You've died and neither thistles nor ink come to an end   clouds nor
promised letters   nor peaceful arms   nor the morning scent
that nourished your poet's craft

Go on creating   American Pablo   go on affirming the ambit of a
people that will come to occupy all the occasions of terrestrial
well-being with which your Chilean heart beats

Propitious Prose, 1976

Germán Bleiberg

DULCE Y SERENO

Dulce y sereno el aire me has enseñado
esta tranquila espuma de tu frente,
este mirar como niñez de fuente
y esta voz de cristal ensimismado.

Un aroma florido y espumado,
como un rubor de trébol obediente,
invade al fin el sol resplandeciente
y el pino en el crepúsculo rosado.

¡Oh amor, amor dulcísimo y entero
como una cima que el clamor encierra!
La noche puede entrar en ti, mi amada,

y oscurecer tu cielo tan primero.
Podrá ser mustio el sueño bajo tierra,
aunque en mis ojos quede tu mirada.

Sonetos amorosos, 1936

NUESTROS AMIGOS, LOS SUEÑOS

Vienen —no sabemos qué hora es—
a distraer la lectura, la vana fiebre,
cediendo paisajes, vientos, lejanía,
donde el sol quizá no luzca su fuego.

Acuden a nuestro silencio en la tarde,
ellos, que tantos nos humillan,
nuestros amigos, los sueños.

Son como la espuma de las olas,
la reliquia virgen después del naufragio,
del sombrío naufragio de cada día,
los sueños confundiéndose en la sangre
para fluir hacia el corazón,

SWEET AND SERENE

Sweet and serene, the air has shown me
this tranquil foam of your forehead,
this glance like the childhood of a fountain
and this voice filled with absent-minded crystal.

An aroma of flowers and foam,
like a blush of obedient clover,
finally invades the brilliant sun
and the pinetree covered in rose twilight.

Oh love, love most sweet and whole
like a peak enclosed in cries!
Night could enter you, my beloved,

and darken your newborn sky.
Sleep may be gloomy beneath the earth,
even though your gaze survives in my eyes.

Love Sonnets, **1936**

OUR FRIENDS, OUR DREAMS

They come—we don't know when—
to distract our reading, a vain fever,
offering landscapes, winds, distance,
where maybe the sun won't display its fire.

They attend our silence in the afternoon,
they, who humiliate us so,
our friends, our dreams.

Like the foam of waves, they are
the virgin reliquary after shipwreck,
the somber everyday shipwreck,
dreams confounded in blood
to flow towards the heart

como armoniosa ceniza, los sueños,
esperando que les asignemos nosotros,
los soñadores malditos,
su lugar exacto en esta primavera,
cuando ocultamente se desliza
entre caminos y parques durmientes.

¡Oh, pobres amigos nuestros, los sueños,
frenéticos mendigos de nuestras frentes,
cuando os desdeñamos con una sonrisa
de incrédulo cansancio!

No vengáis durante el día oscuro,
porque nos invadirá el rubor de haberos visto,
volved más tarde, mucho más tarde,
cuando recobremos algo de la juventud perdida
entre los vastos ocasos vacíos,
o no volváis nunca, amigos nuestros,
los sueños amados,
porque no sabríamos distinguir
—¡tan lacerante vergüenza de los sueños!—
entre cielo y tentación,
entre deseo y réplica torva,
entre paraíso y pálida ausencia.

La mutua primavera, 1948

ELEGÍA EN LA MUERTE DE PEDRO SALINAS

"La mar en medio y tierras he dejado"
    Garcilaso de la Vega

Cómo nos pesa, desde lejos,

la sonrisa difunta rozando nubes,

y atardece sin viento en el alma
la sombra, alarma, clarines íntimos
movilizan el oído de cada día:

el poeta, lejos, más allá del mar,
siente crecer cielos en la lengua,
dirá tal vez otoño precoz, prematuro siempre,
y qué harán después tantas ovejas sin pastor,

tantas palabras sueltas, mustias, muertas,
y estudiantes recordando música de nombres

like a harmonious ash, dreams,
hoping that we, the cursed dreamers,
will assign them
their exact place in this spring,
as it secretly glides
between sleeping roads and parks.

Oh, our poor friends, our dreams,
frenetic beggars of our brows,
when we disdain them with a smile
of incredulous exhaustion!

Don't come during the dark day
so the blush of being seen can invade us,
come back later, much later,
when we recover part of our lost youth
among the vast empty sunsets,
or never come back, our friends,
beloved dreams,
because we wouldn't know how to distinguish
—such lacerating shame of dreams!—
between heaven and temptation,
between desire and stern double,
between Paradise and pale absence.

The Mutual Spring, 1948

ELEGY ON THE DEATH OF PEDRO SALINAS

"I have crossed the sea and left the land behind."
   Garcilaso de la Vega

How it weighs us down, from far away,

the vanished smile brushing the clouds,

and without any wind it becomes twilight in the soul
shadow, alarm, intimate clarions
mobilize the ear of every day:

the poet, distant, farther away than the sea,
feels skies growing in his tongue,
he'll say perhaps precocious autumn, always premature,
and after so much how will the sheep get along without the
   shepherd,

so many loose words, musty, dead,
and students remembering the music of names

con sonido de ciudades o de ríos humildes,
Manzanares o Lozoya o Guadarrama,

desconcierto del poeta hacia sí mismo
con alados ecos de nunca, nada, nadie,
y la memoria rebusca entre tinieblas.

Cuando el poeta nace a su muerte
las aves se retiran al abismo, y los lagos
reflejan el taciturno sol de esta tierra
donde poetas mueren su insaciable nacimiento.

Cuando el poeta duerme en su voz quebrada,
viejas palabras afilan su sentido,
y herméticas costumbres olvidan saludos
entre ventanas, tiestos, estrellas.

El poeta muere o nace o inventa su vida
soñando su muerte indómita
y sabiéndose existencia consigo mismo
o a solas o con sus hermanos,
siempre al vuelo de la brisa inevitable
donde la primavera anida puntualmente,
y el poeta muere sin llegar a morir nunca,
en creciente angustia de vivir,
aunque digan hoy que un poeta ha recibido tierra
en esa hospitalaria ínsula de Puerto Rico,
donde rompen las olas con murmullo de navegantes hispanos,
el poeta sigue viviendo o tal vez duerma,
lejanamente dormido en su vigilia,
siempre sin morir nunca.

> *Poemas*, 1952-1973 (1975)

BUFFALO I

Sin saber de dónde ni hacia qué madrugada
el lago en busca de no sé qué tinieblas
los días empiezan a ser más cortos
faltan tantos pájaros desorientados para el otoño rojizo

Sin saber de dónde ni hacia qué madrugada
la voz repite "de los álamos vengo, madre"
la voz solitaria por las calles del estío
sin saber hacia dónde cuando nadie duerme

with the sounds of cities or humble rivers,
Manzanares or Lozoya or Guadarrama,

disorder of the poet toward himself,
with winged echoes of never, nothing, no one,
and memory searches in the darkness.

When the poet is born to his death
birds withdraw to the abyss, and lakes
reflect the taciturn sun of this earth
where poets die their insatiable birth.

When the poet sleeps in his broken voice,
old words sharpen their sense,
and hermetic customs forget greetings
among windows, flowerpots, stars.

The poet dies or is born or invents life
dreaming his untamed death
and tasting existence in himself
alone or with his brothers,
always in the flight of the inevitable breeze
where spring nests on time,
and the poet dies without ever arriving at dying,
in growing anguish of living,
although today they say a poet has been given some earth
in that hospitable island of Puerto Rico,
where waves break with the murmurs of Spanish sailors,
the poet continues living or maybe sleeps,
distantly asleep in his vigil,
always without ever dying.

      Poems, 1952-1973 (1975)

BUFFALO I

Not knowing from where or towards which dawn
the lake in search of I don't know what darkness
the days begin to get shorter
so many disoriented birds are missing in this reddish autumn

Not knowing from where or towards which dawn
the voice repeats "I come from the poplars, mother"
the solitary voice of summer streets
without knowing which way when no one sleeps

Las heridas las heridas negras invisibles
esas heridas desde siempre quemando
como lejanía palabras en la noche
o el horizonte hermético casi muriéndose de nubes

Pero habría que leer mucho más seminario clase
no es Buffalo New York para la cigarra cantora
no hay que dejarse llevar por las puestas de sol
sin haber de dónde ni hacia qué madrugada

Otra vez se yerguen las heridas dulcísimos cuervos
al aire cuando se desnuda la sonrisa
flor tras flor viento del sur el sur en persona
húmedo sur con su vieja lengua a rastras

Tanta vegetación tanta semilla durmiendo
su cálida pesadilla sin saber de dónde
hacia qué islas cavando playas nuevas
negras heridas rezumando sólo silencio

Caricias cantando "de los álamos vengo, madre"
la piel ciega a las caricias
de dónde vienen esos ríos cansados
tan viejos olvidando sus viejos cauces

Poemas, 1952-1973 (1975)

PENSABA TODOS LOS DÍAS

¡Oh bienaventurado
albergue a cualquier hora!
Góngora

Pensaba todos los días,
mes tras mes: ¡Qué larga es la noche!
Se parece a la cárcel,
se parece a la sonrisa cotidiana.
¡Qué larga es la noche!

Y ha bastado simplemente
alzar los párpados:
hay nieve, luz, amanecer azul,
nieve que acariciar
o limpia para los besos.

The wounds the black invisible wounds
those wounds words in the night
burning without beginning like a distance
or the hermetic horizon almost dying with clouds

But one should read much more for the seminar
Buffalo, New York is not for the singing cicada
one must not be carried away by sunsets
without knowing from where or towards which dawn

Once again wounds release the sweetest crows
into the air when the smile is naked
flower after flower the south wind the south itself
humid south with old hanging tongue

So much vegetation so much seed asleep
its warm nightmare not knowing from where
toward what islands to carve new beaches
black wounds oozing only silence

Caresses singing "I come from the poplars, mother"
skin blind to caresses
from where do those tired rivers come
so old they forget their ancient sources

    Poems, 1952-1973 (1975)

I THOUGHT EVERY DAY

Oh blessed shelter
at any hour!
    Góngora

I thought every day,
month after month: How long night is!
It is like a prison,
it is like the daily smile.
How long night is!

And it was enough simply
to have raised my eyelids:
there is snow, light, blue dawn,
snow for caressing
or clean enough for our kisses.

Ya no pienso en las sombras
de la noche larga.
Algo amanece también en el corazón;
la puerta, el ventanal, el aire,
algo tan puro que no tiene nombre.

Y las raíces a la intemperie
encontrarán su albergue bienaventurado
a cualquier hora.
¡Adiós, amarga, para siempre amarga!
¡Qué inagotable sol!

Poemas, 1952-1973 (1975)

I no longer think of the shadows
of the long night.
Something also dawns in the heart;
door, window, air,
something so pure it has no name.

And the roots in inclement weather
will find their blessed shelter
at any hour.
Farewell, bitter one, always bitter!
What inexhaustible sun!

Poems, 1952-1973 (1975)

Blas de Otero

CUERPO DE LA MUJER

. . . Tántalo en fugitiva fuente de oro
Quevedo

Cuerpo de la mujer, río de oro
donde, hundidos los brazos, recibimos
un relámpago azul, unos racimos
de luz rasgada en un frondor de oro.

Cuerpo de la mujer o mar de oro
donde, amando las manos, no sabemos
(si los senos son olas) si son remos
los brazos, si son alas solas de oro . . .

Cuerpo de la mujer, fuente de llanto
donde, después de tanta luz, de tanto
tacto sutil, de Tántalo es la pena.

Suena la soledad de Dios. Sentimos
la soledad de dos. Y una cadena
que no suena, ancla en Dios almas y limos.

Ángel fieramente humano, 1950

IGUAL QUE VOSOTROS

Desesperadamente busco y busco
un algo, qué sé yo qué, misterioso,
capaz de comprender esta agonía
que me hiela, no sé con qué, los ojos.

Desesperadamente, despertando
sombras que yacen, muertos que conozco,
simas de sueño, busco y busco un algo,
qué sé yo dónde, si supieseis cómo.

A veces, me figuro que ya siento
qué sé yo qué, que lo alzo ya y lo toco,

BODY OF WOMAN, RIVER OF GOLD

> *. . . Tantalus in a fleeting golden fountain*
>   Quevedo

Body of woman, river of gold
where, with arms immersed, we receive
blue lightning, a few clusters
of light ripped into a golden fern.

Body of woman or sea of gold
where, loving hands, we don't know
(if breasts are waves) if arms
are oars, if they are lone golden wings . . .

Body of woman, fountain of tears
where, after so much light, so much
delicate touch, the pain is the pain of Tantalus.

God's solitude is ringing. We feel
the solitude of two beings. And a chain
that has no sound anchors in God souls and sludge.

Fiercely Human Angel, 1950

THE SAME AS YOU

Desperately I search and search
for something, I don't know what, mysterious,
capable of understanding this agony
that, I don't know how, ices over my eyes.

Desperately, awakening
shadows that lie, the dead whom I know,
chasms of sleep, I search and search for something,
I don't know where, if only you knew how much.

Sometimes I imagine I already feel,
I don't know what, that I already lift it and touch it,

que tiene corazón y que está vivo,
no sé en qué sangre o red, como un pez rojo.

Desesperadamente, le retengo,
cierro el puño, apretando el aire sólo . . .
Desesperadamente, sigo y sigo
buscando, sin saber por qué, en lo hondo.

He levantado piedras frías, faldas
tibias, rosas, azules, de otros tonos,
y allí no había más que sombra y miedo,
no sé de qué, y un hueco silencioso.

Alcé la frente al cielo: lo miré
y me quedé, ¡por qué, oh Dios!, dudoso:
dudando entre quién sabe, si supiera
qué sé yo qué, de nada ya y de todo.

Desesperadamente, ésa es la cosa.
Cada vez más sin causa y más absorto
qué sé yo en qué, sin qué, oh Dios, buscando
lo mismo, igual, oh hombres, que vosotros.

Ángel fieramente humano, 1950

HOMBRE

Luchando, cuerpo a cuerpo, con la muerte,
al borde del abismo, estoy clamando
a Dios. Y su silencio, retumbando,
ahoga mi voz en el vacío inerte.

Oh Dios. Si he de morir, quiero tenerte
despierto. Y, noche a noche, no sé cuándo
oirás mi voz. Oh Dios. Estoy hablando
solo. Arañando sombras para verte.

Alzo la mano, y tú me la cercenas.
Abro los ojos: me los sajas vivos.
Sed tengo, y sal se vuelven tus arenas.

Estos es ser hombre: horror a manos llenas.
Ser—y no ser—eternos, fugitivos.
¡Ángel con grandes alas de cadenas!

Ángel fieramente humano, 1950

something that has a heart and is alive,
in I don't know what blood or net, like a red fish.

Desperately, I hold on to it,
I clench my fist, grabbing only air . . .
Desperately, I go on and on
searching, without knowing why, in the depths.

I've lifted cold rocks, warm
skirts, pink, blue and other colors,
and there was nothing there but shadow and fear,
I don't know of what, and a silent cavity.

I raised my forehead to the sky: I looked
and I remained, Oh God, why!, still in doubt:
doubting among who knows, if I only knew
I don't know what, nothing and everything.

Desperately, that's the thing.
Each time more uncaused and more absorbed,
I don't know in what, without what, Oh God!, looking
for that very thing, the same, Oh men, as you.

Fiercely Human Angel, 1950

MAN

Fighting, hand to hand, with death,
at the edge of the abyss, I am crying out
to God. And his silence, resounding,
drowns my voice in the inert emptiness.

Oh God. If I am to die, I want you to be
awake. And, night after night, I don't know when
you'll hear my voice. Oh God. I speak
alone. Scratching shadows to see you.

I raise my hand, and you chop it off.
I open my eyes: you pluck them alive.
I am thirsty, and your sands turn to salt.

This is what it is to be man: handfuls of horror.
To be—and not be—eternal, fugitive.
Angel with huge wings made from chains.

Fiercely Human Angel, 1950

CRECIDA

Con la sangre hasta la cintura, algunas veces
con la sangre hasta el borde de la boca,
voy
avanzando
lentamente, con la sangre hasta el borde de los labios
algunas veces,
voy
avanzando sobre este viejo suelo, sobre
la tierra hundida en sangre,
voy
avanzando lentamente, hundiendo los brazos
en sangre,
algunas
veces tragando sangre,
voy sobre Europa
como en la proa de un barco desmantelado
que hace sangre,
voy
mirando, algunas veces,
al cielo
bajo,
que refleja
la luz de la sangre roja derramada,
avanzo
muy
penosamente, hundidos los brazos en espesa
sangre,
es
como una esperma roja represada,
mis pies
pisan sangre de hombres vivos
muertos,
cortados de repente, heridos súbitos,
niños
con el pequeño corazón volcado, voy
sumido en sangre
salida,
algunas veces
sube hasta los ojos y no me deja ver,
no
veo más que sangre,
siempre
sangre,

SWOLLEN RIVER

With blood up to my waist, sometimes
with blood up to the edge of my mouth
I
advance
slowly, with blood up to the edge of my lips
sometimes,
I
advance over this old ground, over
earth sunk in blood,
I
advance slowly, sinking my arms
in blood,
sometimes
swallowing blood,
I go across Europe
as in the prow of a dismantled ship,
that makes blood,
I
see, at times,
the low
sky,
that reflects
the light of red spilt blood,
I advance
very
painfully, my arms sunk in thick
blood,
that's
like a dammed-up red sperm,
my feet
step on the blood of living men
dead,
suddenly cut up, suddenly wounded,
children
with their small hearts overturned, I go
immersed in runaway
blood
sometimes
it rises to my eyes and doesn't let me see,
I see
nothing but blood,
always
blood,

sobre Europa no hay más que
sangre.

Traigo una rosa en sangre entre las manos
ensangrentadas. Porque es que no hay más
que sangre,

y una horrorosa sed
dando gritos en medio de la sangre.

Ángel fieramente humano, 1950

PASO A PASO

Tachia, los hombres sufren. No tenemos
ni un pedazo de paz con que aplacarles;
roto casi el navío y ya sin remos . . .
¿Qué podemos hacer, qué luz alzarles?

Larga es la noche, Tachia. Oscura y larga
como mis brazos hacia el cielo. Lenta
como la luna desde el mar. Amarga
como el amor: yo llevo bien la cuenta.

Tiempo de soledad es éste. Suena
en Europa el tambor de proa a popa.
Ponte la muerte por los hombros. Ven. A-
lejémonos de Europa.

Pobre, mi pobre Tachia. No tenemos
una brizna de luz para los hombres.
Brama el odio, van rotos rumbo y remos . . .
No quedan de los muertos ni los nombres.

Oh, no olvidamos, no podrá el olvido
vencer sus ojos contra el cielo abiertos.
Larga es la noche, Tachia.
                          . . . Escucha el ruido
del alba abriéndose paso—a paso—entre los muertos.

Ancia, (1958)

across Europe there's nothing but
blood.

I carry a bloodied rose in my
bloody hands. Because there's nothing
but blood,

and a horrible thirst
shouting in the midst of this blood.

Fiercely Human Angel, 1950

STEP BY STEP

Tachia, men suffer. We don't even have
a morsel of peace to placate them;
the ship almost smashed and without oars . . .
What can we do, what light can we raise for them?

The night is long, Tachia. Dark and long
as my arms stretched towards the heavens. Slow
as the moon from the sea. Bitter
as love: I've kept a careful count.

This is the time of solitude. In Europe
the drum sounds from stem to stern.
Place death on your shoulders. Come.
Let's draw away from Europe.

Poor one, my poor Tachia. We haven't
a sliver of light for men.
Hatred bellows, our course and oars are broken . . .
Nothing of the dead remains, not even their names.

Oh, we don't forget, oblivion won't
vanquish their eyes open against the sky.
The night is long, Tachia.
                    . . . Listen to the noise
of dawn opening its way step—by step—between the dead.

Ancia, (1958)

A LA INMENSA MAYORÍA

Aquí teneis, en canto y alma, al hombre
aquel que amó, vivió, murió por dentro
y un buen día bajó a la calle: entonces
comprendió: y rompió todos sus versos.

Así es, así fue. Salió una noche
echando espuma por los ojos, ebrio
de amor, huyendo sin saber adónde:
adonde el aire no apestase a muerto.

Tiendas de paz, brizados pabellones,
eran sus brazos, como llama al viento;
olas de sangre contra el pecho, enormes
olas de odio, ved, por todo el cuerpo.

¡Aquí! ¡Llegad! ¡Ay! Ángeles atroces
en vuelo horizontal cruzan el cielo;
horribles peces de metal recorren
las espaldas del mar, de puerto a puerto.

Yo doy todos mis versos por un hombre
en paz. Aquí tenéis, en carne y hueso,
mi última voluntad. Bilbao, a once
de abril, cincuenta y tantos.

Pido la paz y la palabra, 1955

EN EL PRINCIPIO

Si he perdido la vida, el tiempo, todo
lo que tiré, como un anillo, al agua,
si he perdido la voz en la maleza,
me queda la palabra.

Si he sufrido la sed, el hambre, todo
lo que era mío y resultó ser nada,
si he segado las sombras en silencio,
me queda la palabra.

Si abrí los labios para ver el rostro
puro y terrible de mi patria,
si abrí los labios hasta desgarrármelos,
me queda la palabra.

Pido la paz y la palabra, 1955

TO THE IMMENSE MAJORITY

*Here, in song and soul, you have that man
who loved, who lived, who died inside
and one fine day went down into the street: then
he understood: and he destroyed all his poems.*

*No fooling. That's the way it was. He went out one night
foaming in the eyes, drunk
with love, fleeing without knowing where:
to where the air didn't stink of death.*

*His arms were tents of peace,
flapping canvas, like flame in the wind;
waves of blood against his chest, enormous
waves of hate, look, over his whole body.*

*Here! Come! Oh! Terrible angels
cross the sky in horizontal flight;
horrible metal fish crisscross
the shoulders of the sea, from port to port.*

*I'd give you all my poems for a peaceful
man. There, in flesh and bone you have
my last will. Bilbao, April
eleventh, sometime in the fifties.*

> *I Ask for Peace and the Right to Speak,* 1955

IN THE BEGINNING

If I've lost life, time, everything
that I discarded, like a ring tossed in the water,
if I've lost my voice in the weeds,
I still have words.

If I've suffered thirst, hunger, all
that was mine and ended up being nothing,
if I've mowed shadows in silence,
I still have words.

If I opened my lips to see the pure
and awesome face of my country,
if I opened my lips until I chewed them to bits,
I still have words.

> *I Ask for Peace and the Right to Speak,* 1955

GALLARTA

(el hierro es vizcaíno, que os encargo,
corto en palabras, pero en obras largo.
    — Tirso de Molina)*

Acaso el mar. Tampoco. El hombre acaso.
Es el otoño. Hermoso dios. La tierra
roja. La piedra, roja. Acaso, un árbol
como la sangre. Hermoso dios. La piedra
y el hombre.

Es el otoño. Entonces. Caminábamos
hacia la cima. El mar en letra impresa.
Corto en palabras, pero en olas ancho.
Hacia las cinco de la tarde. Ortuella
y el aire.

Entonces. Entornó, no sé, los párpados
ella. Hermoso dios de la miseria.
Y, ya en la llambria, a vista de barranco,
el hierro.

Rey de los ojos. Sófocles roñado.
Hundida silla sideral. Paciencia.
Vizcaíno es el hierro—el mar, cantábrico—,
corto en palabras. Ley de los poemas
míos.

Pido la paz y la palabra, 1955

BIOTZ-BEGIETAN

Ahora
voy a contar la historia de mi vida
en un abecedario ceniciento.
El país de los ricos rodeando mi cintura

y todo lo demás. Escribo y callo.
Yo nací de repente, no recuerdo
si era sol o era lluvia o era jueves.
Manos de lana me enredaran, madre.

Madeja arrebatada de tus brazos
blancos, hoy me contemplo como un ciego,
oigo tus pasos en la niebla, vienen
a enhebrarme la vida destrozada.

GALLARTA

(the iron I entrust to you is Biscayan,
short on words, but long in deeds.
   — Tirso de Molina)*

Perhaps the sea. Not that, either. Perhaps man.
It is autumn. Handsome god. The red
earth. The stone, red. Perhaps, a tree
like blood. Handsome god. The stone
and man.

It is autumn. Then. We were traveling
toward the summit. The sea set in typeface.
Short on words, but broad in waves.
Towards five in the afternoon. Ortuella
and the air.

Then. She — I don't know — half-closed her
eyelids. Handsome god of misery.
And, now on the face of the cliff, visible from the ravine,
the iron.

King of eyes. Tarnished Sophocles.
Sunken sidereal chair. Patience.
The iron is Biscayan — the sea, Cantabrian —,
short on words. The law of my
poems.

I Ask for Peace and the Right to Speak, 1955

BIOTZ-BEGIETAN

Now
I'm going to tell the story of my life
in an alphabet made of ashes.
The country of the rich circling my waist

and all the rest. I write and keep quiet.
I was born suddenly, I don't recall
if it was sunny or rainy or Thursday.
Hands of wool entangled me, mother.

Impetuous skein from your white
arms, today I look at myself like a blind man,
I hear your steps in the fog, coming
to string my shattered life.

Aquellos hombres me abrasaron, hablo
del hielo aquel de luto atormentado,
la derrota del niño y su caligrafía
triste, trémula flor desfigurada.

Madre, no me mandes más a coger miedo
y frío ante un pupitre con estampas.
Tú enciendes la verdad como una lágrima,
dame la mano, guárdame
en tu armario de luna y de manteles.

Esto es Madrid, me han dicho unas mujeres
arrodilladas en sus delantales,
este es el sitio
donde enterraron un gran ramo verde
y donde está mi sangre reclinada.

Días de hambre, escándalos de hambre,
misteriosas sandalias
aliándose a las sombras del romero
y el laurel asesino. Escribo y callo.

Aquí junté la letra a la palabra,
la palabra al papel.
                    Y esto es París,
me dijeron los ángeles, la gente
lo repetía, esto es París. *Peut être,*
allí sufrí las iras del espíritu

y tomé ejemplo de la torre Eiffel.

Esta es la historia de mi vida,
dije, y tampoco era. Escribo y callo.

Pido la paz y la palabra, 1955

EL OBÚS DE 1937

el lápiz con que tracé aquella carta a los dioses está
gastado, romo, mordisqueado

La cocina es lo más surrealista de la casa.
(Claro que me refiero a las cocinas con fogón de carbón.)
Una bombilla amarilla ilumina la dostoievskiana cocina.
Noches de invierno, con lluvia, frío o viento o granizo, y las
    escuálidas gotas chorreando por la cal.
Yo he residido largamente en la tierra, esto es: sobre las lívidas

Those men set fire to me, I speak
of that ice of a tormented mourning,
the child's defeat and his sad
handwriting, tremulous disfigured flower.

Mother, don't send me again to catch cold
and fear in front of a desk filled with engravings.
You light up truth like a tear,
give me your hand, keep me
in your closet filled with moon and tablecloths.

This is Madrid, some women kneeling
on their aprons told me,
this is the place
where they buried a great green branch
and where my blood's reclining.

Days of hunger, scandals of hunger,
mysterious sandals
aligned with shadows of rosemary
and murderous laurel. I write and keep quiet.

Here I joined the letter to the word,
the word to the paper.
                 And this is Paris,
the angels said to me, people
repeated it, this is Paris. *Peut être,*
there I suffered the angers of the spirit

and took as my example the Eiffel Tower.

This is the story of my life,
I said, and it wasn't either. I write and keep quiet.

I Ask for Peace and the Right to Speak, 1955

THE 1937 HOWITZER

    the pencil with which I traced that letter to the gods is
    worn-down, blunt, nibbled

The kitchen is the most surrealist part of the house.
(Of course I'm referring to kitchens with a coal stove.)
A yellow bulb lights up the Dostoevskian kitchen.
Winter nights, with rain, cold or wind or hail, and the squalid
   drops spurting over the whitewash.
I've lived a long time on the earth, that is: on the grayish tiles

baldosas de la cocina.
He escrito muchos poemas en la cocina
y, por poco, casi he rezado en la cocina.
El mes de febrero es elegido con fruición por todas las cocinas de
   provincias.
Mi cocina en Hurtado de Amézaga 36, contribuyó poderosamente
   a la evolución de mi ideología.
(Hoy recuerdo aquella cocina como un santuario, algo así como
   Fátima con carbonilla.)
Sentado en la banqueta de madera, sobre la mesa de pintado pino
   melancólica luz lanza un quinqué,
según atestigua Espronceda.
Gran poeta el intrépido Espronceda.
Interesante muchacha la Teresa, que se ganó un apasionado camafeo
   de octavas reales
que no se las salta un torero.
Espronceda poeta social de las cocinas y de las barricadas.
Bravo Espronceda, delicada media verónica de Gustavo Adolfo
   Bécquer.
Dios mío, qué solos se quedan los muertos.
Un muerto en la cocina es algo perfectamente serio.

   Mientras, 1970

LO FATAL

Entre enfermedades y catástrofes
entre torres turbias y sangre entre los labios
así te veo así te encuentro
mi pequeña paloma desguarnecida
entre embarcaciones con los párpados entornados
entre nieve y relámpago
con tus brazos de muñeca y tus muslos de maleza
entre diputaciones y farmacias
irradiando besos de la frente
con tu pequeña voz envuelta en un pañuelo
con tu vientre de hostia transparente
entre esquinas y anuncios depresivos
entre obispos
con tus rodillas de amapola pálida
así te encuentro y te reconozco
entre todas las catástrofes y escuelas
asiéndome el borde del alma con tus dedos de humo
acompañando mis desastres incorruptibles

of the kitchen floor.
I've written many poems in the kitchen
and almost, not quite, prayed in the kitchen.
The month of February is happily preferred by all provincial
kitchens.
My kitchen at 36 Hurtado de Amézaga contributed powerfully to the
evolution of my ideology.
(Today I remember that kitchen as a sanctuary, kind of a Fatima
with coal dust.)
Seated on a wooden stool, an oil-lamp throws melancholy light
over the painted pine table,
according to testimony of Espronceda.
Great poet the fearless Espronceda.
Interesting girl that Teresa, who earned herself an impassioned
cameo of eight lines
that a bullfighter doesn't know how to leap over.
Espronceda socially conscious poet of kitchens and barricades.
Fearless Espronceda, delicate half veronica of Gustavo Adolfo Bécquer.
My God, the dead stay so alone.
A dead man in the kitchen is something perfectly serious.

Meanwhile, 1970

WHAT'S INEVITABLE

Between infirmities and catastrophes
among cloudy towers and blood between the lips
so I see you so I find you
my little pigeon without feathers
among vessels with half-closed eyelids
between snow and lightning
with your doll's arms and your scrubby muscles
between disputations and pharmacies
radiating kisses from your forehead
with your little voice wrapped in a handkerchief
with your womb bearing a transparent host
between corners and depressing announcements
among bishops
with your knees of pale poppy
so I find you and recognize you
among all the catastrophes and schools
grasping me at the edge of my soul with your smoky fingers
accompanying my incorruptible disasters

paloma desguarnecida
juventud cabalgando entre las ramas
entre embarcaciones y muelles desolados
última juventud del mundo
telegrama planchado por la aurora
por los siglos de los siglos
así te veo así te encuentro
y pierdo cada noche caída entre alambradas
irradiando aviones en el radar de tu corazón
campana azul del cielo
desolación del atardecer
así cedes el paso a las muchedumbres
única como una estrella entre cristales
entre enfermedades y catástrofes
así te encuentro en mitad de la muerte
vestida de violeta y pájaro entrevisto
con tu distraído pie
descendiendo las gradas de mis versos.

Hojas de Madrid con *La galerna,* 1976

pigeon without feathers
youth riding among the branches
between vessels and desolate wharfs
last youth of the world
telegram pressed flat by the dawn
century after century
so I see you so I find you
and I waste every night fallen among barbed-wire
radiating airplanes in the radar of your heart
blue bell of the sky
desolation of twilight
so you give up your step to the masses
unique as a star among crystals
between infirmities and catastrophes
so I find you in the middle of death
dressed in violet and a bird just glimpsed
with your distracted foot
descending the steps of my poems.

Leaves of Madrid and *Northwest Wind*, 1976

Rafael Morales

AGONÍA DEL TORO

Una mano de niebla temerosa
llega a tu corazón doliente y fría,
y aprieta lentamente, como haría
el aire más sereno con la rosa.

Su dulce sombra, mansa y silenciosa,
sube a tus ojos su melancolía,
apagando tu dura valentía
en la pálida arena rumorosa.

La dura pesadumbre de la espada
no permite siquiera tu mugido:
poderosa y tenaz está clavada.

Tú ves cerca de ti a quien te ha herido
y tiendes tu mirada sosegada
sin comprender, ¡oh toro!, cómo ha sido.

Poemas del toro, 1943

LOS ANCIANOS

Aquí tuvo su fin el barro vano,
aquí el amor secóse derrotado,
aquí el tiempo erigió su fiel reinado.
El barro en polvo, cae, en polvo humano.

La frente ya se inclina por su peso,
y tras la piel, ya de color de tierra,
ansia de tierra late y ya se encierra
la mortal soledad del blanco hueso.

En la sombra se pierde ya el camino,
un paso más, los ojos ya se apagan
y en el aire sin luz hambrientos vagan
los implacables buitres del destino.

DEATH-AGONY OF THE BULL

A frightened hand made of mist
reaches your heart filled with pain and cold,
and slowly pierces as the calmest
breath of air might touch the rose.

Its sweet shadow, tame and silent,
raises its melancholy to your eyes,
shutting your tough valor
in the pale murmuring sand.

The harsh weight of the sword
doesn't even allow you to bellow:
it stabs you with its stubborn might.

Beside you you see the one who's wounded you
and your gaze is peaceful, oh bull,
never understanding what has happened.

Poems of the Bull, 1943

OLD PEOPLE

Here vain mud had its end,
here love dried up defeated,
here time built its faithful kingdom.
Mud falls turned to dust, turned to human dust.

The forehead bends from its own weight,
and behind the skin, now the color of earth,
desire for the earth beats, and the mortal solitude
of the white bone closes in.

The way is lost in shadow,
one more step, the eyes now darken
and the implacable vultures of destiny
wander hungry in the unlit air.

Se seca el barro, el cuerpo que decrece,
y una ola brutal acecha, espera
la dulce y delicada calavera
para su noche que inclemente crece.

Los desterrados, 1947

LOS IDIOTAS

Los idiotas son carne de la nada, de nadie;
son soledades vivas, desiertos corazones,
y llevan en su alma silencio, sombra y aire.

¡Ay! Los idiotas llevan el cuerpo de la pena.
Los idiotas arrastran como niebla su carne.

Un dolor es su cuerpo que ni siquiera duele;
su corazón, un nido donde nunca hubo un ave,
y sus ojos, que miran torpemente las flores,
son dos pájaros muertos de tristeza en el aire.

Los desterrados, 1947

EL CEMENTO

Asomando entre vigas y fachadas,
surgiendo entre colores y países,
volando por las torres elevadas
pasa el cemento con sus alas grises.

La lluvia, si le toca, deja un llanto
en medio de los vientos, de las brisas,
por las regiones de la cal y el canto,
en el alto país de las cornisas.

Canción sobre el asfalto, 1954

Mud dries as the body shrinks
and a brutal wave surges, the sweet
and delicate skeleton waits for
the night that grows without mercy.

The Exiles, 1947

IDIOTS

Idiots are flesh of nothingness, of no one;
are living solitudes, empty hearts,
and they carry in their souls shadow, silence and air.

Oh! Idiots carry the body of sorrow.
Idiots trail their flesh like a fog.

There's a pain in their bodies that doesn't even ache;
their hearts, nests that never had a bird,
and their eyes, that look awkwardly at flowers,
are two birds in the air that died of sorrow.

The Exiles, 1947

CEMENT

Peeking through beams and facades,
emerging between colors and landscapes,
flying by tall towers
cement passes with its gray wings.

The rain, if it touches it, leaves weeping behind,
in the midst of winds, of breezes,
through regions of chalk and song,
in the tall country of cornices.

Song about Asphalt, 1954

MUJER DESNUDA

Hermoso cuerpo de mujer desnuda,
territorio frutal,
país de las calandrias aurorales,
tierno fluir del alba sobre un agua dormida.

El día está naciendo de tu nácar temprano,
de las cálidas rosas que emergen de tu sangre,
el día está naciendo del cerezal cautivo de tu boca.

Sobre tus pechos brota la luz de los neveros,
y por tus brazos llega fluvial y perezosa la mañana,
mientras cantan las aves
por la clara alameda de tu pelo.

Prado de serpientes, 1969-81

RECUERDO DE YAYA LA MODISTA

Hoy te recuerdo, mi lejana Yaya, de enlutado silencio,
pequeña y tenaz noche de afligidas estrellas,
tierno recinto oscuro,
refugio diminuto de la desesperanza.

Recuerdo entre tus manos,
tristes como una aurora velada por la lluvia,
todo el color fluyente de la seda gozosa,
todo el claror hermoso de su abril fugitivo.

Y recuerdo el doliente cansancio de tu aguja
seguida por la estela perezosa del hilo,
lento cometa triste por tu cielo nocturno,
cruzando la espaciosa soledad de la tela.

Prado de serpientes, 1969-81

NAKED WOMAN

Beautiful body of naked woman,
territory rich with fruit,
land of morning larks,
gentle flow of dawn on sleeping waters.

The day is born in your early ivory,
in the warm roses that emerge from your blood,
the day is born in the captive cherry tree of your mouth.

The light of snow-covered peaks bursts from your breasts,
and the morning comes through your arms flowing and lazy,
while birds sing
through the clear poplar grove of your hair.

Meadow of Serpents, 1969-81

MEMORY OF YAYA THE DRESSMAKER

Today I remember you, my distant Yaya, filled with mournful
   silence,
small and stubborn night of sad stars,
delicate dark enclosure,
tiny refuge of hopelessness.

I remember there between your hands,
sad like a dawn hidden by the rain,
all the flowing color of the joyful silk,
all the lovely clarity of its fugitive April.

And I remember the aching weariness of your needle
followed by the lazy trails of thread,
slow sad comet through your nighttime sky,
crossing the spacious solitude of the cloth.

Meadow of Serpents, 1969-81

José Luis Hidalgo

LA MINA

Como una voz oscura camina bajo tierra
los nervios subterráneos que apagan los clamores,
los nervios subterráneos que avanzan lentamente
como una noche agria o un olvido profundo.
Son los nervios siniestros que buscan en las sombras
los cadáveres cárdenos de las muertas estrellas
con sus dedos fríos,
con sus dedos inertes en la noche de piedra.
El tacto se ha quedado muerto en la superficie,
arriba donde el sol mira nacer los pájaros,
arriba donde el agua sueña peces y árboles,
donde las flores viven con su aroma tranquilo
sin sapos nauseabundos que le amarguen el sueño.
Pero aquí ya no hay nada.
El sol es un vago recuerdo de luces amarillas,
el agua es un charco de barro inaccesible
y el aire está podrido por la luz de las lámparas.
No se oye nada.
Las tinieblas no cantan bajo el negro que corta,
las tinieblas que muerden la cabeza ondulante
de ese pulpo de luz que baja de la tierra.
Debajo de esas piedras hay hombres aplastados,
hay hombres cuyo cuerpo mezclado con la arcilla
están dando su sangre como una luz fructífera
a las venas dormidas que suben a la vida.
Aun es la piel.
Pero ya es lepra oscura que corroe el planeta,
que irá abriendo un sepulcro en su carne doliente
para enterrar en él las tinieblas del mundo.
No. Nada se oye, nada.
Es la noche profunda. Siempre la agria noche que escupe sus esquinas,
la noche que te agarra como un cuerno de toro,
la noche que te aprieta la voz en la garganta
como un grito de muerte,
como un tiro lejano.

THE MINE

As a hidden voice travels underground
along the subterranean nerves that muffle outcries,
along the subterranean nerves that slowly advance
like a sour night or deep oblivion.
They are the sinister nerves that search in the shadows
with cold fingers, with inert fingers
in the stony night
for the scarlet corpses of dead stars.
Touch has remained dead on the surface,
up there where the sun watches the birds being born,
up there where water dreams of fish and trees,
where flowers live with their tranquil aroma
without loathesome toads that embitter dreams.
But here there's nothing.
The sun is a vagrant memory of yellow lights,
water is a puddle of inaccessible mud
and air turns rotten from lamplight.
You can't hear anything.
The darkness doesn't sing beneath the slashing black,
the darkness that bites the head undulating
from this octopus of light that descends from the earth.
Underneath these rocks there are crushed men,
there are men whose bodies mixed with clay
are giving their blood like a fertile light
to the sleeping veins aroused to life.
Yet it's still skin.
Rather it's a dark leprosy that corrodes the planet,
that opens a grave in its sorrowing flesh
in order to bury the darkness of the world there.
No. You can't hear anything, anything.
It's deep night. Always the sour night that spits up corners,
the night that gores you like a bull's horn,
the night that clenches the voice in your throat
like a death-cry,
like a distant shot.

Esta noche olvidada debajo de la tierra,
esta noche de barro que no ha visto la luna
y que han hecho los hombres con sus propias entrañas.
A dónde irá? Se aleja
como un cadáver turbio que ha crecido de pronto,
como un cadáver ciego que abre lentamente
la yedra de sus vértebras sobre el silencio último.
Ya sentimos la sangre de la tierra que pasa.
La sangre o fuego hirviente que corre como el agua,
la sangre como lava de un volcán palpitante
que hace latir el barro como una arteria viva.

La mina es todo esto.

Yo me destrozo fiero en este mar potente que me duele en el pecho
en este mar sin agua,
en este mar viscoso que amasan en los siglos
el silencio de la noche y este barro adherente.

> *Raíz*, 1944

GATO

Vienen y nadie sabe de dónde vienen.

Vienen de la tristeza oscura de los látigos
que en una noche negra azotaron la selva
y dejaron sin sangre para siempre a la luna.
Vienen de aquella sangre,
vienen de aquella selva,
vienen de la lujuria de una médula tierna
que al llegar a los hombres dulcemente se evade.

El fondo de sus ojos tiene pájaros muertos
y en las garras dormidas peces acribillados.

Vienen y nadie sabe de dónde vienen...
vienen...

> *Los animales*, 1945

ESPERA SIEMPRE

La muerte espera siempre, entre los años,
como un árbol secreto que ensombrece,

This forgotten night and underneath the earth,
this night made of mud that hasn't seen the moon
and that men have made out of their own guts.
Where will it go? It recedes
like a murky corpse that has suddenly swollen up,
like a blind corpse that slowly opens
the ivy of its vertebrae over the last silence.
We feel the earth's blood passing by.
Boiling blood or fire that flows like water,
blood like the lava of an erupting volcano
that makes the mud beat like a living artery.

The mine is all this.

I smash myself to bits wild in the powerful sea, this sea with
    no water
that pains me in the heart,
in this viscous sea that gathers through the centuries
the night's silence and this sticky mud.

    Root, 1944

CAT

    They come and no one knows where they come from.

    They come from the dark sadness of the whips
    that lashed the jungle in a black night
    and left the moon without blood forever.
    They come from that blood,
    they come from that jungle,
    they come from the lust of a tender marrow
    that quietly disappears upon reaching men.

    There are dead birds at the bottom of their eyes
    and pierced fish in their sleeping claws.

    They come and no one knows where they come from . . .
    they come . . .

        Animals, 1945

IT'S ALWAYS WAITING

Death is always waiting between the years,
like a hidden tree that suddenly casts

de pronto, la blancura de un sendero
y vamos caminando y nos sorprende.

Entonces, en la orilla de su sombra,
un temblor misterioso nos detiene:
miramos a lo alto y nuestros ojos
brillan, como la luna, extrañamente.

Y, como luna, entramos en la noche
sin saber dónde vamos, y la muerte
va creciendo en nosotros, sin remedio,
con un dulce terror de fría nieve.

La carne se deshace en la tristeza
de la tierra sin luz que la sostiene.
Sólo quedan los ojos que preguntan
en la noche total y nunca mueren.

Los muertos, 1947

LO FATAL

He nacido entre muertos y mi vida
es tan sólo el recuerdo de sus almas
que, lentas, van soñando entre mi sangre
y sobre el mundo ciego la levantan.

Quedó lejos la tierra; mis raíces
no saben del frescor que en ella canta.
De invisibles cenizas es mi cuerpo.
Los muertos de la tierra me separan.

Quisiera ser yo mismo, luz distinta
brillando cada día con el alba,
estrella de la noche, siempre joven,
que fulge de sí misma solitaria.

Pero ya no estoy solo. Mi ser vivo
lleva siempre los muertos en su entraña.
Moriré como todos, y mi vida
será oscura memoria en otras almas.

Los muertos, 1947

a shadow on the whiteness of a road
and there we are walking alone and it surprises us.

Then, at the edge of the shadow,
a mysterious trembling stops us:
we look up high and our eyes
shine strangely, like the moon.

And, like a moon, we enter the night
without knowing where we go, and inside us,
death is growing inevitably
with the sweet terror of cold snow.

The flesh crumbles into the sadness
of the unlit earth that supports it.
Only our questioning eyes remain
enclosed in total night and never die.

The Dead, 1947

WHAT'S INEVITABLE

I was born among the dead and my life
is only the memory of their souls
that, slowly, dream in my blood
and raise it over the blind world.

The earth remains far behind; my roots
don't know anything of the freshness that sings in it.
My body is made of invisible ashes.
The dead of the earth keep me apart.

I prefer to be myself, a different light
shining each day with the dawn,
evening star, always young,
that flashes from its solitary self.

But I'm not alone. My living being
always carries the dead in its guts.
I will die like everyone, and my life
will be a dark memory in other souls.

The Dead, 1947

ESTOY MADURO

Me ha calentado el sol ya tantos años
que pienso que mi entraña está madura
y has de bajar, Señor, para arrancarme
con tus manos inmensas y desnudas.

Pleno y dorado estoy para tu sueño;
por él navegaré como una luna
que irá brillando silenciosamente,
astro frutal sobre tu noche pura.

Una nube vendrá y acaso borre
mi luz para los vivos y, entre lluvia,
zumo dulce de Ti, te irá cayendo
la savia de mi ser, como una música.

Será que estaré muerto y entregado
otra vez a la tierra de las tumbas.
Pero, sangre inmortal, mi roja entraña
de nuevo quemará tu luz futura.

Los muertos, 1947

¿POR QUÉ VOY A LLORARME?

¿Por qué voy a llorarme? Los árboles no lloran
cuando el hacha furiosa les hiere la madera.
Yo sólo he preguntado si tu mano sombría
con nuestros troncos lívidos enciende sus hogueras.

Lloro a los que han caído porque son de mi bosque,
pero yo sigo erguido cantando en las tinieblas.
Pisando las cenizas heladas de su ruina,
avanzo hacia ese fuego soñado en que me esperas.

Soy joven como el mundo, mas lloro desde siempre,
aunque todas mis hojas huelen a primavera.
Pero a mí no me lloro, porque tengo mi vida
y su efímera corne por Ti también se quema.

Los muertos, 1947

I'M RIPE

The sun has warmed me for so many years now
that I think even my guts are ripe
and you have to come down, Lord, to pluck me
with your immense and naked hands.

I am filled-out and golden, suitable for your dream;
I'll navigate through it like the moon
that will shine silently,
a star become fruit over your untouched night.

A cloud will come and perhaps erase
my light from the living and, with the rain,
that sweet juice of yours, the sap of my being
will fall towards You, like a music.

Maybe I'll be dead and once more
handed over to an earth full of tombs.
But, immortal blood, my red guts
will burn your future light again.

The Dead, 1947

WHY SHOULD I MOURN MYSELF?

Why should I mourn myself? The trees don't mourn
when the furious hatchet wounds their wood.
I've asked only if your shadowy hand
lights bonfires with our livid trunks.

I mourn those who have fallen because they come from my woods,
but I remain upright singing in darkness.
Stepping on the frozen ashes of their ruin,
I advance towards that fire dreaming that you're expecting me.

I'm young as the world, but I mourn from the beginning of time,
even if all my leaves smell of spring.
But I don't mourn for myself, because I have my life,
and its ephemeral flesh burns also for You.

The Dead, 1947

DESPUÉS DEL AMOR

El zumo de la noche me gotea
con racimos de estrellas en la cara,
y madura mi frente su luz triste,
como una fruta sola sin su rama.

He perdido mi tronco; ardientemente
ha tajado el amor en sus entrañas
con un hacha sombría. En otro cuerpo
la ceniza enrojece de mi savia.

A solas con la noche me he quedado,
con mi carne tendida, fruta amarga.
Y suena el corazón, bajo mi pecho,
con un crudo tañido de campana.

Los muertos, 1947

NACIMIENTO

Ha llegado la noche para todos:
yo reclino la frente en esta piedra,
donde los siglos ciegamente pasan,
mientras fulgen, arriba, las estrellas.

Entre duros peñascos me arregazan
los brazos maternales de la tierra.
Soy un hombre desnudo. Hoy he nacido,
como una larga luz, en su corteza.

Ni me muero, ni sueño. Abro los ojos
y extendiendo mis manos verdaderas
toco el origen de mi ser humano,
el vientre elemental que me naciera.

Y, en la frente, la roca, su llamada,
la vida en destrucción que, ardiendo, espera
la voz de Dios, que sobre el mundo clama
y se rompe, temblando, en las estrellas.

Los muertos, 1947

AFTER LOVE

The juice of the night drips
a cluster of stars on my face,
and my forehead ripens its sad light
like a single fruit picked without its branch.

I have lost my trunk; passionately,
love has slashed it in its guts
with a shadowy hatchet. In another body
the ashes redden from my sap.

I have remained alone with the night,
with my outstretched flesh, bitter fruit.
And my heart sounds inside my chest
with the raw toll of bells.

The Dead, 1947

BIRTH

The night has come for everyone:
I lean my forehead on this stone
where centuries pass blindly,
while stars are flashing up above.

The maternal arms of the earth
cradle me on hard crags.
I'm a naked man. I was born today
like a long light in its bark.

I don't die or sleep. I open my eyes
and, stretching real hands,
I touch the origin of my human being,
the elemental womb that gave me birth.

And on my forehead the rock, its call,
flaming life in the process of destruction, waiting
for the voice of God, which bursts over the world
and, trembling, is broken into stars.

The Dead, 1947

José Hierro

AMANECER

Imagínate tú . . .
Imagínatelo tú por un momento.
        R.A.

La estrella aún flotaba en las aguas.
Río abajo, a la noche del mar, la llevó la corriente.
Y de pronto la mágica música errante en la sombra
se apagó, sin dolor, en el fresco silencio silvestre.

Imagínate tú, piensa sólo un instante,
piensa sólo un instante que el alma comienza a caerse.
(Las hojas, el canto del agua que sólo tú escuchas:
maravilloso silencio que pone en las tuyas su mano evidente.)

Piensa sólo un instante que has roto los diques y flotas sin tiempo
    en la noche,
que eres carne de sombra, recuerdo de sombra; que sombra tan
    sólo te envuelve.
Piensa conmigo "¡tan bello era todo, tan nuestro era todo, tan vivo
    era todo,
antes que todo se desvaneciese!"

Imagínate tú que hace siglos que has muerto.
No te preguntan las cosas, si pasas, quién eres.
Procura un instante pensar que tus brazos no pesan.
Son nada más que dos cañas, dos gotas de lluvia, dos humos calientes.

(¡Tan bello era todo, tan nuestro era todo, tan vivo era todo!)
Y cuando creas que todo ante ti perfecciona su muerte,
abre los ojos:
            El trágico hachero saltaba los montes,
llevaba una antorcha en la mano, incendiaba los bosques nacientes.
El río volvía a mojar las orillas que dan a tu vida.
El prodigio era tuyo y te hacías así vencedor de la muerte.

    Alegría, 1947

DAWN

Imagine it . . .
Imagine it yourself for a moment.
        R.A.

The star still floated on the waters.
The current carried it away downstream, to the ocean's night.
And suddenly the magical music wandering in the shadow
was extinguished, without pain, in the cool wild silence.

Imagine it, think of it only an instant,
think for only an instant that the soul begins to fall.
(The leaves, the song of the water that only you can hear:
marvelous silence that puts its evident hand in yours.)

Think for only an instant that you have broken the dams and you
    float timeless in the night,
that you are flesh of shadow, memory of shadow; that only shadow
    enwraps you.
Think with me, "how beautiful it all was, how much it was ours,
    how alive it was,
before it all vanished!"

Imagine that you have been dead for centuries.
When you go by, things don't ask you who you are.
Try to think for an instant that your arms are weightless.
They are no more than two canes, two drops of rain, two hot fumes.

(How beautiful it all was, how much it was ours, how alive it all was!)
And when you believe that everything before you perfects its own
    death,
open your eyes:
                The tragic woodcutter skipped over the hills,
he carried a torch in his hand, he burned the new forests.
The river returned to wet the shores that give you life.
The miracle was yours and so you became death's conqueror.

    Joy, 1947

REPORTAJE

Desde esta cárcel podría
verse el mar, seguirse el giro
de las gaviotas, pulsar
el latir del tiempo vivo.
Esta cárcel es como una
playa: todo está dormido
en ella. Las olas rompen
casi a sus pies. El estío,
la primavera, el invierno,
el otoño, son caminos
exteriores que otros andan:
cosas sin vigencia, símbolos
mudables del tiempo. (El tiempo
aquí no tiene sentido.)

Esta cárcel fué primero
cementerio. Yo era un niño
y algunas veces pasé
por este lugar. Sombríos
cipreses, mármoles rotos.
Pero ya el tiempo podrido
contaminaba la tierra.
Ya yerba ya no era el grito
de la vida. Una mañana
removieron con los picos
y las palas la frescura
del suelo, y todo —los nichos.
rosales, cipreses, tapias—
perdió su viejo latido.
Nuevo cementerio alzaron
para los vivos.

Desde esta cárcel podría
tocarse el mar; mas el mar,
los montes recién nacidos,
los árboles que se apagan
entre acordes amarillos,
las playas que abren al alba
grandes abanicos,
son cosas externas, cosas
sin vigencia, antiguos mitos,
caminos que otros recorren.
Son tiempo
y aquí no tiene sentido.

REPORT

From this jail one could
watch the sea, follow
the flight of gulls, take
the pulse of living time.
This jail is like a
beach: everything is asleep
in it. The waves break
almost at its feet. Summer,
spring, winter,
fall, are exterior roads
traveled by others:
ineffectual objects, changing
symbols of time. (Time has
no meaning here.)

This jail was first a
cemetery. I was a child
and sometimes passed
by this place. Dark
cypresses, broken marble.
But decayed time had already
contaminated the earth.
The grass was no longer the cry
of life. One morning
they dug up the freshness
of the soil with pick
and spade, and everything — niches,
roses, cypresses, garden walls —
lost its old heartbeat.
A new cemetery arose
for the living.

From this jail one could
touch the sea; but the sea,
the newborn hills,
the trees extinguished
between yellow harmonies,
the beaches that open great
fans before the dawn,
are external things, ineffectual
things, ancient myths,
roads that others travel.
They are time
and here they have no meaning.

Por lo demás todo es
terriblemente sencillo.
El agua matinal tiene
figura de fuente . . .
                (Grifos
al amanecer. Espaldas
desnudas. Ojos heridos
por el alba fría.) Todo
es aquí sencillo,
terriblemente sencillo.

Y así las horas. Y así
los años. Y acaso un tibio
atardecer del otoño
(hablan de Jesús) sentimos
parado el tiempo. (Jesús
habló a los hombres, y dijo:
"Bienaventurados los
pobres de espíritu".)
Pero Jesús no está aquí
(salió por la gran vidriera,
corre por un risco,
va en una barca, con Pedro,
por el mar tranquilo.)
Jesús no está aquí. Lo eterno
se desvae, y es lo efímero
—una mujer rubia, un día
de niebla, un niño tendido
sobre la yerba, una alondra
que rasga el cielo—, es lo efímero,
eso que pasa y que muda,
lo que nos tiene prendidos.
Sed de tiempo, porque el tiempo
aquí no tiene sentido.

Un hombre pasa. (Sus ojos
llenos de tiempo.) Un ser vivo.
Dice: "Cuatro, cinco años . . . ".
como si echara los años
al olvido.
Un muchacho de los valles
de Liébana. Un campesino.
(Parece oírse la voz
de la madre: "Hijo,
no tardes", ladrar los perros

As for the rest, it's all
terribly simple.
The morning water has
the shape of a fountain . . .

                (Faucets

at daybreak. Naked
backs. Eyes wounded
by the cold dawn.) Everything
here is simple,
terribly simple.

And so the hours. And so
the years. And maybe on a warm
fall afternoon
(they speak of Jesus) we feel
time standing still. (Jesus
spoke to men, and said:
"Blessed are the
poor in spirit.")
But Jesus isn't here
(he went out through the big window,
he crosses a cliff,
he goes in a boat, with Peter,
on the tranquil sea.)
Jesus isn't here. The eternal
is dissipated and the ephemeral exists,
—a blonde woman, a foggy
day, a child resting
on the grass, a lark
piercing the sky—, the ephemeral exists,
things that pass and change,
that hold us captivated.
Thirst for time, because time
has no meaning here.

A man passes. (His eyes
full of time.) A living being.
He says: "Four, five years . . . ,"
as if casting the years
into oblivion.
A boy from the valleys
of Liébana. A farmboy.
(One can almost hear the mother's
voice: "Son, don't be
late," the dogs barking

por los verdes pinos,
nacer las flores azules
de abril . . .)
        Dice: "Cuatro, cinco,
seis años . . . ", sereno, como
si los echase al olvido.

El cielo, a veces, azul,
gris, morado, o encendido
de lumbres. Dorado a veces.
Derramado oro divino.

De sobra sabemos quién
derrama el oro, y da al lirio
sus vestiduras, quién presta
su rojo color al vino,
vuela entre nubes, ordena
las estaciones . . .
        (Caminos
exteriores que otros andan.)
Aquí está el tiempo sin símbolo
como agua errante que no
modela el río.

Y yo, entre cosas de tiempo,
ando, vengo y voy perdido.
Pero estoy aquí, y aquí
no tiene el tiempo sentido.
Deseternizado, ángel
con nostalgia de un granito
de tiempo. Piensan al verme:
"Si estará dormido . . . "

Porque sin una evidencia
de tiempo, yo no estoy vivo.

Desde esta cárcel podría
verse el mar — yo ya no pienso
en el mar —. Oigo los grifos
al amanecer. No pienso
que el chorro me canta un frío
cantar de fuente. Me labro
mis nuevos caminos.

Para no sentirme solo
por los siglos de los siglos.

       Quinta del 42, **1953**

in the green pines,
April giving birth to blue
flowers . . .)
                        He says: "Four, five,
six years . . . ," peacefully, as if
casting them into oblivion.

The sky, at times, blue,
gray, purple, or burning
with lights. Golden at times.
Spilling divine gold.

We more than know who
spills the gold, and gives the lily
its garments, who lends
the red color to the wine,
who flies among the clouds, orders
the stations . . .
                        (Exterior
roads that others travel.)
Time exists here without symbol
like flowing water that
the river doesn't shape.

And among the things of time, I
go, come and lose my way.
But I am here, and here
time has no meaning.
Expelled from eternity, angel
with longing for a grain
of time. They think when they see me:
"What if he's asleep . . . "

Because without evidence
of time, I'm not alive.

From this jail one could
watch the sea—I no longer think
of the sea—. I hear the faucets
at daybreak. I don't think
that the water-jet sings to me a cold
song of fountains. I build
my new roads.

In order not to feel alone
century after century.

The Villa of 42, 1953

PARA DOS POETAS DE AMÉRICA

Anoche, brotes verdes de raza vieja, he visto,
dentro de mí, la mano de plata del invierno.
Iba el álamo mágico desnudando su copa,
hoja a hoja de fuego.

Acaso no sepáis lo que es ver la silueta
del duro tronco escueto,
lo que es ver roto el mito que creamos, andar
pisando nuestra planta lo que es lecho y fué techo,
cantar sin fe, obstinados en nuestro canto, mientras
cielo y tierra proponen sus enigmas gemelos.

Acaso no sepáis lo que es sacrificar
al fuego nuestro leño.
Laborar porque quede de nosotros mañana,
en vez del leño, el fuego.

Acaso no sepáis por qué razón hundimos
en altamar el barco, sin dirigirlo a puerto.
Y por qué naufragamos también, y renunciamos
a nuestro salvamento.
Por qué somos del tiempo estrecho en que vivimos
y sólo de ese tiempo.

Pediréis las razones que puedan excusarnos
y no hay razones para esto.

Pero vosotros, brotes verdes de razas viejas,
cielos radiantes, hijos del sol, cálidos vientos:
robad vuestras Helenas en Nueva York, llorad
por Patroclo y por Héctor,
domador de hidroaviones, perseguid la belleza
que otorga el don de ser eternos.

Y que Dios nos perdone si nos equivocamos
cuando convoque el ángel a los vivos y muertos.

Quinta del 42, 1953

VINO EL ÁNGEL DE LAS SOMBRAS

Vino el ángel de las sombras;
me tentó tres veces.
Yo, erguido, tallado en piedra
firme, resistiéndole.

FOR TWO AMERICAN POETS

Last night, green shoots of an ancient race, I saw,
inside me, the silver hand of winter.
The magic poplar was uncovering its crown,
leaf by fiery leaf.

Maybe you don't know what it's like to see
the silhouette of the hard, bare tree,
what it's like to see the myth we create broken, to walk
stepping on what is now bed and used to be roof,
to sing without faith, obsessed with our song, while
sky and earth pose their twin enigmas.

Maybe you don't know what it's like to sacrifice
our wood to the fire.
To labor so that tomorrow we leave behind
fire instead of wood.

Maybe you don't know the reason why we sink
the boat on the high seas, without guiding it to port.
And why we too are shipwrecked, and refuse
to be saved.
Why it is we belong to the narrow time in which we live
and only to that time.

You'll ask for reasons that could excuse us
and there aren't any reasons for that.

But you, green shoots of an ancient race,
radiant skies, children of the sun, warm winds;
steal your Helens in New York, cry
for Patroclus and Hector,
tamer of hydroplanes, pursue the beauty
that gives you the gift of being eternal.

And if we are mistaken may God forgive us
when the angel calls together the living and the dead.

The Villa of 42, **1953**

THE ANGEL OF SHADOWS CAME

The angel of shadows came;
he tempted me three times.
I, erect, carved in firm
stone, resisting him.

Me torturaba con lágrimas,
látigos y nieves,
con soledades. Me puso
la frente candente.

Toda la noche me estuvo
llenando de muerte.
Separaba con un mar
las orillas verdes.
Entre una y otra orilla
no dejaba puentes.

Se pasó la noche entera
llamándome, hiriéndome.
Diciendo que yo era el rey
del trigo y la nieve,
el rey de las horas negras
y el de las celestes.

Vino el ángel de las sombras.
Yo en pie, resistiéndole.
Esperando que, al cantar
los gallos, huyese.

Alucinado, queriendo
vencerme, venciéndome.

Quinta del 42, 1953

ALUCINACIÓN EN SALAMANCA

En dónde estás, por dónde
te hallaré, sombra, sombra,
sombra...

       Pisé las piedras,
las modelé con sol
y con tristeza. Supe
que había allí un secreto
de paz, un corazón
latiendo para mí.

Y qué serías, sombra,
sombra, sombra; qué nombre
y qué forma, y qué vida
serías, sombra. Y cómo

He tortured me with tears,
whips and snows,
with loneliness. He made
my face red hot.

All night he filled
me with death.
He separated the green
banks with a sea.
He left no bridges between
one shore and the other.

He spent the entire night
calling me, wounding me.
Telling me that I was the king
of the wheat and the snow,
the king of the black hours
and of the skyblue hours.

The angel of shadows came.
I, on foot, resisting him.
Hoping that when the cocks
crowed, he would flee.

Hallucinated, wanting
to overcome me, overcoming me.

The Villa of 42, 1953

HALLUCINATION IN SALAMANCA

Where are you, where
will I find you, shadow, shadow,
shadow? . . .

I stepped on rocks,
I shaped them with sun
and with sadness. I knew
that a secret filled with peace
lay there, a heart
beating for me.

And that you would be, shadow,
shadow, shadow: what name
and what form, and what life
would you be, shadow? And how could you

podías no ser vida,
no tener forma y nombre.

Sombra: bajo las piedras,
bajo tanta mudez
—dureza y levedad,
oro y hierba— qué, quién
me solicita, qué
me dice, de qué modo
entenderlo . . . (No encuentro
las llaves.) Sombra, sombra,
sombra . . . Cómo entenderlo
y nacerlo . . .

    De pronto,
deslumbradoramente,
el agua cristaliza
en diamante. Una súbita
revelación . . .

    Azul:
en el azul estaba,
en la hoguera celeste,
en la pulpa del día,
la clave. Ahora recuerdo:
he vuelto a Italia. *Azul,
azul, azul:* era ésa
la palabra (no *sombra,
sombra, sombra*). Recuerdo
ya —con qué claridad—
lo que he soñado siempre
sin sospecharlo. He vuelto
a Italia, a la aventura
de la serenidad,
del equilibrio, de
la belleza, la gracia,
la medida . . .

     Por estas
plazas que el sol desnuda
cada mañana, el alma
ha navegado, limpia
y ardiente. Pero dime,
azul (¿o hablo a la sombra?),
qué dimensión le prestas
a esta hora mía; quién
arrebató las alas

not be life,
and have no form or name.

Shadow: under the rocks,
under such muteness
— hardness and lightness,
gold and grass—, what, who
calls me, what
does it say to me, how can I
understand it . . . (I don't find
the keys.) Shadow, shadow,
shadow . . . How to understand it
and give it birth . . .

        Suddenly,
with dazzling brilliance,
the water crystallizes
into diamond. A sudden
revelation . . .

        Blue:
it was in the blue,
in the celestial bonfire,
in the pulp of the day,
the key. Now I remember:
I've returned to Italy. *Blue,*
blue, blue: that was
the word (not *shadow,*
shadow, shadow.) Now I
remember—with what clarity—
what I have always dreamt
without suspecting it. I've returned
to Italy, to the adventure
of serenity,
of equilibrium, of
beauty, grace,
measure . . .
        In these
squares that the sun undresses
each morning, the soul
has navigated, clean
and passionate. But tell me,
blue (or do I speak to the shadow?),
what dimension do you lend
to this hour of mine; who
stole the wings

a la vida. Y quién fuí
que yo no sé Quién fué
el que ha vivido instantes
que yo recuerdo ahora.
Qué alma mía, en qué cuerpo
que no era mío, anduvo
por aquí, devanando
amor, entre oleadas
de piedra, entre oleadas
encendidas (las olas
rompían y embestían
contra las torres peñas)...

Entre oleadas... Olas...
Gris... Olas... Sombra... He vuelto
a olvidar la palabra
reveladora. Playas...
Olas... Sombra... Hubo algo
que era armonía, un sitio
donde estoy... (Sombra, sombra,
sombra)... donde no estoy.
No: la palabra no era
sombra. El fulgor del cielo,
la piedra rosa, han vuelto
a su mudez. Están
ante mí. Los contemplo,
y sin embargo, ya
no están. El equilibrio,
la armonía, la gracia
no están. Ay, sombra, sombra
(y tanta claridad).

Quién disipó el lugar
(o el tiempo) que me daba
su sangre, el que escondía
el lugar (o era el tiempo)
no vivido. Y por qué
recuerdo lo que ha sido
vivido por mi cuerpo
y mi alma. Qué hace
aquí, por mi memoria,
este avión roto, un viejo
Junker, bajo la luna
de diciembre. La niebla,
la escarcha, aquel camino

of life. And who was I
that I have no knowledge? And who was
the one who lived moments
that I now remember?
What soul of mine, in what body,
that wasn't mine, walked
through here, winding
love, among waves
of rock, among waves
aflame (the waves
tore and gored
the rocky towers) . . .

In the waves . . . Waves . . .
Gray . . . Waves . . . Shadow . . . I've
again forgotten the revealing
word. Beaches . . .
Waves . . . Shadow . . . There was something
that was harmony, a place
I now am . . . (shadow, shadow,
shadow) . . . where I am not.
No: the word was not
shadow. The radiance of the sky,
the pink rock, have returned
to their muteness. They
are before me. I observe them,
and, nonetheless, they
are not there. Equilibrium,
harmony, grace
are not there. Oh, shadow, shadow
(and such brightness).

Who dissolved the place
(or the time) that gave me
its blood, that hid
the place (or was it the time)
not lived. And why do I
remember what was
lived by my body
and my soul. Why is it
here, inside my memory,
this broken airplane, an old
Junker, under the December
moon. The mist,
the frost, that road

hasta el silencio, aquella
mar que estaba anunciando
este mismo momento
que no es tampoco mío.

Quién sabe qué decían
las olas de esta piedra.
Quién sabe lo que hubiera
—antes— dicho esta piedra
si yo hubiese acertado
la palabra precisa
que pudo descuajarla
del futuro. Cuál era
—ayer— esa palabra
nunca dicha. Cuál es
esa palabra de hoy
que ha sido pronunciada,
que ha ardido al pronunciarla,
y que ha sido perdida
definitivamente.

Libro de las alucinaciones, 1964

ACELERANDO

Aquí, en este momento, termina todo,
se detiene la vida. Han florecido luces amarillas
a nuestros pies, no sé si estrellas. Silenciosa
cae la lluvia sobre el amor, sobre el remordimiento.
Nos besamos en carne viva. Bendita lluvia
en la noche, jadeando en la hierba,
trayendo en hilos aroma de las nubes,
poniendo en nuestra carne su dentadura fresca.
Y el mar sonaba. Tal vez fuera su espectro.
Porque eran miles de kilómetros
los que nos separaban de las olas.
Y lo peor: miles de días pasados y futuros nos separaban.
Descendían en la sombra las escaleras.
Dios sabe a dónde conducían. Qué más daba. "Ya es hora
—dije yo—, ya es hora de volver a tu casa."
Ya es hora. En el portal, "Espera," me dijo. Regresó
vestida de otro modo, con flores en el pelo.
Nos esperaban en la iglesia. "Mujer te doy." Bajamos
las gradas del altar. El armonio sonaba.

going toward silence, that
sea being announced
this very moment
that is also not mine.

Who knows what the waves
over this rock said.
Who knows what this rock
— previously — could have said
if I had happened
on the precise word
to uproot it
from the future. What was
— yesterday — this word
never spoken. What is
today's word,
that has been pronounced,
that has burned in being pronounced,
and that has been absolutely
lost.

Book of Hallucinations, 1964

ACCELERANDO

Here, at this moment, everything ends,
life stops. Yellow lights have flowered
at our feet, I don't know if they're stars. Silently
the rain is falling on love, on remorse.
We kiss in raw flesh. Blessed rain
in the night, breathless in the grass,
bringing the aroma of clouds in threads,
putting its cool teeth in our flesh.
And the sea rang. Or maybe its ghost.
Because thousands of kilometers
separated us from the waves.
And worse yet: thousands of past and future days separated us.
The stairs descended in shadows.
God knows where they led. It didn't matter. "It's time
—I said—, it's time to return to your house."
It's time. At the gate, "Wait," she told me. Returning
in a new dress, with flowers in her hair.
They were waiting for us in the church. "I give you this woman."
We descended the steps of the altar. The harmonium played.

Y un violín que rizaba su melodía empalagosa.
Y el mar estaba allí. Olvidado y apetecido
tanto tiempo. Allí estaba. Azul y prodigioso.
Y ella y yo solos, con harapos de sol y de humedad.
"¿Dónde, dónde la noche aquella, la de ayer . . . ?," preguntábamos
al subir a la casa, abrir la puerta, oír al niño que salía
con su poco de sombra con estrellas,
su agua de luces navegantes,
sus cerezas de fuego. Y yo puse mis labios
una vez más en la mejilla de ella. Besé hondamente.
Los gusanos labraron tercamente su piel. Al retirarme
lo vi. Qué importa, corazón. La música encendida,
y nosotros girando. No: inmóviles. El cáliz de una flor
gris que giraba en torno vertiginosa.
Dónde la noche, dónde el mar azul, las hojas de la lluvia.
Los niños —quiénes son, que hace un instante
no estaban—, los niños aplaudieron, muertos de risa:
"Qué ridículos, papá, mama." "A la cama," les dije
con ira y pena.   Silencio.   Yo besé
la frente de ella, los ojos con arrugas
cada vez más profundas. ¿Dónde la noche aquella,
en qué lugar del universo se halla? "Has sido duro
con los niños." Abrí la habitación de los pequeños,
volaron pétalos de lluvia. Ellos estaban afeitándose.
Ellas salían con sus trajes de novia. Se marcharon
los niños— ¿por qué digo los niños? —con su amor,
con sus noches de estrellas, con sus mares azules,
con sus remordimientos, con sus cuchillos de buscar pureza
bajo la carne. Dónde, dónde la noche aquella,
dónde el mar . . . Qué ridículo todo: este momento detenido,
este disco que gira y gira en el silencio,
consumida su música . . .

Libro de las alucinaciones, 1964

And a violin curled its cloying melody.
And the sea was there. Forgotten and craved
for so long. It was there. Blue and prodigious.
And she and I alone, with rags of sun and dampness.
"Where, where is that night, yesterday's night . . . ?" we asked,
going up to the house, opening the door, listening to the child
    who was leaving
with his bit of starry shadow,
his sea water filled with navigating lights,
his fiery cherries. And I put my lips
on her cheek one more time. I kissed deeply.
The worms stubbornly worked her skin. I saw it
as I withdrew. It doesn't matter, heart. The music aflame,
and ourselves whirling. No: motionless. The calyx of a gray
flower whirled dizzily around us.
Where was the night, the blue sea, the rain's leaves.
The children—who are they, they were not here
a moment ago—, the children clapped, dying of laughter:
"How ridiculous, papa, mama." "Go to bed," I told them
with anger and sorrow.   Silence.   I kissed
her brow, her eyes with the wrinkles
getting deeper each time. Where is that night,
in what part of the universe is it now. "You've been harsh
with the children." I opened the children's room,
petals of rain flew by. The boys were shaving.
The girls came out dressed as brides. The children
went away—why do I say the children?—with their love,
with their starry nights, with their blue seas,
with their remorse, with their knives for probing purity
under the flesh. Where, where is that night,
where is the sea . . . How ridiculous everything is: this suspended
    moment,
this phonograph record that whirls and whirls in silence,
its music consumed . . .

Book of Hallucinations, 1964

Ángela Figuera Aymerich

CARNE DE MI AMANTE

Marmol oscuro y caliente
tallado en músculo y fibra.
Carne de mi amante, carne
viril y prieta de vida.
Suave y blanda entre mis dedos;
fuego bajo la caricia.
Dulce y sabrosa a mis labios
como una fruta mordida...

Carne de mi amante, carne
tan mía como la mía.

Mujer de barro, 1948

INSOMNIO

La noche es una pobre bestia oscura
herida a latigazos por el viento...

Mis ojos desvelados
navegan en lo negro.
Mi corazón naufraga
entre el ansia y el miedo...

Y adentro, copo a copo,
se va tejiendo el verso.

Mujer de barro, 1948

MUJERES DEL MERCADO

Son de cal y salmuera. Viejas ya desde siempre.
Armadura oxidada con relleno de escombros.
Tienen duros los ojos como fría cellisca.
Los cabellos marchitos como hierba pisada.
Y un vinagre maligno les recorre las venas.

MY LOVER'S FLESH

Dark and burning marble
hammered into muscle and fiber.
My lover's flesh, virile
and tight with life.
Soft and yielding between my fingers;
fire under my caress.
Sweet and delicious to my lips
like fruit bitten into . . .

My lover's flesh,
as much mine as my own.

Woman of Clay, 1948

INSOMNIA

The night is a poor dark beast
wounded and whipped by the wind . . .

My sleepless eyes
navigate in the blackness.
My heart shipwrecks
between desire and fear . . .

And inside, tuft after tuft,
the poem is woven.

Woman of Clay, 1948

WOMEN OF THE MARKET

They're made of lime and saltwater. Old from time immemorial.
Rusty armor stuffed with rubbish.
They have hard eyes like a cold sleet.
Their hair is withered like trampled grass.
And an evil vinegar runs in their veins.

Van temprano a la compra. Huronean los puestos.
Casi escarban. Eligen los tomates chafados.
Las naranjas mohosas. Maceradas verduras
que ya huelen a estiércol. Compran sangre cocida
en cilindros oscuros como quesos de lodo
y esos bofes que muestran, sonrosados y túmidos,
una obscena apariencia.

Al pagar, un suspiro les separa los labios
explorando morosas en el vientre mugriento
de un enorme y raído monedero sin asas,
con un miedo feroz a topar de improviso
en su fondo la última cochambrosa moneda.

Siempre llevan un hijo, todo greñas y mocos,
que les cuelga y arrastra de la falda pringosa
chupeteando una monda de manzana o de plátano.
Lo manejan a gritos, a empellones. Se alejan
maltratando el esparto de la sucia alpargata.

Van a un patio con moscas. Con chiquillos y perros.
Con vecinas que riñen. A un fogón pestilente.
A un barreño de ropa por lavar. A un marido
con olor a aguardiente y a sudor y a colilla.
Que mastica en silencio. Que blasfema y escupe.
Que tal vez por la noche, en la fétida alcoba,
sin caricias ni halagos, con brutal impaciencia
de animal instintivo, les castigue la entraña
con el peso agobiante de otro mísero fruto.
Otro largo cansancio.

Oh, no. Yo no pretendo pedir explicaciones.
Pero hay cielos tan puros. Existe la belleza.

El grito inútil, 1952

LA CÁRCEL

Nací en la cárcel, hijos. Soy un preso de siempre.
Mi padre ya fue un preso. Y el padre de mi padre.
Y mi madre alumbraba, uno tras otro, presos,
como una perra perros. Es la ley, según dicen.

Un día me vi libre. Con mis ojos anclados
en el mágico asombro de las cosas cercanas,

They go shopping early. They poke in the stalls.
They almost scratch. They select crushed tomatoes.
Moldy oranges. Rotting vegetables
that already smell like manure. They buy blood pudding
in dark cans like cheese made of mud
and pink and tumid lungs that present
an obscene appearance.

When they pay, a sigh pushes open their lips
as they slowly explore the filthy belly
of an enormous and threadbare purse without handles,
with a ferocious fear of unexpectedly finding
the last greasy coin in its depths.

They always carry a child, all matted hair and mucus,
who hangs on them and trails from their grease-stained skirt
sucking on an apple or banana peel.
They control it with shouts, with shoves. They leave
fraying the hemp of their dirty sandals.

They go to a patio full of flies. Full of children and dogs.
Full of fighting neighbors. To a stinking hearth.
To a tub full of dirty laundry. To a husband
who smells of liquor and sweat and cigarette butts.
Who chews in silence. Who curses and spits.
Who maybe during the night, in the foul bedroom,
without caresses or flattering words, with the brutal impatience
of an instinctive animal, will castigate their entrails
with the crushing weight of another pitiful fruit.
Another long exhaustion.

Oh, no. I don't pretend to ask for explanations.
But there are such pure skies. Beauty exists.

    The Useless Cry, 1952

THE JAIL

I was born in jail, children. I'm a lifelong prisoner.
Even my father was a prisoner. And the father of my father.
And my mother gave birth to prisoners, one after the other,
like a bitch giving birth to puppies. It's the law, that's what
    they say.

One day I found myself free. With my eyes anchored
to the magical amazement of everyday things,

no veía los muros ni las largas cadenas
que a través de los siglos me alcanzaban la carne.

Mis pies iban ligeros. Pisaban hierba verde.
Y era un tonto y reía
porque en los duros bancos de la escuela
podía pellizcar a los vecinos,
jugar a cara o cruz y cazar moscas,
mientras cuatro por siete eran veintiocho
y era Madrid la capital de España
y Cristo vino al mundo por salvarnos.
Sí. Entonces me vi libre. Las manos me crecían
inocentes y tiernas como pan recién hecho,
pues no sabían nada del hierro y la madera
soldados a sus palmas
cuando el sudor profuso
igual que un vino aguado
apenas nos ablanda la fatiga.

Hoy los muros me crecen más altos que la frente,
más altos que el deseo, más altos que el empuje
del corazón. Arrastro
unas secas raíces que me enredan las piernas
cuando voy, como un péndulo de trayecto inmutable,
desde el sueño al cansancio, del cansancio hasta el sueño.

Soy un preso de siempre para siempre. Es el orden.

El grito inútil, 1952

CUANDO MI PADRE PINTABA

Cuando mi joven padre pintaba yo era apenas
una oscura ardillita merodeando en su torno.
Mi padre era ingeniero. Con los ojos profundos
a fuerza de difícil y exacta matemática.
Era magro y esbelto. Yo no sabía entonces
que mi frente morena era igual a la suya.

Mi padre me gustaba. Llevaba un gran bigote
ya pasado de moda, con auténticas guías
dulcemente afiladas.
Cuando las colegialas a la hora del recreo
presumíamos bobas de papás y juguetes,
aquel largo bigote tuvo más importancia
que un surtido de cromos o un muñeco de China.

I didn't see the walls or the long chains
which had reached my flesh from across the centuries.

My feet were light. They stepped on green grass.
And I was a fool and laughed
because I could pinch my neighbors
on the hard benches at school,
play heads-or-tails or trap flies,
while four times seven was twenty-eight
and Madrid was the capital of Spain
and Christ came to the world to save us.
Yes. Then I found myself free. My hands grew
innocent and tender like freshly-baked bread,
because they knew nothing about iron
and wood soldered to the palms
when the profuse sweat
just like a watered-down wine
barely softens our fatigue.

Today the walls grow around me higher than my forehead,
higher than desire, higher than my heart's
impulse. When I walk I drag
heavy roots that wrap around my legs
like the pendulum of an immutable trajectory,
from sleep to exhaustion, from exhaustion to sleep.

I'm a lifelong prisoner always. That's the law.

The Useless Cry, 1952

WHEN MY FATHER PAINTED

When my young father painted I was scarcely
a dark little squirrel marauding around him.
My father was an engineer. With deep eyes
caused by difficult and exact mathematics.
He was slender and graceful. I didn't know then
that my brown forehead was like his.

I liked my father. He sported a great mustache
already out of style, with authentic curled ends
carefully turned.
When during recess my classmates
would brag foolishly of fathers and toys,
that long mustache took on more importance
than a whole collection of picture-cards or a China doll.

Mi padre era ingeniero y amaba los paisajes.
Quería capturarlos en rectángulos breves
y llevarlos consigo.
Cuando íbamos al campo o al mar, en vacaciones,
meticulosamente, sabiamente pintaba.
Y era un gozo asombrado contemplar la obediencia
con que todo acudía y quedaba ordenado
en el lienzo tirante.

(Cuando mi joven padre pintaba, sólo entonces,
fumaba en pipa. A veces silbaba por lo bajo,
desafinando mucho, romanzas de zarzuela.)

Cuando mi joven padre pintaba sin astucia,
era tremendamente consolador y cómodo
ver un árbol honesto pareciéndose a un árbol.
Era profundamente positivo y seguro
ver las vacas rollizas ilustrando los céspedes
y casitas de enhiesta chimenea humeante.
Y era lindo mirar cómo el sol se ponía
agotando los tubos de carmín y cinabrio,
sobre un mar de esmeraldas y encaje de bolillos.

Todo era claro y dulce, porque, amigos, entonces,
cuando mi joven padre pintaba, yo era sólo
una ardilla inocente sin malicia ni versos.

Víspera de la vida, 1953

SI NO HAS MUERTO UN INSTANTE

*"Todas las mañanas al alba
mi corazón es fusilado en Grecia"*— Nazim Hikmet

Si no has de permitir que tu corazón tierno
trabaje un cupo diario de horas extraordinarias
para sentirse fusilado en Grecia;
si tu pulida frente no llega a golpearse
contra el hierro y la roca
de una cárcel distante mil o dos mil kilómetros;
si no has caído nunca con la nuca partida
por las balas que silban en un rincón del Asia;
si no has notado nunca que se hielan tus huesos
porque los fugitivos duermen en las cunetas;
si no dejas a veces que tu estómago aúlle

My father was an engineer and he loved landscapes.
He wanted to capture them in short rectangles
and take them with him.
When we'd go to the country or the sea, during vacations,
he painted meticulously, skillfully.
It was an amazing joy to observe the obedience
with which everything responded and remained ordered
on the taut canvas.

(When my young father painted, only then,
did he smoke a pipe. Sometimes he would whistle under his breath
ballads from zarzuelas, much out of tune.)

When my young father painted in his naive way,
it was tremendously consoling and comforting
to see an honest tree look like a tree.
It was profoundly positive and reassuring
to see the reddish cows decorating the pastures
and little houses with straight smoking chimneys.
And it was lovely to watch how the sun would set
using up the tubes of crimson and vermilion
over a sea of emeralds and foamy lace.

Everything was clear and sweet, because, friends, then,
when my young father painted, I was only
an innocent little squirrel without malice or poems.

The Evening before Life, 1953

IF YOU HAVEN'T DIED FOR AN INSTANT

*"Every morning at dawn
my heart is executed in Greece"* — Nazim Hikmet

If you don't have to permit your tender heart
to work its daily quota of overtime
in order to feel executed in Greece;
if your smooth forehead doesn't come to beat itself
against the iron and rock
of a prison one or two kilometers away;
if you've never fallen with a neck broken
by bullets that whistle in a corner of Asia;
if you've never noticed that your bones freeze
because fugitives sleep in the ditches;
if you don't let your stomach howl sometimes

porque a orillas del Ganges no hay arroz para todos;
si no has sentido nunca tus manos desolladas
cuando un hombre concluye su jornada en la mina;
si no has agonizado cualquier noche sin sueño
en la sala de un blanco pabellón de incurables;
si tus ojos no crecen
hasta los cuatro puntos de la tierra
para encontrar las vetas del dolor escondido
y aumentar los caudales represados del llanto;
si no has muerto tú mismo solamente un instante,
una vez tan siquiera, porque sí, porque nada,
porque todo, por eso: porque el hombre se muere,
entonces no prosigas. Al hoyo, y acabado.

> *Belleza cruel*, 1958

SÍMBOLO

Llega una mano de oro luciendo un diamante,
una mano de hierro gobernando unas riendas,
una mano de niebla donde canta una alondra:
yo las dejo pasar.

Llega una mano roja empuñando una espada,
llega una mano pálida llevando una amatista,
llega una mano blanca que ofrece una azucena:
yo las dejo pasar.

Llega una mano sucia que sujeta un arado:
la tomo entre las mías y nos vamos a arar.

> *Toco la tierra. Letanías*, 1962

because on the banks of the Ganges there's not enough rice for
   everyone;
if you've never felt your hands skinned
when a man finishes his shift in the mine;
if you haven't agonized some night without sleep
in the waiting room of a white pavilion for incurables;
if your eyes don't grow
toward the four corners of the earth
to find the veins of hidden pain
and increase the repressed torrent of tears;
if you yourself haven't died for only an instant,
at least once, just because, because of nothing,
because of everything, because: because man dies,
then don't go on. To the pit, and be done with it.

     Cruel Beauty, 1958

SYMBOL

A gold hand comes sporting a diamond,
an iron hand controlling some reins,
a misty hand where a lark sings:
I let them pass.

A red hand comes clutching a sword,
a pale hand comes wearing an amethyst,
a white hand comes offering a Madonna lily:
I let them pass.

A dirty hand comes gripping a plow:
I take it between mine and we go off plowing.

     I Touch the Earth. Litanies, 1962

Gloria Fuertes

NOTA BIOGRÁFICA

Gloria Fuertes nació en Madrid
a los dos días de edad,
pues fue muy laborioso el parto de mi madre
que si se descuida muere por vivirme.
A los tres años ya sabía leer
y a los seis ya sabía mis labores.
Yo era buena y delgada,
alta y algo enferma.
A los nueve años me pilló un carro
y a los catorce me pilló la guerra;
a los quince se murió mi madre, se fue cuando más falta me hacía.
Aprendí a regatear en las tiendas
y a ir a los pueblos por zanahorias.
Por entonces empecé con los amores,
—no digo nombres—,
gracias a eso, pude sobrellevar mi juventud de barrio.
Quise ir a la guerra, para pararla,
pero me detuvieron a mitad del camino.
Luego me salió una oficina,
donde trabajo como si fuera tonta,
—pero Dios y el botones saben que no lo soy—.
Escribo por las noches
y voy al campo mucho.
Todos los míos han muerto hace años
y estoy más sola que yo misma.
He publicado versos en todos los calendarios,
escribo en un periódico de niños,
y quiero comprarme a plazos una flor natural
como las que le dan a Pemán algunas veces.

Antología y poemas del suburbio, 1954

BIOGRAPHICAL NOTE

Gloria Fuertes was born in Madrid
two days old,
because my mother's labor was very difficult
and if she'd neglected herself she would have died having me.
I already knew how to read at the age of three
and at six I could do housework.
I was well-behaved and thin,
tall and somewhat sickly.
When I was nine a car ran over me
and at fourteen the war ran over me;
at fifteen my mother died, leaving when I'd miss her the most.
I learned to haggle in the shops
and go to the villages for carrots.
Around then I began to have love affairs,
—I won't give names—,
thanks to them, I was able to survive growing up in the streets.
I wanted to go off to the war, in order to stop it,
but they detained me half-way there.
Later I found an office
where I work as if I were a fool,
—but God and the office boy know I'm not—.
I write at night
and go to the country a lot.
All my family have been dead for years
and I'm lonelier than alone.
I have poems published on all the calendars,
I write for a children's newspaper,
and I want to buy a fresh flower on credit
like the ones they sometimes give Pemán.*

Anthology and Poems of the Slum, 1954

*Ironic reference to José María Pemán (1898-1981), rightist
  poet of the Franco era.

NO PERDAMOS EL TIEMPO

Si el mar es infinito y tiene redes,
si su música sale de la ola,
si el alba es roja y el ocaso verde,
si la selva es lujuria y la luna caricia,
si la rosa se abre y perfuma la casa,
si la niña se ríe y perfuma la vida,
si el amor va y me besa y me deja temblando.
¿Qué importancia tiene todo esto,
mientras haya en mi barrio una mesa sin patas,
un niño sin zapatos o un contable tosiendo,
un banquete de cáscaras,
un concierto de perros,
una ópera de sarna...
Debemos de inquietarnos por curar las simientes,
por vendar corazones y escribir el poema
que a todos nos contagie.
Y crear esa frase que abrace todo el mundo,
los poetas debiéramos arrancar las espadas,
inventar más colores y escribir padrenuestros.
Ir dejando las risas en las bocas del túnel,
y no decir lo íntimo, sino cantar al corro,
no cantar a la luna, no cantar a la novia,
no escribir unas décimas, no fabricar sonetos.
Debemos, pues sabemos, gritar al poderoso,
gritar eso que digo, que hay bastantes viviendo
debajo de las latas con lo puesto y aullando,
y madres que a sus hijos no peinan a diario,
y padres que madrugan y no van al teatro.
Adornar al humilde poniéndole en el hombro nuestro verso,
cantar al que no canta y ayudarle es lo sano.
Asediar usureros, y con rara paciencia convencerles sin asco.
Trillar en la labranza, bajar a alguna mina,
ser buzo una semana, visitar los asilos,
las cárceles, las ruinas, jugar con los párvulos,
danzar en las leproserías.

Poetas, no perdamos el tiempo, trabajemos,
que al corazón le llega poca sangre.

Antología y poemas del suburbio, 1954

LET'S NOT WASTE TIME

If the sea is infinite and has nets,
if its music comes from the wave,
if the dawn is red and the sunset green,
if the forest is lust and the moon a caress,
if the rose opens and perfumes the house,
if the girl laughs and perfumes life,
if love comes and kisses me and leaves me trembling.
What does it all matter,
while in my neighborhood there's a table without legs,
a child with no shoes or a bookkeeper coughing,
a banquet of potato peels,
a concert of dogs,
an opera of scabs...
We need to become worried enough to cure the seeds,
bandage the hearts and write the poem
that will infect everyone.
And create that sentence which will embrace the whole world,
poets must smash swords,
must invent more colors and write Paternosters.
Letting laughter stay in the mouths of the tunnel,
and not tell what's intimate, but sing in a choir,
not sing to the moon, not sing to the bride,
not write poems with ten-line stanzas, not fabricate sonnets.
Because we know how, we must yell at the mighty,
shout what I'm saying, that there are enough who live
howling under tin roofs with only what they have on their backs,
and mothers who don't comb their children's hair every day,
and fathers who wake up early and don't go to the theater.
To clothe the humble placing our poems on their shoulders,
it's right to sing to the one who has no song and help him.
To kill usurers and with a rare patience convince them without
    disgust.
To thresh in the fields, go down into a mine,
to be a diver for a week, visit nursing homes,
jails, ruins, play with tiny children,
dance in the leprosaria.

Poets, let's not waste time, let's work,
because very little blood is reaching the heart.

Anthology and Poems of the Slum, 1954

LA IDA DEL HOMBRE

Setenta años es mucho,
muero viejo,
cansado de trabajar,
dieciséis horas últimamente,
y no he ganado en toda mi vida
lo que gana un jugador en una tarde
dando patadas a un balón.
Por este bienestar, y esta armonía,
que me sube del pie a la garganta
sé que muero,
y esta tonta de mujer anda llorando,
nunca tuvo idea de los acontecimientos.
Buena vida para los dos se abre.
Noto empiezo a encogerme;
he de nacer de nuevo parido de esta madre que es la muerte;
ya no te despertará mi tos de madrugada,
ya no pasaré más frío en la obra,
se cicatrizarán mis sabañones,
podrás desempeñar las mantas
con lo que te dé el Montepío,
mujer, hazte cargo, no es motivo que llores por tan poca cosa.

Antología y poemas del suburbio, 1954

LLANTOS NOCTURNOS

Soñé que estaba cuerda,
me desperté y vi que estaba loca.
Soñé que estaba cuerda,
                              cuerda,
tendida en mi ventana,
y en mí habían puesto a secar
las sábanas de mis llantos nocturnos.
¡Soñé que tenía un hijo!
Me desperté y vi que era una broma.
Soñé que estaba despierta,
me desperté y vi que estaba dormida.

Aconsejo beber hilo, 1954

THE MAN'S DEPARTURE

Seventy years is too much,
I'm dying an old man,
tired of working,
sixteen hours a day lately,
and in my whole life I haven't earned
what a player makes in an afternoon
kicking a ball around.
Because of this well-being, and this harmony,
that rises from my feet to my throat
I know I'm dying,
and this stupid woman is crying,
she never did understand anything.
Now they can both have a good life.
I notice I'm beginning to shrink;
I'll be born again from this mother which is death;
my cough won't wake you up at dawn,
I won't be cold any more at work,
my chilblains will heal,
you'll be able to redeem the sheets
with what they give you at the pawnshop,
you'll manage, woman, there's no reason to cry over such nonsense.

Anthology and Poems of the Slum, 1954

NIGHTTIME TEARS

I dreamt I was sane,
I awoke and saw that I was mad.
I dreamt I was sane,

                  sane,
stretched out on my window,
and over me they had hung out the sheets
with my nighttime tears to dry.
I dreamt I had a child!
I woke up and saw it was a joke.
I dreamt I was awake,
I awoke and saw I was asleep.

I Advise You to Drink Thread, 1954

MIRADME AQUÍ

Miradme aquí,
clavada en una silla,
escribiendo una carta a las palomas.
Miradme aquí,
que ahora podéis mirarme,
cantando estoy y me acompaño sola.
Clarividencias me rodean
y sapos hurgan en los rincones,
los amigos huyen porque yo no hago ruido
y saben que en mi piel hay un fantasma.
Me alimento de cosas que no como,
echo al correo cartas que no escribo
y dispongo de siglos venideros.
Es sobrenatural que ame las rosas.
Es peligroso el mar si no sé nada,
peligroso el amor si no se nada.
Me preguntan los hombres con sus ojos,
las madres me preguntan con sus hijos,
los árboles me insisten con sus hojas
y el grito es torrencial
y el trueno es hilo de voz
y me coso las carnes con mi hilo de voz:
¡Si no sé nada!

Todo asusta, 1958

CAÍ

Caí caí Caín,
igual al tuyo es mi pecado,
maté a un Abel que estaba acostumbrado,
a que yo no matara por pereza;
maté,
maté como un verdugo con destreza,
caí, caí Caín por el barranco,
caí rodando hasta matar un día.
Maté al dolor, a la melancolía
a la duda y a la madre del cordero.

Me cargué a la tristeza con esmero
asesiné a la angustia de repente
                y me lavé la mano . . .

LOOK AT ME HERE

Look at me here,
glued to a chair,
writing a letter to the pigeons.
Look at me here,
for now you can look,
I sing and I accompany myself.
Clairvoyances surround me
and frogs croak in the corners,
my friends run away because I don't make any noise
and they know that I have a ghost inside my skin.
I nourish myself on things I don't eat,
I mail letters I don't write
and plan for future centuries.
It's supernatural how I love roses.
The sea is dangerous if I don't know anything,
love is dangerous if I can't swim.
Men ask me with their eyes,
mothers ask me with their children,
trees insist to me with their leaves
and the cry is torrential
and the thunder is a thread of voice
and I mend my flesh with my thread of voice:
But I don't know anything!

Completely Scared, 1958

I FELL

I fell, Cain, I fell,
my sin is like yours,
I killed an Abel who grew accustomed
to my not killing out of laziness;
I killed,
I killed like a skilled executioner,
I fell, Cain, I fell by the ravine,
I fell one day rolling into the killing.
I killed pain, melancholy,
doubt and the mother of the lamb.

I struck carefully at sadness
I suddenly assassinated anguish
            and I washed my hand . . .

Lo tuyo fue peor,
era tu hermano.
¿Qué dices que?
¿Qué te traía frito?
No me digas Caín,
¡por Dios bendito!
Se acabó mi relato.

Ni tiro, ni veneno, ni navaja, 1965

HOSPITAL-ASILO ANCIANOS POBRES

Viven mucho.
Algunos no tienen nada más que años.
Algunos nunca tuvieron nada.
—Algunos tienen hijos casados en buena posición—.
Otros tienen un cáncer calladito,
la mayoría padece locura senil
y guardan estampitas de la Virgen.
Allí están solos
y aún vivos,
solamente esperando.

Viven mucho.

Valen tan poco que ni la muerte les quiere.

Cómo atar los bigotes del tigre, 1969

LA TERMITA

Y los libros mal escritos
los terminan los termitos,
y la termita ex-termita
extermina el manuscrito.
La termita es un bichito
que favorece a la ciencia,
la termita y su experiencia,
la termita y su paciencia
nos revela el laberinto
la termita y el termito,
terminan con el conflicto
se nos comen el panflito.

Yours was worse,
he was your brother.
What, what do you say?
That he bugged you?
Don't tell me, Cain,
For God's sake!
My tale is told.

No Shooting, No Poison, No Knife, **1965**

HOSPITAL-OLD AGE ASYLUM FOR THE POOR

They live long.
Some have nothing but years.
Some always had nothing.
—Some have married children who are well-off—.
Others have a quiet little cancer,
the majority suffer from senile dementia
and keep engravings of the Virgin.
They are alone there
and still alive,
simply waiting.

They live long.

They are worth so little even death doesn't want them.

How to Tie the Tiger's Mustache, **1969**

THE LADY-TERMITE

And the poorly written books
are terminated by the termites,
and the lady-termite ex-termite
exterminates the manuscript.
The lady-termite is a tiny bug
who favors science,
the lady-termite and her experience,
the lady-termite and her patience
reveal to us the labyrinth
the lady-termite and her mate
terminate the conflict
when they eat our pamphlet.

La termita ha terminado
el volumen titulado
"Tratado de lo tratado
de acabar con el indito,"
la termita ha terminado
con el último bocado
del funesto manuscrito.

Cómo atar los bigotes del tigre, 1969

HOMENAJE A RUBÉN DARÍO

La cipresa está triste ¿qué tendrá la cipresa?

Se ha quedado sin nidos y descalza de hierbas.
Secóse el cementerio; muriéronse las guerras;
cernícalos no alondran; murciélagos la trepan;
alondras ruiseñores volaron a otra tierra.

Que nadie quiere a un triste
y más si no es princesa,
si es presa del destino,
presa, sí, de la niebla.
Un ciprés sin su muerto
es algo que da pena.

¡Qué triste está sin triste!
¡Qué sola, la cipresa!

Sola en la sala, 1973

LA VERDAD DE LA MENTIRA

Y lo abstracto lo inventó
—antes que el hombre—
el ala de una mariposa;

lo morboso lo inventó
una mantis-religiosa;

la religión la inventó
una duda temblorosa.

Sola en la sala, 1973

The lady-termite has terminated
the volume entitled
"Treatise on the Attempts
to Put an End to the Little Indians,"
with her last bite
the lady-termite has terminated
that most somber manuscript.

How to Tie the Tiger's Mustache, 1969

HOMAGE TO RUBÉN DARÍO

The cypress tree is sad, what ails the cypress?

It has no more nests and its feet are bare of grass.
The cemetery has dried up; the wars have died;
the sparrow hawks aren't larking; bats are clambering over it;
larks that sing like nightingales flew to another land.

Because nobody likes a sad one
especially one who's not a princess,
if she's a prisoner of destiny,
prisoner, yes, of the fog.
A cypress without its corpse
is truly something grievous.

It's so sad without a sad one!
So alone, the cypress tree!

Alone in the Room, 1973

THE TRUTH INSIDE THE LIE

And the abstract was invented
— before man —
by the wing of a butterfly;

the morbid was invented
by a preying mantis;

religion was invented
by a trembling doubt.

Alone in the Room, 1973

AL DOLOR NO LE HUYAS

No le huyas,
se pone más furioso.

Entrégate al dolor hasta que se harte.
Concéntrate en él
y en el que todo nada dura;
y no hagas aspavientos.

Así el dolor se enfriará asqueado
ante tu indiferente misticismo.

Sola en la sala, 1973

DON'T RUN AWAY FROM PAIN

Don't run away from it,
it gets even more furious.

Surrender to pain until it's satisfied.
Concentrate on it
and on the fact that nothing lasts forever;
and don't make a fuss.

That way pain will cool off disgusted
in the face of your indifferent mysticism.

Alone in the Room, 1973

Claudio Rodríguez

SIEMPRE LA CLARIDAD VIENE DEL CIELO

Siempre la claridad viene del cielo;
es un don: ne se halla entre las cosas
sino muy por encima, y las ocupa
haciendo de ello vida y labor propias.
Así amanece el día; así la noche
cierra el gran aposento de sus sombras.
Y esto es un don. ¿Quién hace menos creados
cada vez a los seres? ¿Qué alta bóveda
los contiene en su amor? ¡Si ya nos llega,
y es pronto aún, ya llega a la redonda,
a la manera de los vuelos tuyos
y se cierne, y se aleja y, aún remota,
nada hay tan claro como sus impulsos!
Oh, claridad sedienta de una forma,
de una materia para deslumbrarla
quemándose a sí misma al cumplir su obra.
Como yo, como todo lo que espera.
Si tú la luz te la has llevado toda,
¿cómo voy a esperar nada del alba?
Y, sin embargo —esto es un don—, mi boca
espera, y mi alma espera, y tú me esperas,
ebria persecución, claridad sola
mortal como el abrazo de las hoces,
pero abrazo hasta el fin que nunca afloja.

Don de la ebriedad, 1953

COMO SI NUNCA HUBIERA SIDO MÍA

Como si nunca hubiera sido mía,
dad al aire mi voz y que en el aire
sea de todos y la sepan todos
igual que una mañana o una tarde.
Ni a la rama tan sólo abril acude
ni el agua espera sólo el estiaje.

LIGHT ALWAYS COMES FROM THE SKY

Light always comes from the sky;
it's a gift: found not among things
but barely over them, and it occupies them
making that its life's work.
That's how the day is born; that's how night
closes the great chamber of its shadows.
And this is a gift. Who makes beings
less created each time? What high vault
holds them all in its love? But it arrives now,
and it's still early, it arrives roundabout,
as in one of your flights
and it hovers, and leaves and, still remote,
there's nothing as clear as its impulse!
Oh, light thirsty for form,
for matter that would blind it
burning itself out in its own completion.
Like myself, like everything that waits.
If you have taken all light with you,
what can I expect of the dawn?
And yet — this is a gift —, my mouth
waits, my soul waits, and you wait for me,
drunken persecution, lonely light
mortal like the embrace of sickles,
but an embrace that never weakens, lasting until the end.

Gift of Drunkenness, 1953

AS IF IT HAD NEVER BEEN MINE

As if it had never been mine,
let me give my voice to the air and in the air let it
belong to everyone and be known by everyone
just like a morning or an afternoon.
April does not come to the branch alone
nor does the water wait for the dry river bed.

¿Quién podría decir que es suyo el viento,
suya la luz, el canto de las aves
en el que esplende la estación, más cuando
llega la noche y en los chopos arde
tan peligrosamente retenida?
¡Que todo acabe aquí, que todo acabe
de una vez para siempre! La flor vive
tan bella porque vive poco tiempo
y, sin embargo, cómo se da, unánime,
dejando de ser flor y convirtiéndose
en ímpetu de entrega. Invierno, aunque
no esté detrás la primavera, saca
fuera de mí lo mío y hazme parte,
inútil polen que se pierde en tierra
pero ha sido de todos y de nadie.
Sobre el abierto páramo, el relente
es pinar en el pino, aire en el aire,
relente sólo para mi sequía.
Sobre la voz que va excavando un cauce
qué sacrilegio este del cuerpo, este
de no poder ser hostia para darse.

Don de la ebriedad, 1953

A MI ROPA TENDIDA

(El alma)

Me la están refregando, alguien la aclara.
¡Yo que desde aquel día
la eché a lo sucio para siempre, para
ya no lavarla más, y me servía!
¡Si hasta me está más justa! No la he puesto
pero ahí la véis todos, ahí tendida,
ropa tendida al sol. ¿Quién es? ¿Qué es esto?
¿Qué lejía inmortal, y qué perdida
jabonadura vuelve, qué blancura?
Como al atardecer el cerro es nuestra ropa
desde la infancia, más y más oscura
y ve la mía ahora. ¡Ved mi ropa,
mi aposento de par en par! ¡Adentro
con todo el aire y todo el cielo encima!
¡Vista la tierra tierra! ¡Más adentro!
¡No tendedla en el patio: ahí, en la cima,

Who can claim that the wind is his,
the light is his or the song of the birds
in which the season shows its splendor, when
night comes and burns so dangerously
held in the dark poplars?
Let it all end here, let it end
once and for all! The flower lives
in beauty because it lives a short time
and, yet, how it gives itself, in oneness,
ceasing to be a flower and becoming
the impulse of surrender. Winter, though
spring be not behind, take
out of me what is mine and make me a part,
a useless pollen that's lost on the earth
but has belonged to everyone and to no one.
On the open field, the night dew
is pine grove in the pine, air in the air,
night dew for my drought alone.
On the voice that excavates a river bed
what sacrilege is this limit of the body, that
it cannot be Host in order to give itself.

Gift of Drunkenness, 1953

TO MY SHIRT HANGING ON THE LINE

(The soul)

They're scrubbing it for me, someone is bleaching it.
And since that day I had
thrown it away as hopelessly dirty, so I wouldn't
have to wash it again, yet I could still wear it!
It even fits better! I haven't tried it on
but all of you can see it, hanging there,
laundry hanging in the sun. Who is it? What is it?
What immortal lye, and what lost
suds return, what whiteness?
Our clothes since infancy are like the hill
at twilight, darker and darker
and look at mine now. Look at my shirt,
my wide-open room! Inside
with all the air and all the sky on it!
Take a good look at the earthy earth! Deeper inside!
Don't hang it inside the patio: there, at the summit,

ropa pisada por el sol y el gallo,
por el rey siempre!

He dicho así a media alba
porque de nuevo la hallo,
de nuevo al aire libre sana y salva.
Fue en el río, seguro, en aquel río
donde se lava todo, bajo el puente.
Huele a la misma agua, a cuerpo mío.
¡Y ya sin mancha! ¡Si hay algún valiente,
que se la ponga! Sé que la ahogaría.
Bien sé que al pie del corazón no es blanca
pero no importa: un día . . .
¡Qué un día: hoy, mañana que es la fiesta!
Mañana todo el pueblo por las calles
y la conocerán, y dirán: "Esta
es su camisa, aquella, la que era
sólo un remiendo y ya no le servía.
¿Qué es este amor? ¿Quién es su lavandera?"

Conjuros, 1958

VISIÓN A LA HORA DE LA SIESTA

¡Si esa es mi hermana y cose cuarto adentro
tan tranquila y, de pronto,
¡quitadla!, la da el sol y un simple rayo
la enhebra, y en él queda bien zurcida,
puntada blanca de la luz del mundo!
Y, ¡cerrad las ventanas!, ese rayo,
eterna levadura, se nos echa
encima, y nos fermenta, y en él cuaja
nuestro amasado corazón y, como
la insurrección de un pueblo,
se extiende, avanza, cubre
toda la tierra ya, teje y desteje
la estopa hostil del hombre y allí, a una,
en el mesón del tiempo, siempre caro,
allí, a la puerta, en el telar hermoso,
vamos tejiendo, urdiendo
la camisa de Dios, el limpio sayo
de la vida y la muerte. Pero, ¿ahora,
qué pasa?: cuando estaba
viendo colgar del cielo

shirt trampled by the sun and the rooster,
always by the king!

                    I said so at mid-dawn
because I found it again,
again safe and sound in the fresh air.
It was in the river, indeed, in that river
where everything gets washed, under the bridge.
It smells of the same water, of my body.
And now it's spotless! If anyone's man enough,
let him put it on! I know it will choke him.
I know well enough that it's not white next to the heart
but that doesn't matter: some day . . .
That some day: today, tomorrow—the day of the fiesta!
Tomorrow the entire village will be in the streets
and they'll recognize it, and say: "This
is his shirt, that one, the one that was only
a patch, that he couldn't use any more.
What is this love? Who is his washerwoman?"

Incantations, 1958

VISION OF AN AFTERNOON NAP

Could that be my sister and she's sewing so tranquilly
inside the house and, suddenly,
—for God's sake!—the sun shines on her and a simple ray
threads her, and she remains neatly darned inside
a white stitch made of the world's light!
And,—close those windows!—that ray,
eternal yeast, pounces on
us, and ferments us, and our well-kneaded
heart curdles inside it and, like
the insurrection of a people,
extends itself, advances, now covers
the entire earth, weaving and unweaving
man's hostile fiber and there, together,
in time's tavern, always expensive,
there, at the door, in the lovely mill,
we weave, we twist
God's shirt, the clean cassock
of life and death. But, now,
what happens?: when I was looking
at the immortal flag

la bandera inmortal, como en los días
de fiesta en mi ciudad cuelga la enseña
roja y gualda, oídme, cuando
veía ese inmenso lienzo en el que cada
ligera trama es una vida entera
ocupar el espacio,
he aquí que un aliento, un tenue oreo,
después una voz clara
se alza, y con tal temple,
con tal metal esa voz suena ahora
que hilo a hilo cantando se descose
una vida, otra, otra,
de aquel gran sayo, y se oye como un himno,
escuchad, y de pronto . . .

De pronto estoy despierto y es de día.

Conjuros, 1958

CÁSCARAS

I

El nombre de las cosas, que es mentira
y es caridad, el traje
que cubre el cuerpo amado
para que no muramos por la calle
ante él, las cuatro copas
que nos alegran al entrar en esos
edificios donde hay sangre y hay llanto,
hay vino y carcajadas,
el precinto y los cascos,
la cautela del sobre, que protege
traición o amor, dinero o trampa,
la inmensa cicatriz que oculta la honda herida,
son nuestro ruin amparo.
Los sindicatos, las cooperativas,
los montepíos, los concursos;
ese prieto vendaje
de la costumbre, que nos tapa el ojo
para que no ceguemos,
la vana golosina de un día y otro día
templándonos la boca
para que el diente no busque la pulpa

hanging from the sky just as the red and yellow ensign
flies in my city on holidays,
listen, when
I saw that immense canvas in which each
light woof is an entire life,
spread out in space,
it is now that a breath, a slight breeze,
then a clear voice
is lifted up, and with such temper,
with such metal does that voice now sound
that it unravels a life in song thread by thread,
then another and another,
from that great cassock something like a hymn is heard,
listen, and suddenly . . .

Suddenly I'm awake and it's daytime.

Incantations, 1958

PEELS

I

The names of things, that are both falsehood
and charity, the suit
that covers the beloved body
so that we don't die in the street
in front of it, the four cups
that cheer us upon entering those
buildings where there's blood and tears,
there's wine and laughter,
the straps and the helmets,
the prudence of the envelope, that protects
treason or love, money or swindle,
the immense scar that hides the deep wound,
make up our meager shelter.
The unions, the cooperatives,
the pawn shops, the competitions;
that dark bandage
of habit, that covers our eyes
so that we don't go blind,
the worthless candy of daily routine
tempering the mouth
so that the tooth doesn't find the fatal

fatal, son un engaño
venenoso y piadoso. Centinelas
vigilan. Nunca, nunca
darán la contraseña, que conduce
a la terrible munición, a la verdad que mata.

II

Entre la empresa, el empresario, entre
prosperidad y goce,
entre un error prometedor y otra
ciencia a destiempo,
con el duro consuelo
de la palabra, que termina en burla
o en provecho o defensa,
o en viento
enerizo, o en pura
mutilación, no en canto;
entre gente que sólo
es muchedumbre, no
pueblo, ¿dónde
la oportunidad del amor,
de la contemplación libre o, al menos,
de la honda tristeza, del dolor verdadero?
La cáscara y la máscara,
los cuarteles, los foros y los claustros,
diplomas y patentes, halos, galas,
las más burdas mentiras:
la de la libertad, mientras se dobla
la vigilancia,
¿han de dar vida a tanta
juventud macerada, tanta fe corrompida?

Pero tú quema, quema
todas las cartas, todos los retratos,
los pajares del tiempo, la avena de la infancia.
El más seco terreno
es el de la renuncia. Quién pudiera
modelar con la lluvia esta de junio
un rostro, dices. Calla
y persevera, aunque
ese rostro sea lluvia,
muerde la dura cáscara,
muerde aunque nunca llegues
hasta la celda donde cuaja el fruto.

Alianza y condena, 1965

pulp, are a pious
and poisonous fraud. The guards
watch. They'll never, never
give the password that leads
to the terrible ammunition, to the truth that kills.

II

Between enterprise, the entrepreneur, between
prosperity and pleasure,
between a promising error and another
inopportune science,
with the hard consolation
of the word, that ends in scorn
or in profit or defense,
or in January's
wind, or in pure
mutilation, not in song;
among persons who are
only mass, not
people, where is
the opportunity of love,
of free contemplation or, at least,
of deep sadness, of true pain?
The peel and the mask,
the prisons, the forums and the cloisters,
diplomas and patents, haloes, galas,
the coarsest lies:
concerning liberty, while vigilance
is doubled
will they offer life to such
macerated youth, to such corrupted faith?

But you burn, burn
all the letters, all the pictures,
the haystacks of time, the oats of infancy.
The driest terrain
is that of renunciation. Who could
mold a face with this June
rain, you say. Be still
and persevere, even though
that face be rain,
bite into the hard peel,
bite even though you may never reach
the cell where the fruit mellows.

Covenant and Conviction, 1965

de ODA A LA NIÑEZ

Una verdad se ha dicho sin herida,
sin el negocio sucio
de las lágrimas,
con la misma ternura con que se da la nieve;
ved que todo es infancia.
La fidelidad de la tierra,
la presencia del cielo insoportable
que se nos cuela aquí, hasta en la cazalla
mañanera, los días
que amanecen con trinos y anochecen
con gárgaras, el ruido
del autobús que por fin llega, nuestras
palabras que ahora,
al saludar, quisieran
ser panales y son
telas de araña, nuestra
violencia hereditaria,
la droga del recuerdo, la alta estafa del tiempo,
la dignidad del hombre
que hay que abrazar y hay
que ofrecer y hay
que salvar aquí mismo,
en medio de esta lluvia fría de marzo...
Ved que todo es infancia:
la verdad que es silencio para siempre.
Años de compra y venta,
hombres llenos de precios,
los pregones sin voz, las turbias bodas,
nos trajeron el miedo a la gran aventura
de nuestra raza, a la niñez. Ah, quietos,
quietos bajo ese hierro
que nos marca, y nos sana, y nos da amo.
Amo que es servidumbre, bridas que nos hermanan.

Alianza y condena, 1965

HACIA LA LUZ

Y para ver hay que elevar el cuerpo,
la vida entera entrando en la mirada

from ODE TO CHILDHOOD

One truth has been spoken without wounding,
without the dirty business
of tears,
with the tenderness of falling snow;
see how everything is infancy.
The earth's fidelity,
the presence of the unbearable sky
that clings to us here, until the morning
*cazalla,** the days
that dawn with trills and darken
with gargling, the noise
of the bus that finally arrives, our
words that as we
greet each other now, would like
to be honeycomb and are
spider wounds, our
inherited violence,
memory's drug, time's high swindle,
man's dignity
that must be embraced and
offered and
saved right here
in the midst of this cold March rain . . .
See how everything is infancy:
the truth that is always silence.
Years of buying and selling,
men with price tags,
hawks without voices, turbid weddings,
brought fear to the great adventure
of our race, to childhood. Ah, be still,
be still under that iron
that marks us, and heals us, and gives us a master.
A master that is servitude, bridles that make us brothers.

Covenant and Conviction, 1965

*A morning aperitif.

TOWARD LIGHT

And in order to see you must raise your body,
letting life itself enter the glance

hacia esta luz, tan misteriosa y tan sencilla,
hacia esta palabra verdadera.

Ahora está amaneciendo y esta luz de Levante,
cenicienta,
que es entrega y arrimo
por las calles tan solas y tan resplandecientes,
nos mortifica y cuida,
cuando la sombra se desnuda en ella
y se alza la promesa
de la verdad del aire.

Es el olor del cielo,
es el aroma de la claridad,
cuando vamos entrando a oscuras en el día,
en la luz tan maltrecha por lo ciego
del ojo, por el párpado tierno aún para abrir
las puertas de la contemplación,
la columna del alma,
la floración temprana del recuerdo.

Tú, luz, nunca serena,
¿me vas a dar serenidad ahora?

El vuelo de la celebración, 1976

VOZ SIN PÉRDIDA

I

Este viento de marzo
da libertad y bienaventuranza.
Como tu voz, que es casi luz, almendra
abierta de misterio y de lujuria,
con sus tonos astutos, tierna y seca, latiendo
tan desnuda que limpia la alegría,
con su esmalte y sus ángulos,
sus superficies bien pulimentadas,
no con arrugas, pero
penetrando en mí siempre,
unas veces sumisa y precavida,
trémula de inocencia otras, y en secreto,
bien sé si turbio o si trasparente.
Su oscuridad, su vuelo
a ras de tierra, como el del vencejo

towards this light, so mysterious and so simple,
towards this true word.

Now it's daybreak and this Orient light
of cinders,
that is surrender and closeness
in streets so empty and so resplendent,
mortifies and cares for us,
as the shadow undresses in it
and the air raises up
the promise of its truth.

It's the scent of sky,
the aroma of clarity,
as we are entering the day in darkness,
in light so bruised by blindness
of the eye, by the lid too tender to open
the portals of contemplation,
the column of the soul,
the early flowering of memory.

You, light, never serene,
now will you give me serenity?

The Flight of Celebration, 1976

VOICE WITHOUT LOSS

I

This March wind
brings liberty and good tidings.
Like your voice, that's almost light, almost almond tree
open to mystery and lust,
with its astute tones, tender and dry, pulsating
so nakedly it cleanses joy,
with its enamel and its corners,
its well-polished surfaces,
without ridges, yet
always penetrating inside me,
at times submissive and cautious,
at other times trembling in innocence, and in secret,
I can tell if it's turbid or transparent.
Its darkness, its flight
flush with the earth, like the swallow's,

o a medio aire, como el de la alondra,
su ronquera nocturna, y este viento de marzo
entre tu voz, y la ciudad, y el tráfico...

Su terreno rocoso, casi de serranía,
el timbre embravecido y firme, conmovido, escondido
en ese cielo de tu boca, en ese
velo del paladar, tan oloroso como
el laurel, cerca del mar Cantábrico, desde donde
te oigo y amo.

II

He oído y he creído en muchas voces
aunque no en las palabras.
He creído en los labios
mas no en el beso.

En tu voz, más poblada que tu cuerpo,
en el camino hacia
la cadera de tu entonación,
hacia lo que me acoge y me calienta,
hacia tu aliento, tu aire, tu amor puro
entre el pulmón y la laringe: siempre
con la luz dentro, aunque ahora oiga mentiras,
con el amanecer de la palabra
en el cielo mohoso y estrellado de la boca.

Que mientan ellas, las palabras tuyas.
Yo quiero su sonido: ahí, en él, tengo
la verdad de tu vida, como el viento,
ya sereno, de marzo. Oyelo. Habla.

El vuelo de la celebración, 1976

AHÍ MISMO

Te he conocido por la luz de ahora,
tan silenciosa y limpia,
al entrar en tu cuerpo, en su secreto,
en la caverna que es altar y arcilla,
y erosión.
Me modela la niebla redentora, el humo ciego
ahí, donde nada oscurece.
Qué trasparencia ahí dentro,
luz de abril,

or in mid-air, like the lark's,
its nighttime hoarseness and this March wind
between your voice, and the city, and the traffic . . .

Its rocky terrain, almost like a mountain range,
the timbre emboldened and firm, stirred, hidden
in that roof of your mouth, in that
veil of the palate, as fragrant as
laurel, near the Cantabrian Sea, from where
I hear you and love you.

II

I have heard and believed in many voices
but never in words.
I have believed in lips
but not in a kiss.

In your voice, less desolate than your body,
on the road towards
the hip of your intonation,
towards that which sustains and warms me,
towards your breath, your air, your pure love
between your lungs and your larynx: always
with light inside, although now I hear lies,
with the dawning of the word
in the mossy and starry roof of your mouth.

Let them lie, those words of yours.
I want their sound: there, in it, I have
the truth of your life, like the March
wind, now serene. Listen to it. It speaks.

The Flight of Celebration, 1976

RIGHT THERE

I have recognized you by the present light,
so silent and clean,
on entering your body, I meet its secret,
its cavern that is altar and clay,
and erosion.
The redeeming fog, the blind smoke model me
there, where nothing ever darkens.
What transparency inside,
April light,

en este cáliz que es cal y granito,
mármol, sílice y agua. Ahí, en el sexo,
donde la arena niña, tan desnuda,
donde las grietas, donde los estratos,
el relieve calcáreo,
los labios crudos, tan arrasadores
como el cierzo, que antes era brisa,
ahí, en el pulso seco, en la celda del sueño,
en la hoja trémula
iluminada y traspasada a fondo
por la pureza de la amanecida.
Donde se besa a oscuras,
a ciegas, como besan los niños,
bajo la honda ternura de esta bóveda,
de esta caverna del resplandor
donde te doy mi vida.
Ahí mismo: en la oscura
inocencia.

El vuelo de la celebración, 1976

SALVACIÓN DEL PELIGRO

Esta iluminación de la materia,
con su costumbre y con su armonía,
con el sol madurador,
con el toque sin calma de mi pulso,
cuando el aire entra a fondo
en la ansiedad del tacto de mis manos
que tocan sin recelo,
con la alegría del conocimiento,
esta pared sin grietas,
y la puerta maligna, rezumando,
nunca cerrada,
cuando se va la juventud, y con ella la luz,
salvan mi deuda.

Salva mi amor este metal fundido,
este lino que siempre se devana
con agua miel,
y el cerro con palomas,
y la felicidad del cielo,
y la delicadeza de esta lluvia,

in this chalice that is lime and granite,
marble, silica and water. There, inside sex,
in the new sand, so naked,
in the crevices, in the strata,
the charred relief,
the raw lips, as destructive
as the north wind, that previously was a breeze,
there, in the dry pulse, in the cell of sleep,
in the tremulous leaf
illuminated and pierced to the core
by the purity of the dawn.
Where one kisses in darkness,
blindly, the way children kiss,
under the deep tenderness of this cave,
of this cavern of splendor
where I give you my life.
Right there: in the dim
innocence.

The Flight of Celebration, 1976

RESCUE FROM DANGER

This illumination of matter,
with its habit and its harmony,
with the early-rising sun,
with the impatient touch of my pulse,
when the air goes deeply inside
the tactile longing of my hands
which touch unafraid,
with the joy of knowing,
this wall with no crevices,
and the evil door, sweating,
never closed,
when youth departs, and with it the light,
my debt is canceled.

This cast metal saves my love,
this linen always raveling
with honied water,
and the hill with doves,
and the happiness of the sky,
and the delicacy of this rain,

y la música del
cauce arenoso del arroyo seco,
y el tomillo rastrero en tierra ocre,
la sombra de la roca a mediodía,
la escayola, el cemento,
el zinc, el níquel,
la calidad del hierro, convertido, afinado
en acero,
los pliegues de la astucia, las avispas del odio,
los peldaños de la desconfianza,
y tu pelo tan dulce,
tu tobillo tan fino y tan bravío,
y el frunce del vestido,
y tu carne cobarde...
Peligrosa la huella, la promesa
entre el ofrecimiento de las cosas
y el de la vida.

Miserable el momento si no es canto.

El vuelo de la celebración, 1976

and the music of
the sandy bed of the dry spring,
and the red earth's lowly thyme,
the shadow of the rock at noon,
the stucco, the cement,
the zinc, the nickel,
the hardness of iron, converted, refined
into steel,
the furrows of cunning, the bees of hatred,
the staircase of mistrust,
and your hair so sweet,
your ankle so fine and savage,
and the pleat of your dress
and your cowardly flesh . . .
Dangerous is the trace, the promise
between the offering of things
and the offering of life.

Wretched the moment that is not song.

The Flight of Celebration, 1976

José Ángel Valente

EL ADIÓS

Entró y se inclinó hasta besarla
porque de ella recibía la fuerza.

(La mujer lo miraba sin respuesta.)

Había un espejo humedecido
que imitaba la vida vagamente.
Se apretó la corbata,
el corazón,
sorbió un café desvanecido y turbio,
explicó sus proyectos
para hoy,
sus sueños para ayer y sus deseos
para nunca jamás.

(Ella lo contemplaba silenciosa.)

Habló de nuevo. Recordó la lucha
de tantos días y el amor
pasado. La vida es algo inesperado,
dijo. (Más frágiles que nunca las palabras.)
Al fin calló con el silencio de ella,
se acercó hasta sus labios
y lloró simplemente sobre aquellos
labios ya para siempre sin respuesta.

A modo de esperanza, 1955

CAE LA NOCHE

Cae la noche.
                    El corazón desciende
infinitos peldaños,
enormes galerías,
hasta encontrar la pena.
Allí descansa, yace,
allí, vencido,

THE FAREWELL

He entered and bent down until he kissed her
because he received his strength from her.

(The woman looked at him without answering.)

A fogged mirror
vaguely imitated life.
He straightened his tie,
his heart,
he sipped some weak and murky coffee,
he explained his plans
for today,
his dreams for yesterday and his wishes
for a time that would never come.

(She observed him in silence.)

He spoke once more. He remembered the struggle
of many days and the love
now past. Life is something unexpected,
he said. (The words more fragile than ever.)
At last he became silent with her silence,
he approached her lips
and merely cried over those
lips that now were forever without answers.

By Way of Hope, 1955

NIGHT FALLS

Night falls.
          The heart descends
infinite staircases,
enormous galleries,
until it finds pain.
There it rests, it lies
there, defeated,

yace su propio ser.
                    El hombre puede
cargarlo a sus espaldas
para ascender de nuevo
hacia la luz penosa-
mente: puede caminar para siempre,
caminar . . .
                    ¡Tú que puedes,
danos nuestra resurrección de cada día!

Poemas a Lázaro, 1960

EL CÁNTARO

El cántaro que tiene la suprema
realidad de la forma,
creado de la tierra
para que el ojo pueda
contemplar la frescura.

El cántaro que existe conteniendo,
hueco de contener se quebraría
inánime. Su forma
existe sólo así,
sonora y respirada.
                    El hondo cántaro
de clara curvatura,
bella y servil:
el cántaro y el canto.

Poemas a Lázaro, 1960

EL PUENTE

Al hombre que cruzaba el puente oscuro
grité: —Detente.   Estoy
al borde de la muerte.

Al hombre de la noche
llamé: —Aguarda.
Si el aire es el secreto de otra luz,
podríamos salvarnos.

it lies in its own being.
                    Man can
carry it on his shoulders
to climb again
painfully toward the light:
he can always walk,
walk . . .
                    You who are still able,
give us our daily resurrection!

Poems to Lazarus, 1960

THE PITCHER

The pitcher that has supreme
reality of form,
created from earth
so the eye might
observe freshness.

The pitcher that exists while it contains something,
emptied of its containing would break apart
inanimate. Its form
exists only this way,
sonorous and in the breath.
                    The deep pitcher
of clear curvature,
beautiful and servile:
pitcher and song.

Poems to Lazarus, 1960

THE BRIDGE

To the man who crossed the dark bridge
I shouted: — Stop. I'm
on the edge of death.

To the man of the night
I called: — Wait.
If the air is the secret of another light,
we could save ourselves.

Al que pasaba envuelto en gris silencio
dije: —Espera.   Puedo darte la vida.

El hombre oyó el sonido de sus pasos
como una historia que no recordara.

Borró la voz el viento.
El puente resbalaba hacia las aguas.
(—Detente.   Aguarda.   Espera.)
                                        Pasó el hombre
y su sombra y el puente y el que hablaba.

La memoria y los signos, 1966

EXTRAMUROS

Después de las últimas luces
y del tráfago urbano y más allá
del escandaloso latón de los suburbios,
pozos... (no nos dejes caer,
Señor...), en los desmontes macilentos
donde la vegetación raquítica no puede
dar más señal del hambre...
El viento alzó de pronto un negro andrajo
cuya ceniza nos hirió la boca
con un sabor amargo o un recuerdo
quizá impreciso ya para los dos.

Nosotros habíamos dibujado la escena,
colocado a lo lejos la aguada cartulina
de la ciudad en el atardecer,
los chamizos del pobre por testigo
y más allá los últimos
vestigios de la vida, fósiles
harapos y la hierba
enronquecida y rala.
                                        Ocupamos después
el centro, mudos,
igual que dos actores
que a mitad de la obra se mirasen
en un suspenso tácito, sabiendo
que el hilo estaba roto,
el argumento falseado,
el público difunto

To the one who passed by wrapped in gray silence
I said: — Stay. I can give you life.

The man heard the sound of his steps
like a story he didn't remember.

The wind erased the voice.
The bridge drifted toward the water.
(— Stop. Wait. Stay.)
                    The man and his shadow
and the bridge and the one who spoke all passed.

Memory and Signs, 1966

OUTSIDE THE WALLS

After the last lights
and the city traffic and remote from
the brassy scandal of the suburbs,
wells . . . (don't let us fall in,
Lord . . .), in the wan clearing
where the rickety vegetation can no
longer provide a sign of hunger . . .
The wind suddenly raised a black rag
whose ashes struck our mouths
with a bitter taste or a memory
maybe imprecise now for both of us.

We had sketched the scene,
setting in the distance the soggy cardboard
of the city in the afternoon,
the shacks of the poor as witness
and farther out the last
vestiges of life, fossil
tatters and hoarse,
scant weeds.
                    Afterward we occupied
the center, mute,
like two actors
who in the middle of the play look at each other
in a tacit suspense, knowing
that the thread is broken,
the plot falsified,
the public deceased

y la palabra que correspondía
estúpida, grotesca, caída entre los dos.

El viento aún
agitó otra sombra,
cada vez más lejana.
Ninguno era culpable o ninguno podía
reprochar al otro su propia irrealidad.

Así por fin nos contemplamos
(después de tanto tiempo, tú encarnado, visible)
en aquel paraje escogido, como siempre solíamos,
un poco en las afueras de la vida.

Sin odio o sin amor nos contemplamos,
aunque no indiferentes
a cuanto al fin y al cabo compartiéramos,
y con un leve gesto de cabeza, en silencio,
abandonamos el final brillante
en que una muerte falsa sustituye al adiós.

La memoria y los signos, 1966

COMO RÍOS CONTIGUOS

Como ríos contiguos se combaten los cuerpos,
desde su propio vértigo rebasan
el nivel de las aguas,
rompen cuanto es orilla o valladar o límite,
sorben hasta agotarlo el cauce próximo,
hasta llegar al centro sumergido y más hondo,
que luego, requemado, calcina el sol de mediodía.

Aquí cuanto cantó, manó, corrió,
fue sed, fue agua, fue esperanza,
mas nunca saciedad, ni hasta en su muerte,
da de sí testimonio.

Este es el cauce seco
que el duro estío ha despojado.
Como el agua o la llama
que son después ceniza,
alguien amó, ha devorado un cuerpo,
llorado sobre él y se ha tendido
ciego bajo su llanto.

and the appointed word
stupid, grotesque, fallen between the two.

The wind shook
other shadows still
further away each time.
No one was to blame and no one could
reproach the other for their own unreality.

So at last we observed ourselves
(after so much time, you were visible in the flesh)
in that chosen place, where we always met,
a little on the outskirts of life.

We looked at each other with neither hate nor love,
but not with indifference
for what we had finally shared,
and with a slight movement of the head, in silence,
we abandoned the brilliant finale
in which a false death substitutes for goodbye.

Memory and Signs, 1966

LIKE NEIGHBORING RIVERS

Like neighboring rivers bodies struggle,
from their own vertigo they overflow
the level of the waters,
break whatever is shore or barrier or limit,
swallow until they exhaust the nearby source,
until they come to the submerged and deepest center,
now burned out, which the midday sun turns to powder.

Here things give testimony of their being—
whatever sang, burst forth, ran,
was thirst, was water, was hope,
but never fullness, not even in its death.

This is the dry source
that the hard summer has plundered.

Like water or flame
that afterwards are ash,
someone has loved, has devoured a body,
has cried over it and has stretched out
blind under his tears.

Entre las piedras lisas o anegadas
que el limo aún aprisiona,
entre las grietas de la tierra se oyen
bajar sin fin las aguas.

La memoria y los signos, 1966

CON PALABRAS DISTINTAS

La poesía asesinó un cadáver,
decapitó al crujiente
señor de los principios principales,
hirió de muerte al necio,
al fugaz señorito de ala triste.
Escupió en su cabeza.

No hubo tiros.
Si acaso, sangre pálida,
desnutrida y dinástica,
o el purulento suero de los siempre esclavos.
Cayeron de sí mismas
varias pecheras blancas en silencio.
Se abrió el horizonte. Sonó el látigo
improvisado y puro.
Hubo un revuelo entre los mercaderes
del profanado templo.

Ya después del tumulto,
llegaron retrasadas cuatro vírgenes
de manifiesta ancianidad estéril.
Mas todo estaba consumado.

Huyó la poesía
del ataúd y el cetro.

Huyó a las manos
del hombre duro, instrumental, naciente,
que a la pasión directa llama vida.
Se alzó en su pecho, paseó sus barrios
suburbanos y oscuros,
gustó el sabor del barro o de su origen,
la obstinación del mineral,
la luz del brazo armado.

Y vino a nuestro encuentro
con palabras distintas, que no reconocimos,
contra nuestras palabras.

La memoria y los signos, 1966

In between the smooth or submerged rocks
still imprisoned by mud,
in between the cracks of the earth you can hear
the endless falling of the waters.

Memory and Signs, 1966

WITH DIFFERENT WORDS

Poetry murdered a corpse,
beheaded a creaking
gentleman of first-class principles,
hacked the fool to death,
that flighty dandy with a sad wing.
It spit on his head.
                  There were no shots.
If anything, pale blood,
badly nourished and dynastic,
or the purulent serum of lifelong slaves.
All by themselves
various white shirt-fronts fell silent.
The horizon cracked open. A whip broke the silence,
makeshift and pure.
There was a major upset among merchants
in the profaned temple.
                    After the tumult was over,
four virgins arrived late,
sterile and clearly with one foot in the grave.
But everything was finished.
                  Poetry fled
from the coffin and the sceptre.
                  It fled to the hands
of the strong man, turned instrument, ascending,
who summons life with unflinching passion.
It rose in his breast, passed through dark
suburban neighborhoods,
tasted the flavor of clay or of its origin,
the stubbornness of minerals,
the light of an arm grasping a weapon.
                  And came to meet us
with different words, which we didn't recognize,
clashing with our words.

Memory and Signs, 1966

EL SACRIFICIO

Después de engañada la mujer
y oído el dios
y abandonado el lecho al alba,
partió furtivo el viejo
y caminó tres días con el hijo inocente.

Llegados a la altura,
donde más evidentes parecían
las señales del dios,
dispuso Abraham el sacrificio.
No había res en el pelado monte
ni víctima propicia.
Así pues, sobre los duros leños,
ató Abraham a su hijo.

Hinchado estaba el viejo
con el poder oscuro que en su brazo ponían
la obediencia y la fe.

Al fin, sobre el desnudo torso
brilló el acero al aire,
puro como el ala de un ángel.
Mas no era un ángel.
                   Súbita
la fuerza entera de la vida
paró el golpe senil.
Irguióse Isaac terrible.
Humillóse el anciano, mordió el polvo,
suplicó y maldijo,
para sumirse al cabo en la tristeza.

La mirada del joven consultó el horizonte.
Pero ya en vano.
Un sol plomizo no velaba ahora
el vacío silencio de los dioses.

La memoria y los signos, 1966

UN CUERPO NO TIENE NOMBRE

Y ahora, una y otra vez, volver
a la misma palabra
como al nocturno vientre de la hembra.

THE SACRIFICE

After deceiving the woman
and hearing from God
and leaving the bed at dawn,
the old man secretly went off
and walked for three days with the innocent son.

Having come to the heights,
where the signs of God
seemed more evident,
Abraham prepared the sacrifice.
There was no beast in the barren hills
nor an appropriate victim.
So then Abraham tied his son
to the hard logs.
The old man was swollen
with the dark power that
faith and obedience gave to his arm.

At last, the steel shone in the air
over the naked torso,
pure as the wing of an angel.
But it wasn't an angel.
                    Suddenly
the entire force of life
stopped the senile blow.
A terrible Isaac stood up.
The old man was humiliated, he bit into the dust,
he begged and cursed,
until finally sinking in sadness.

The young man's gaze appealed to the horizon.
But in vain.
A leaden sun no longer hovered
over the empty silence of the gods.

Memory and Signs, 1966

A BODY HAS NO NAME

And now, again and again, to turn
to the same word
as to the nocturnal womb of the female.

Volver, bajar en círculos concéntricos,
igual que el ave cae desde muy lejos
sobre la palpitante entraña de su presa.

Y ahora volver, forzar la resistencia
con que secreto encierra su semilla
el corazón del fruto.

Abatirse, caer, como la zarpa busca
el apretado ramo de las venas,
sobre tu amurallado sueño,
sobre tu sangre interminable.

El inocente, 1970

PICASSO-GUERNICA-PICASSO: *1973*

No el sol, sino la súbita bombilla pálida ilumina
la artificial materia de la muerte.
El espacio infinito de una sola agonía,
las repentinas formas rotas
en mil pedazos de vida violenta
sobre la superficie lívida del gris.

No el sol, sino la pálida
bombilla eléctrica del frío
horror que hizo nacer
el gris coagulado de Guernica.

Nadie puede tender sobre tal sueño
el manto de la noche,
callar tal grito,
tal lámpara extinguir
que alumbra
la explosión de la muerte interminable,
la cámara interior donde no puede
reposar ni morir en el gris de Guernica
la memoria.

Interior con figuras, 1976

To turn, to descend in concentric circles,
the way a bird falls from very far
on the palpitating entrails of its prey.

And now to turn, to force the resistance
with which the heart of the fruit
locks up its seed in secret.

To be cast down, to fall, the way the claw seeks
the constricted branch of veins,
on your walled-up dream,
on your interminable blood.

The Innocent, 1970

PICASSO-GUERNICA-PICASSO: 1973

Not the sun, but the sudden pale bulb illuminates
the artificial material of death.
The infinite space of a single death-agony,
the swift shapes broken
into a thousand pieces of violent life
on the livid surface of the gray.

Not the sun, but the pale
electric bulb full of a cold
horror that caused the coagulated
gray of Guernica to be born.

Nothing can spread the mantle of night
over such a dream,
silence such a cry,
extinguish such a lamp
that illuminates
the explosion of interminable death,
the interior chamber where memory
can't rest or die in the gray
of Guernica.

Interior with Figures, 1976

Ángel González

MIRO MI MANO

Miro
mi mano. Esta que tantas veces
olvido
sobre los objetos
más ínfimos.
Ahora es como un pájaro
bruscamente caído
desde mi cuerpo hasta
ese sitio.
Otro hallazgo: aquí está
mi cuerpo. Vivo
en él sin saber
de él, casi sin sentirlo.
A veces tropieza
de improviso
contra otro cuerpo inevitable.
Y es el amor. Sorprendido,
lo siento entonces aislado,
entero, distinto.
Otras veces el sol
le dibuja un tibio
perfil, o el viento lo rodea
de un límite ceñido
y concreto.
Pero ahora es un frío
presentimiento.
¡Arbol erguido
frente a mí, súbito cuerpo
mío!
La sangre lo recorre. ¡Cómo
desciende! Oídlo:
éste es el corazón. Aquí se duerme
el pulso, igual que un río
en un remanso.
Allí está el limpio
hueso blanco en su cauce. La piel.

I LOOK AT MY HAND

I look at
my hand. The one I so often
forget
on the most insignificant
objects.
Now it is like a bird
abruptly fallen
from my body
to this place.
Another find: here is
my body. I live
inside it without knowing
it, almost without feeling it.
At times it stumbles
unexpectedly
against another inevitable body.
And that's love. Suprised,
I feel it then isolated,
whole, distinct.
At other times the sun
draws it in warm
profile, or the wind surrounds it
with a tight and concrete
limit.
But now it's a cold
presentiment.
Erect tree
facing me, sudden body
that's mine!
Blood travels through it. How
it descends! Listen to it:
this is my heart. Here my pulse
sleeps, like a river
in a backwater.
There is the clean
white bone in its riverbed. The skin.

Los largos músculos tenaces y escondidos.
Sobre la tierra está. Sobre la tierra:
alta espiga de trigo,
joven álamo verde, viejo
olivo.
Está sobre la tierra. Estaba.
Yo lo he visto.
Un momento tan sólo.

              . . . Su estatura
entre yo y esos campos amarillos.

        Áspero mundo, 1956

SÉ LO QUE ES ESPERAR

Sé lo que es esperar:
¡esperé tantos
días y tantas cosas en mi vida!
Los inviernos tediosos esperando,
los veranos, bajo el sol,
esperando,
el luminoso y amarillo otoño
—bella estación para esperar—
e incluso
la primavera abierta a toda espera
más próxima que nunca a realizarse,
me han visto inútilmente,
pero firme,
tenaz, ilusionado,
en el lugar y la hora de la cita,
alta la fe y el corazón en punto.

Alta la fe y el corazón
dispuesto,
igual que tantas veces, aquí sigo,
en la esquina del tiempo
—vendrá pronto—
tras un limpio cristal de sol, de lluvia o de aire
acodado en el claro mirador
de los vientos,
mientras pasan y pasan los meses y los días.

    Sin esperanza, con convencimiento, 1961

Long muscles stubborn and hidden.
It is on the earth. On the earth:
tall staff of wheat,
green young poplar, old
olive tree.
It is on the earth. It was.
I saw it.
For only a moment.
                    . . . Its height
between me and those yellow fields.

   Harsh World, 1956

I KNOW WHAT IT IS TO WAIT

I know what it is to wait:
I've waited for many
days and for many things in my life!
The tedious winters waiting,
the summer, under the sun,
waiting,
the luminous and yellow autumn
— beautiful season for waiting —
and even
spring open to every hope
nearer than ever to being realized,
they've all seen me uselessly,
but determined,
stubborn filled with illusion,
at the appointed hour and place,
with faith high and a ready heart.

With faith high and the heart
disposed,
the same as ever, I remain here,
in a corner of time
— it will come soon —
behind a clean windowpane revealing sun, rain or air,
elbowed into the clear lookout
of the winds,
while the months and the days keep on and on.

   Without Hope but with Conviction, 1961

CIUDAD CERO

A Benigno Canal, y Paco Ignacio y Amaro
Taibo, amigos de aquellos días y de siempre.

Una revolución.
Luego una guerra.
En aquellos dos años —que eran
la quinta parte de toda mi vida—,
yo había experimentado sensaciones distintas.
Imaginé más tarde
lo que es la lucha en calidad de hombre.
Pero como tal niño,
la guerra, para mí, era tan solo:
suspensión de las clases escolares,
Isabelita en bragas en el sótano,
cementerios de coches, pisos
abandonados, hambre indefinible,
sangre descubierta
en la tierra o las losas de la calle,
un terror que duraba
lo que el frágil rumor de los cristales
después de la explosión,
y el casi incomprensible
dolor de los adultos,
sus lágrimas, su miedo,
su ira sofocada,
que, por algún resquicio,
entraban en mi alma
para desvanecerse luego, pronto,
ante uno de los muchos
prodigios cotidianos: el hallazgo
de una bala aún caliente,
el incendio
de un edificio próximo,
los restos de un saqueo
—papeles y retratos
en medio de la calle…

Todo pasó,
todo es borroso ahora, todo
menos eso que apenas percibía
en aquel tiempo
y que, años más tarde,
resurgió en mi interior, ya para siempre:

ZERO CITY

*For Benigno Canal, and Paco Ignacio and Amaro
Taiho, friends of those days and forever.*

A revolution.
Later a war.
In those two years—that were
a fifth of my whole life—
I experienced unusual sensations.
I imagined later
what it is to struggle as a man.
But as that child,
for me the war was simply:
classes suspended at school,
Isabelita in diapers in the basement,
car cemeteries, abandoned
tenements, indefinable hunger,
blood discovered
on the ground or the flagstones of the street,
a terror that lasted
for as long as the fragile murmur of windowpanes
after the explosion,
and the seemingly incomprehensible
sorrow of the adults,
their tears, their fear,
their repressed rage
that entered my soul
through some crevice,
to dissipate later, quickly,
before one of the many
daily miracles: the discovery
of a bullet still warm,
the burning of a nearby building,
the remains of a looting—
papers and photographs
in the middle of the street . . .

Everything has passed,
everything is blurred now, everything
except for what I barely perceived
at that time
and which, many years later,
loomed up inside me, remaining forever:

este miedo difuso,
esta ira repentina,
estas imprevisibles
y verdaderas ganas de llorar.

Tratado de urbanismo, 1967

LOS SÁBADOS, LAS PROSTITUTAS MADRUGAN MUCHO PARA ESTAR DISPUESTAS

A Juan García Hortelano.

Elena despertó a los dos y cinco,
abrió despacio las contraventanas
y el sol de invierno hirió sus ojos
enrojecidos. Apoyada
la frente en el cristal,
miró a la calle: niños con bufandas,
perros. Tres curas
paseaban.
En ese mismo instante,
Dora comenzaba
a ponerse las medias.
Las ligas le dejaban
una marca en los muslos ateridos.
Al encender la radio—" Aida:
marcha nupcial"—,
recordaba palabras
—"Dora, Dorita, te amo"—
a la vez que intentaba
reconstruír el rostro de aquel hombre
que se fue ayer—es decir, hoy—de madrugada,
y leía distraída una moneda:
"Veinticinco pesetas." " . . . por la gracia
de Dios."
                (Y por la cama)

Eran las tres y diez cuando Conchita
se estiraba
la piel de las mejillas
frente al espejo. Bostezó. Miraba
su propio rostro con indiferencia.
Localizó tres canas
en la raíz oscura de su pelo

this diffuse fear,
this sudden rage,
these unpredictable
and profound desires to cry.

Treatise on Urban Development, 1967

ON SATURDAYS PROSTITUTES GET UP VERY EARLY IN ORDER TO BE READY

For Juan García Hortelano

Elena woke up at five after two,
slowly opened the shutters
and the winter sun stung her reddened
eyes. With her forehead
resting on the windowpane,
she looked out at the street: children
with scarves, dogs. Three priests
walked by.
At this very moment
Dora began
to put on her stockings.
Her garters left
a mark on her numbed thighs.
Switching on the radio—"Aida:
the Wedding March"—
she remembered words—
"Dora, Dorita, I love you"—
at the same time as she tried
to reconstruct the face of that man
who left yesterday—that is, today—at dawn,
and distractedly read the inscription on a coin:
"Twenty-five pesetas." " . . . by the grace
of God."
          (And by the grace of the bed)

It was ten after three when Conchita
stretched
the skin of her cheeks
in front of the mirror. She yawned. She looked
at her own face with indifference.
She located three gray threads
in the dark roots of her bleached

amarillo. Abrió luego una caja
de crema rosa, cuyo contenido
extendió en torno a su nariz. Bostezaba,
y aprovechó aquel gesto
indefinible para
comprobar el estado
de una muela careada
allá en el fondo de sus fauces secas,
inofensivas, turbias, algo hepáticas.

Por otra parte,
también se preparaba
la ciudad.
El tren de las catorce treinta y nueve
alteró el ritmo de las calles. Miradas
vacilantes, ojos
confusos, planteaban
imprecisas preguntas
que las bocas no osaban
formular.
En los cafés, entraban
y salían los hombres, movidos
por algo parecido a una esperanza.
Se decía que aún era temprano. Pero
a las cuatro, Dora comenzaba
a quitarse las medias —las ligas
dejaban una marca
en sus muslos.
Lentas, solemnes, eclesiásticas,
volaban de las torres
palomas y campanas.
Mientras
se bajaban la falda,
Conchita vio su cuerpo
—y otra sombra vaga—
moverse en el espejo
de su alcoba. En las calles y plazas
palidecía la tarde de diciembre. Elena
cerró despacio las contraventanas.

Tratado de urbanismo, 1967

hair. Then she opened a jar
of pink cream whose contents
she spread around her nose. She kept yawning,
and took advantage of that indefinable
gesture to
check the state
of a decayed molar
there at the bottom of her dry, inoffensive,
turbid, somewhat jaundiced mouth.

At the same time
the city was getting
ready.
The two thirty-nine train
changed the rhythm of the streets. Vacillating
glances, confused
eyes, planted
imprecise questions
that mouths didn't dare
to formulate.
In the cafes men
entered and left, moved
by something similar to a hope.
People said it was still early. But
at four, Dora began
to remove her stockings—her garters
left a mark
on her thighs. Slowly, solemn, ecclesiastical,
pigeons and bells
flew from the towers.
While
they were taking off their skirts
Conchita saw her body—
and another vague shadow—
move in her bedroom
mirror. In the streets and squares
the December afternoon faded. Elena
slowly closed the shutters.

Treatise on Urban Development, 1967

PREÁMBULO A UN SILENCIO

Porque se tiene conciencia de la inutilidad de tantas cosas
a veces uno se sienta tranquilamente a la sombra de un árbol—en
    verano—
y se calla.

(¿Dije tranquilamente?: falso, falso:
uno se sienta inquieto haciendo extraños gestos,
pisoteando las hojas abatidas
por la furia de un otoño sombrío,
destrozando con los dedos el cartón inocente de una caja de fósforos,
mordiendo injustamente las uñas de esos dedos,
escupiendo en los charcos invernales,
golpeando con el puño cerrado la piel rugosa de las casa que
    permanecen indiferentes al paso de la primavera,
una primavera urbana que asoma con timidez los flecos de sus
    cabellos verdes allá arriba,
detrás del zinc oscuro de los canalones,
levemente arraigada a la materia efímera de las tejas a punto de ser
    polvo.)

Eso es cierto, tan cierto
como que tengo un nombre con alas celestiales,
arcangélico nombre que a nada corresponde:
Ángel,
me dicen,
y yo me levanto
disciplinado y recto
con las alas mordidas
—quiero decir: las uñas—
y sonrío y me callo porque, en último extremo,
uno tiene conciencia
de la inutilidad de todas las palabras.

Tratado de urbanismo, 1967

VALS DE ATARDECER

A Carlos Bousoño.

Los pianos golpean con sus colas
enjambres de violines y de violas.
Es el vals de las solas

PREAMBLE TO SILENCE

Because one is aware of the uselessness of so many things
sometimes one sits peacefully under the shade of a tree—
   in summer—
and is silent.

(Did I say peacefully?: false, false:
one sits restlessly making strange gestures,
trampling the leaves knocked down
by the fury of a somber autumn,
breaking with one's fingers the innocent cardboard of a box of
   matches,
biting unjustly the nails of those fingers,
spitting into the winter puddles,
banging with clenched fist the corrugated skin of houses
   that remain indifferent to the passing of spring,
of an urban spring that timidly shows the fringes of its green
   hair way up above,
behind the dark zinc of the gutters,
lightly attached to the ephemeral material of the tiles that
   are about to be dust.)
That's true, as true
as saying that I have a name with celestial wings,
archangelic name that corresponds to nothing:
Angel,
they call me,
and I get up
disciplined and erect
with wings bitten
—I mean: nails—
and I smile and I'm quiet because, in the end,
one is aware
of the uselessness of all words.

   Treatise on Urban Development, 1967

EVENING WALTZ

For Carlos Bousoño

The pianos thump with their tails
swarms of violins and violas.
It's the waltz of the lonely

y solteras,
el vals de las muchachas casaderas,
que arrebata por rachas
su corazón raído de muchachas.

A dónde llevará esa leve brisa,
a qué jardín con luna esa sumisa
corriente
que gira de repente
desatando en sus vueltas
doradas cabelleras, ahora sueltas,
borrosas, imprecisas
en el río de música y metralla
que es un vals cuando estalla
sus trompetas.

Todavía inquietas,
vuelan las flautas hacia el cordelaje
de las arpas ancladas en la orilla
donde los violoncelos se han dormido.
Los oboes apagan el paisaje.
Las muchachas se apean en sus sillas,
se arreglan el vestido,
con manos presurosas y sencillas,
y van a los lavabos, como después de un viaje.

Tratado de urbanismo, 1967

QUINTETO ENTERRAMIENTO PARA CUERDA EN CEMENTERIO Y PIANO RURAL

El primer violín canta
en lo alto del llanto
igual que un ruiseñor sobre un ciprés.

Como una mariposa,
la viola apenas viola
el reposo del aire.

Cruza el otro violín a ras del *cello*,
semejante a un lagarto
que entre dos manchas verdes
deja sólo el recuerdo de la luz de su cola.

and the singles,
it's the waltz of the nubile girls,
that carries away in gusts
its heart frayed by young maidens.

Where will the gentle breeze carry them,
to what moonlit garden will that submissive
current take them
that whirls suddenly
untying in its turns
golden tresses, now loose,
fluffy, imprecise
in the river of music and shrapnel
which is a waltz when it explodes
its trumpets.

Still restless,
the flutes fly toward the strings
of the harps anchored on the bank
where the cellos have fallen asleep.
The oboes extinguish the landscape.
The girls dismount at their chairs,
arrange their dresses
with hurried and plain hands,
and go off to the ladies room,
as though having completed a journey.

Treatise on Urban Development, 1967

FUNERAL QUINTET FOR CEMETERY STRINGS AND RUSTIC PIANO

The first violin sings
at the height of the crying
like a nightingale up in a cypress tree.

Like a butterfly
the viola hardly violates
the air's rest.

The other violin crosses very close to the cello,
resembling a lizard
that leaves only the memory of the light from its tail
between two green blots.

Piano negro,
féretro entreabierto:
¿quién muere ahí?

Sobre los instrumentos
los arcos
dibujan lentamente
la señal de la cruz
casi en silencio.

Pianista enlutado
que demoras los dedos
en una frase grave, lenta, honda:
todos
te acompañamos en el sentimiento.

Procedimientos narrativos, 1972

A VECES, EN OCTUBRE, ES LO QUE PASA...

A J.J. Armas Marcelo

Cuando nada sucede,
y el verano se ha ido,
y las hojas comienzan a caer de los árboles,
y el frío oxida el borde de los ríos
y hace más lento el curso de las aguas;

cuando el cielo parece un mar violento,
y los pájaros cambian de paisaje,
y las palabras se oyen cada vez más lejanas,
como susurros que dispersa el viento;

entonces,
ya se sabe,
es lo que pasa:

esas hojas, los pájaros, las nubes,
las palabras dispersas y los ríos,
nos llenan de inquietud súbitamente
y de desesperanza.

No busquéis el motivo en vuestros corazones.
Tan sólo es lo que dije:
lo que pasa.

*Muestra corregida y aumentada de algunos
procedimientos narrativos*, 1977

Black piano,
half-open coffin:
who's dying in there?

Nearly in silence
the bows
slowly draw
the sign of the cross
over the instruments.

Pianist in mourning
you who hold back your fingers
in a grave, slow, deep phrase:
we all
accompany you in feeling

Narrative Procedures, 1972

SOMETIMES, IN OCTOBER, THAT'S WHAT HAPPENS . . .

For J.J. Armas Marcelo

When nothing occurs,
and summer has gone,
and the leaves begin to fall from the trees,
and the cold rusts the edge of the rivers
and slows the flow of the waters;

when the sky seems to be a violent sea,
and the birds change landscape,
and the words are heard further away each time,
like whispers scattered by the wind;

then,
right then we know,
that's what happens:

those leaves, the birds, the clouds,
the scattered words and the rivers,
suddenly fill us with restlessness
and with hopelessness.

Don't search for the reason in your hearts.
It's just what I've told you:
that's what happens.

Corrected and Enlarged Sample of Some Narrative Procedures, 1977

Carlos Sahagún

AULA DE QUÍMICA

Si vuelvo la cabeza,
si abro los ojos, si
echo las manos al recuerdo,
hay una mesa de madera oscura,
y encima de la mesa, los papeles inmóviles del tiempo,
y detrás,
un hombre bueno y alto.

Tuvo el cabello blanco, muy hecho al yeso, tuvo
su corazón volcado en la pizarra,
cuando explicaba, casi sin mirarnos,
de buena fe, con buenos ojos siempre,
la fórmula del agua.

Entonces, sí. Por las paredes,
como un hombre invisible, entraba la alegría,
nos echaba los brazos por los hombros,
soplaba en el cuaderno, duplicaba
las malas notas, nos traía en la mano
mil pájaros de agua, y de luz, y de gozo...

Y todo era sencillo.

El mercurio subía caliente hasta el fin,
estallaba de asombro el cristal de los tubos de ensayo,
se alzaban surtidores, taladraban el techo,
era el amanecer del amor puro,
irrumpían guitarras dichosamente vivas,
olvidábamos la hora de salida, veíamos
los inundados ojos azules de las mozas
saltando distraídos por en medio del agua.

Y os juro que la vida se hallaba con nosotros.

Pero, ¿cómo decir a los más sabios,
a los cuatro primeros de clase,
que ya no era preciso saber nada,
que la sal era sal y la rosa era rosa,
por más que ellos les dieran esos nombres impuros?

CHEMISTRY LECTURE HALL

If I turn my head,
if I open my eyes, if
I take hold of memory,
there's a dark wooden table,
and on top of the table, time's motionless papers,
and behind,
a man fine and tall.

He had white hair, almost like plaster, he placed
his heart upside-down on the blackboard,
when he explained the formula for water,
as if without looking at us, in good faith,
always with kind eyes.

Then, ah, yes. Through the walls,
like an invisible man, joy entered,
threw its arms around our shoulders,
rustled our notebooks, duplicated
our bad grades, brought us in its hand
a thousand birds of water, and of light, and of glee . . .

And everything was simple.

The hot mercury climbed to the top,
the glass of the testtubes cracked in astonishment,
jets shot up, perforated the ceiling,
it was the dawn of pure love,
guitars burst forth joyously alive,
we forgot it was time to leave, we saw
the flooded blue eyes of the girls
jumping distractedly in the middle of the water.

And I swear to you that there was life in us.

But, how could one tell the wiser ones,
the top four in the class,
that it was no longer necessary to know anything,
that salt was salt and the rose a rose,
no matter how many impure names they gave them?

¿Cómo decir: moveos,
que ya habrá tiempo de aprender,
decid conmigo: Vida, tocad
el agua, abrid los brazos
como para abrazar una cintura blanca,
romped los libros muertos?

Os juro que la vida se hallaba con nosotros.

Profesor, hasta el tiempo del agua químicamente pura
te espero.

De nuevo allí verás, veremos juntos
un porvenir abierto de muchachas
con los pechos de agua, y de luz, y de gozo . . .

Profecías del agua, 1958

CANCIÓN

Del rosal vengo, madre,
del rosal sin sentido.
Abreme tú la puerta,
que vengo herido.

Al reino de lo humano
yo quisiera llegar.
Vengo de un tiempo oscuro
para olvidar.

De la rosa perdida
a la vida regreso.
Dejo atrás lo soñado,
ahí queda eso.

Veintitrés años justos
y sin justicia míos.
Tal propiedad privada
la tiro al río.

La tiro al agua, y sea
lo que Dios tenga a bien.
Que seguir con los sueños
ya no puede ser.

A la historia me lleva
la necesidad.

How to say: get going,
that there'll be enough time to learn,
repeat after me: Life, touch
water, open your arms
as if to embrace a white waist,
tear up the dead books?

I swear to you that there was life in us.

Professor, until the arrival of chemically pure water
I'll wait for you.

Once more you'll see there, together we'll see
an open future of girls
with breasts of water, and of light, and of glee . . .

> *Prophecies of Water,* 1958

SONG

I'm coming from the rose garden, mother,
from the rose garden out of my senses.
Open the door,
because I'm wounded.

I'd like to reach
the kingdom of man.
I come from a dark time
in order to forget.

From the lost rose
I return to life.
I leave behind what I've dreamt,
I leave it there.

Just twenty-three years belong to me
but no justice.
I cast such private property
to the river.

I cast it to the water, and let
it be what God wills.
For I can't follow
my dreams any more.

Necessity takes me
toward history.

Cómo se llena el pecho
de realidad.

Estar contigo, 1973

FEBRERO 1848

Fue en la calle de Liverpool, en Londres,
en las prensas de un tal Burghard. Aquel día
la tinta estaba aún fresca, recién creado
el libro, el arma.
Cómo llamarle, cómo referirse
a tanta sangre pobre en junto, qué decir del olor
a herramienta humillada y campo entre sus páginas.
La vida trae a veces brisa ligera, palabras
que sólo son palabras, íntimos coloquios
de enamorados bajo los olivos.
Pero aquel documento decía palabras de más peso, traía vientos
mundiales, solidarios.
Como un doble latir ante la historia,
dos hombres lo escribieron, pusieron su pecho
frente al invierno de aquel año.
Y desde entonces,
no como flor, sino como exigencia
de mano de obra,
generaciones de violenta espuma
de idioma a idioma traducían
el mismo impulso, iguales certidumbres.
Porque una cosa es cierta: era la luz, la letra impresa clareando
caminos que antes fueron noche injusta, tiempo
de esclavitud.

Estar contigo, 1973

VEGETALES

Estamos en el bosque,
amor mío,
en la espesura de los años
vividos duramente
bajo la tiranía de las frondas,
en situación de seres vegetales.

How full of reality
is my breast.

To Be with You, 1973

FEBRUARY, 1848

It was in Liverpool Street, in London,
at the presses of one Burghard. That day
the ink was still wet, the book,
the weapon, newly created.
How can one name, how can one speak of
so much poor blood all together, what can be said of the smell
of humble tools and field between its pages.
Life sometimes brings a light breeze, words
that are only words, intimate colloquies
of lovers under the olive trees.
But that document spoke heavier words, it brought
universal winds, in solidarity.
Like a double heartbeat facing history,
two men wrote it, they placed their breasts
before the winter of that year.
And thereafter,
not like a flower, but like the urgency
of the hand of labor,
generations of violent foam
translated from language to language
the same impulse, equivalent certitudes.
Because one thing is sure: it was the light, the printed letter
    brightening
roads that previously were unjust night, time
of slavery.

To Be with You, 1973

VEGETABLES

We are in the woods,
my love,
in the thicket of those years
we lived in hardship
under the tyranny of leaves,
in the condition of vegetables.

Entre tú y yo el silencio
se mueve apenas,
su involuntaria brisa comunica los troncos
y, sin palabras, las raíces
inician la aventura
de la espera anhelante: pasa
por nuestro sueño un leñador amigo
desbrozando la noche,
abriendo para siempre el camino del alba.

Estar contigo, 1973

NADA SALVARÍA

Sin rumbo ya y sin muros,
fábula aérea en un espacio incierto,
arde mi casa bajo las estrellas
y en esa doble hoguera — tierra y cielo —
mi historia va de espaldas a la vida,
entre constelaciones y regresos.

Si estuviera en mis manos,
yo nada salvaría de este incendio.

Primer y último oficio, 1979

AMANECÍA DURAMENTE

Estaba yo juzgando a solas
la incertidumbre de este exilio.

Junto al mar de oscilante azul
me senté a soñar el olvido.

No se trataba de la muerte,
sino del alba y de mí mismo.

Negando el azar, busqué a ciegas
el surco cierto de un navío.

La memoria tendía sus redes
hacia los años abolidos.

Quise encontrar un tiempo inmóvil
que me sirviera de testigo.

Between you and me the silence
hardly moves,
its involuntary breeze joins the trunks
and, without words, the roots
begin the adventure
of anxious hope: a friendly woodsman
passes by our dream
weeding the night,
opening forever the road of dawn.

To Be with You, 1973

I'D SAVE NOTHING

Without course now and without walls,
airy fable in an uncertain space,
my house burns under the stars
and in this double bonfire—earth and sky—
my story walks backwards toward life,
between constellations and returns.

If it were in my hands,
I'd save nothing from this fire.

First and Last Work, 1979

THE DAWN WAS HARSH

I was alone judging
the uncertainty of this exile.

Next to the oscillating blue sea
I sat down to dream oblivion.

It was not a matter of death,
but of the dawn and of myself.

Rejecting chance, I searched blindly
for the sure furrow of a ship.

Memory cast its nets
toward the canceled years.

I wanted to find a motionless time
to serve as my witness.

Pero a los sueños sucedían
otros sueños casi extinguidos.

Sonó al fin la hora del retorno
y todo fue un reino vacío.

Línea a línea, ante mí la espuma
medía el fracaso de los siglos.

Vi tus cabellos en desorden
frente al paisaje desvalido.

Amanecía duramente
en los arenales sombríos.

Primer y último oficio, 1979

PARA ENCONTRARTE

Otra vez la laguna,
la fiebre en los caminos que me llevan a ti
desde el violento espacio de la noche.
Así, para encontrarte,
la memoria cansada reconstruye
un paisaje, no un cuerpo y su aventura.
Por él avanzo como quien ignora
la certidumbre del otoño: el látigo
del aguacero, un eco del relámpago…
Al fin, apareciendo duramente,
una mirada tuya venida de otro tiempo
desgarra ya las sombras más cercanas.
Náufrago de lo oscuro y lo sonoro,
voy ordenando a ciegas la intimidad perdida
y en esta cirugía del recuerdo
surge a retazos, límpida, tu imagen
hecha a mi semejanza y sin diadema.

Primer y último oficio, 1979

But other dreams, nearly extinguished,
succeeded these dreams.

At last the hour sounded for returning
and everything was an empty kingdom.

Line by line, in front of me the foam
measured the failure of the centuries.

I saw your disheveled hair
facing the unprotected landscape.

The dawn was harsh
on the shaded sands.

First and Last Work, 1979

IN ORDER TO FIND YOU

Once more the lagoon,
the fever on the roads that take me to you
from the violent space of night.
So, in order to find you,
my tired memory reconstructs
a landscape, not a body and its adventure.
I advance through it like someone ignoring
the certainty of autumn: the whip
of the rain storm, an echo of lightning . . .
At last, appearing harshly,
a glance of yours coming from another time
dismembers the nearest shadows.
Shipwrecked from darkness and sound,
I begin blindly to order the lost intimacy
and in this surgery of memory
your tattered image emerges, limpid,
made in my likeness and without a diadem.

First and Last Work, 1979

Jaime Gil de Biedma

LOS APARECIDOS

Fue esta mañana misma,
en mitad de la calle.

        Yo esperaba
con los demás, al borde de la señal de cruce,
y de pronto he sentido como un roce ligero,
como casi una súplica en la manga.

          Luego,
mientras precipitadamente atravesaba,
la visión de unos ojos terribles, exhalados
yo no sé desde qué vacío doloroso.

Ocurre que esto sucede
demasiado a menudo.

         Y sin embargo,
al menos en algunos de nosotros,
queda una estela de malestar furtivo,
un cierto sentimiento de culpabilidad.

            Recuerdo
también, en una hermosa tarde
que regresaba a casa... Una mujer
se desplomó a mi lado replegándose
sobre sí misma, silenciosamente
y con una increíble lentitud —la tuve
por las axilas, un momento el rostro,
viejo, casi pegado al mío.
Luego, sin comprender aún,
incorporó unos ojos donde nada
se leía, sino la pura privación
que me daba las gracias.

         Me volví
penosamente a verla calle abajo.
No sé cómo explicarlo, es
lo mismo que si todo,
lo mismo que si el mundo alrededor
estuviese parado
pero continuase en movimiento

APPEARANCES

It was this very morning
in the middle of the street.
                              I was waiting
with everyone else, next to the traffic light,
and suddenly I felt a gentle brushing
on my sleeve almost like a prayer.
                              Then,
while I rushed across,
this vision of a pair of terrible eyes, exhaled
from some unimaginable painful emptiness.

As it happens this sort of thing occurs
much too often.
                    Nevertheless,
at least among some of us,
there remains a wake of furtive disquiet,
a certain sense of guilt.
                              I remember
also, on a beautiful afternoon
when I returned home . . . A woman
fell down at my side folding
over herself, silently
and with an incredible slowness—I held her up
by her armpits, for a moment her ancient
face was almost glued to mine.
Later, without yet understanding,
she raised her eyes in which nothing
could be read but pure privation
which thanked me.
                    I turned
to look painfully down the street at her.
I don't know how to explain it, it's
just as if everything,
just as if the surrounding world
stood still
yet continued to move

cínicamente, como
si nada, como si nada fuese verdad.
Cada aparición
que pasa, cada cuerpo en pena
no anuncia muerte, dice que la muerte estaba
ya entre nosotros sin saberlo.

                    Vienen
de allá, del otro lado del fondo sulfuroso,
de las sordas
minas del hambre y de la multitud.
Y ni siquiera saben quiénes son:
desenterrados vivos.

        Compañeros de viaje, 1959

PEEPING TOM

Ojos de solitario, muchachito atónito
que sorprendí mirándonos
en aquel pinarcillo, junto a la Facultad de Letras,
hace más de once años,

al ir a separarme,
todavía atontado de saliva y de arena,
después de revolcarnos los dos medio vestidos,
felices como bestias.

Tu recuerdo, es curioso
con qué reconcentrada intensidad de símbolo,
va unido a aquella historia,
mi primera experiencia de amor correspondido.

A veces me pregunto qué habrá sido de ti.
Y si ahora en tus noches junto a un cuerpo
vuelve la vieja escena
y todavía espías nuestros besos.

Así me vuelve a mí desde el pasado,
como un grito inconexo,
la imagen de tus ojos. Expresión
de mi propio deseo.

        Moralidades, 1966

cynically, as though
nothing, as though nothing were true.
Each apparition
that passes, each suffering body
doesn't introduce death, it says that death
was already among us without our knowing it.

                         They come
from over there, from the other side of the sulphurous depth,
from the deaf
mines of hunger and the multitude.
And they don't even know who they are:
the disinterred living.

Companions of the Journey, 1959

PEEPING TOM

Eyes of a loner, startled boy
whom I caught watching us
in the little pine grove, next to the College of Arts and Letters,
more than eleven years ago,

when I started to pull away,
still confused by sand and saliva,
after we both rolled around half-dressed,
happy as beasts.

I remember you, it's strange
with what concentrated intensity of a symbol,
tied to that story,
to my first experience of reciprocated love.

Sometimes I ask myself what has become of you.
And if now at night next to someone's body
the old scene returns
and you still spy on our kisses.

So the image of your eyes
returns to me from the past,
like a disconnected howl. Expression
of my own desire.

Moralities, 1966

RUINAS DEL TERCER REICH

Todo, pasó como él imaginara,
allá en el frente de Smolensk.
Y tú has envejecido—aunque sonrías
wie einst, Lili Marlen.

Nimbado por la niebla, igual que entonces,
surge ante mí tu rostro encantador
contra un fondo de carros de combate
y de cruces gamadas en la Place Vendôme.

En la barra del bar—ante una copa—
plantada como cimbel,
obscenamente tú sonríes.
A quién, Lili Marlen?

Por los rusos vencido y por los años,
aún el irritado corazón
te pide guerra. Y en las horas últimas
de soledad y alcohol,
enfurecida y flaca, con las uñas
destrozas el pespunte de tu guante negro,
tu viejo guante de manopla negro
con que al partir dijiste adiós.

Moralidades, 1966

INTENTO FORMULAR MI EXPERIENCIA
DE LA GUERRA

Fueron, posiblemente,
los años más felices de mi vida,
y no es extraño, puesto que a fin de cuentas
no tenía los diez.

Las víctimas más tristes de la guerra
los niños son, se dice.
Pero también es cierto que es una bestia el niño:
si le perdona la brutalidad
de los mayores, él sabe aprovecharla,
y vive más que nadie
en ese mundo demasiado simple,
tan parecido al suyo.

Para empezar, la guerra
fue conocer los páramos con viento,

RUINS OF THE THIRD REICH

Everything happened as he imagined it,
there on the Smolensk front.
And you've gotten old—although you smile
wie einst, Lily Marlene.

Surrounded by a halo of fog, just as then,
your enchanting face surges before me
against a background of combat trucks
and swastikas in the Place Vendôme.

At the cafe bar—before a glass—
planted like a lure,
you smile obscenely.
At whom, Lily Marlene?

Conquered by the Russians and by the years,
your inflamed heart
still begs you for war. And in the final hours
of loneliness and alcohol,
infuriated and frail, you destroy
with your nails the backstitch of your black glove,
your old black mitten
with which you said goodbye when leaving.

Moralities, 1966

I ATTEMPT TO FORMULATE MY EXPERIENCE OF THE WAR

They were, possibly,
the happiest years of my life,
and it's not strange, since after all
I wasn't even ten years old.

The saddest victims of war
are children, it's said.
But it's also true that the child is a beast:
if the brutality of the adult
pardons him, he knows how to take advantage of it,
and lives more than anybody
in that too simple world,
so like his own.

To start with, the war
was coming to know the scrubland blown by the wind,

los sembrados de gleba pegajosa
y las tardes de azul, celestes y algo pálidas,
con los montes de nieve sonrosada a lo lejos.
Mi amor por los inviernos mesetarios
es una consecuencia
de que hubiera en España casi un millón de muertos.

A salvo en los pinares
—pinares de la Mesa, del Rosal, del Jinete!—,
el miedo y el desorden de los primeros días
eran algo borroso, con esa irrealidad
de los momentos demasiado intensos.
Y Segovia parecía remota
como una gran ciudad, era ya casi el frente
—o por lo menos un lugar heroico,
un sitio con tenientes de brazo en cabestrillo
que nos emocionaba visitar: la guerra
quedaba allí al alcance de los niños
tal y como la quieren.
A la vuelta, de paso por el puente Uñés,
buscábamos la arena removida
donde estaban, sabíamos, los cinco fusilados.
Luego la lluvia los desenterró,
los llevó río abajo.

Y me acuerdo también de una excursión a Coca,
que era el pueblo de al lado,
una de esas mañanas que la luz
es aún, en el aire, relámpago de escarcha,
pero que anuncian ya la primavera.
Mi recuerdo, muy vago, es sólo una imagen,
una nítida imagen de la felicidad
retratada en un cielo
hacia el que se apresura la torre de la iglesia,
entre un nimbo de pájaros.
Y los mismos discursos, los gritos, las canciones
eran como promesas de otro tiempo mejor,
nos ofrecían
un billete de vuelta al siglo diez y seis.
Qué niño no lo acepta?

Cuando por fin volvimos
a Barcelona, me quedó unos meses
la nostalgia de aquello, pero me acostumbré.
Quien me conoce ahora
dirá que mi experiencia

the sown fields of sticky clods
and the celestial and somewhat pale blue afternoons,
with mountains of rose-colored snow at a distance.
My love for the wintry plateaus
is a result of the fact that
in Spain there were nearly a million dead.

Safe in the pine groves
—pine groves of the Mesa, of the Rosal, of the Jinete!—
the fear and disorder of the first days
were something blurry, with that irreality
of moments too intense.
And Segovia seemed remote
like a great city, it was almost already the front
—or at least an heroic site,
a place of lieutenants with their arms in slings
that excited us when visiting: the war
remained there within reach of children
just the way they like it.
On the return trip, crossing the Uñés bridge,
we searched through the back-filled sand
where, we knew, the five executed men lay dead.
Later, the rain unearthed them,
carried them downstream.

And I also remember a trip to Coca,
which was the neighboring town,
on one of those mornings when the light
is still in the air like a lightning of frost,
that nonetheless proclaims the springtime.
My memory, very vague, is only an image,
a sharp image of happiness
portrayed in the sky
toward which the church tower hurries,
in the midst of a nimbus of birds.
And the very speeches, the shouts, the songs
were like promises from a different and better time,
they offered us
a round-trip ticket to the sixteenth century.
What child wouldn't accept?

When we finally returned
to Barcelona, the longing for it all
remained with me for several months, but I got over it.
Anyone who knows me now
will say that my experience

nada tiene que ver con mis ideas,
y es verdad. Mis ideas de la guerra cambiaron
después, mucho después
de que hubiera empezado la postguerra.

                    Moralidades, 1966

DESPUÉS DE LA MUERTE DE JAIME GIL DE BIEDMA

En el jardin, leyendo,
la sombra de la casa me oscurece las páginas
y el frío repentino de final de agosto
hace que piense en ti.

El jardín y la casa cercana
donde pían los pájaros en las enredaderas,
una tarde de agosto, cuando va a oscurecer
y se tiene aún el libro en la mano,
eran, me acuerdo, símbolo tuyo de la muerte.
Ojalá en el infierno
de tus últimos días te diera esta visión
un poco de dulzura, aunque no lo creo.

En paz al fin conmigo,
puedo ya recordarte
no en las horas horribles, sino aquí
en el verano del año pasado,
cuando agolpadamente
— tantos meses borradas —
regresan las imágenes felices
traídas por tu imagen de la muerte...
Agosto en el jardín, a pleno día.

Vasos de vino blanco
dejados en la hierba, cerca de la piscina,
calor bajo los árboles. Y voces
que gritan nombres.
                         Ángel,
Juan, María Rosa, Marcelino, Joaquina
— Joaquina de pechitos de manzana.
Tú volvías riendo del teléfono
anunciando más gente que venía:
te recuerdo correr,
la apagada explosión de tu cuerpo en el agua.

has nothing to do with my ideas,
and that's true. My ideas about the war
changed after, long after
the post-war began.

    Moralities, 1966

AFTER THE DEATH OF JAIME GIL DE BIEDMA

In the garden, reading,
the shadow of the house darkens the pages
and the sudden cold of the end of August
makes me think of you.

The garden and the house nearby
where the birds twitter in the vines,
an evening in August when it is about to get dark
and the book is still held in the hand,
these were, I remember, your symbol of death.
I hope that in the hell
of your last days this vision gave you
a bit of sweetness, although I don't think so.

Finally at peace with myself,
I can remember you
not in the horrible hours, but rather here
in the summer of last year,
when, after being erased
for so many months, the joyful images
return, swarming,
brought by your image of death . . .
August in the garden, at the height of the day.

Glasses of white wine
left in the grass, near the swimming pool,
heat beneath the trees. And voices
which shout names.
                Ángel,
Juan, María Rosa, Marcelino, Joaquina
—Joaquina with little apple breasts.
You came back from the telephone laughing
with the news that more people were coming:
I remember you running,
the faint explosion of your body in the water.

Y las noches también de libertad completa
en la casa espaciosa, toda para nosotros
lo mismo que un convento abandonado,
y la nostalgia de puertas secretas,
aquel correr por las habitaciones,
buscar en los armarios
y divertirse en la alternancia
de desnudo y disfraz, desempolvando
batines, botas altas y calzones,
arbitrarias escenas,
viejos sueños eróticos de nuestra adolescencia,
muchacho solitario.
                    Te acuerdas de Carmina,
de la gorda Carmina subiendo la escalera
con el culo en pompa
y llevando en la mano un candelabro?

Fue un verano feliz.
                    . . . *El último verano*
de nuestra juventud, dijiste a Juan
en Barcelona al regresar
nostálgicos,
y tenías razón. Luego vino el invierno,
el infierno de meses
y meses de agonía
y la noche final de pastillas y alcohol
y vómito en la alfombra.
                    Yo me salvé escribiendo
después de la muerte de Jaime Gil de Biedma.

De los dos, eras tú quien mejor escribía.
Ahora sé hasta qué punto tuyos eran
el deseo de ensueño y la ironía,
la sordina romántica que late en los poemas
míos que yo prefiero, por ejemplo en *Pandémica* . . .
A veces me pregunto
cómo será sin ti mi poesía.

Aunque acaso fui yo quien te enseñó.
Quien te enseñó a vengarte de mis sueños,
por cobardía, corrompiéndolos.

     Poemas póstumos, 1968

And also the nights of complete freedom
in the spacious house, ours alone,
just like an abandoned convent,
and the nostalgia of secret doors,
that running through rooms,
searching in closets
and the fun of alternating
between nudity and disguise, dusting off
smoking-jackets, high boots and trousers,
arbitrary scenes,
old erotic dreams of our adolescence,
lonely boy.
        Do you remember Carmina,
the fat Carmina climbing the stairs
with her ass in all its glory
and carrying a candlestick in her hand?

It was a happy summer.
          . . . The last summer
of our youth, you said to Juan
in Barcelona, as we all returned
nostalgic,
and you were right. Afterwards came the winter,
the hell of months
and months of agony
and the final night of pills and alcohol
and vomit on the carpet.
        I saved myself afterwards
by writing on the death of Jaime Gil de Biedma.

Of the two, you were the one who wrote the best.
Now I know to what point the desire
for fantasy and irony were yours,
the muted romantic who vibrates in those of my poems
that I prefer, for example in *Pandémica* . . .
Sometimes I wonder
how my poetry will get along without you.

Although maybe I was the one who taught you.
The one who taught you to avenge yourself of my dreams,
corrupting them, through cowardice.

Posthumous Poems, 1968

DE VITA BEATA

En un viejo país ineficiente,
algo así como España entre dos guerras
civiles, en un pueblo junto al mar,
poseer una casa y poca hacienda
y memoria ninguna. No leer,
no sufrir, no escribir, no pagar cuentas,
y vivir como un noble arruinado
entre las ruinas de mi inteligencia.

Poemas póstumos, 1968

DE VITA BEATA

In an old inefficient land,
something like Spain between two civil
wars, in a town by the sea,
having a house and little property
and no memory at all. Not reading,
not suffering, not writing, not paying bills,
and living like a ruined nobleman
among the shambles of my intelligence.

Posthumous Poems, 1968

Francisco Brines

MERE ROAD

Todos los días pasan,
y yo los reconozco. Cuando la tarde se hace oscura,
con su calzado y ropa deportivos,
yo ya conozco a cada uno de ellos, mientras suben en grupos
o aislados,
en el ligero esfuerzo de la bicicleta.
Y yo los reconozco, detrás de los cristales de mi cuarto.
Y nunca han vuelto su mirada a mí,
y soy como algún hombre que viviera perdido en una casa de una
    extraña ciudad,
una ciudad lejana que nunca han conocido,
o alguien que, de existir, ya hubiera muerto
o todavía ha de nacer;
quiero decir, alguien que en realidad no existe.
Y ellos llenan mis ojos con su fugacidad,
y un día y otro día cavan en mi memoria este recuerdo
de ver cómo ellos llegan con esfuerzos, voces, risas, o pensamientos
    silenciosos,
o amor acaso.
Y los miro cruzar delante de la casa que ahora enfrente construyen
y hacia allí miran ellos,
comprobando cómo los muros crecen,
y adivinan la forma, y alzan sus comentarios
cada vez,
y se les llena la mirada, por un solo momento, de la fugacidad de la
    madera y de la piedra.

Cuando la vida, un día, derribe en el olvido sus jóvenes edades,
podrá alguno volver a recordar, con emoción, este suceso mínimo
de pasar por la calle montado en bicicleta, con esfuerzo ligero
y fresca voz.
Y de nuevo la casa se estará construyendo, y esperará el jardín a que
    se acaben estos muros
para poder ser flor, aroma, primavera,
(y es posible que sienta ese misterio del peso de mis ojos,

MERE ROAD

All the days go by,
and I recognize them. When the afternoon turns dark,
I now know each one of them,
with their sports clothes and shoes, as they climb in groups
or alone,
in the mild exertion of bicycling.
And behind the windows of my room, I recognize them.
And they have never turned to look at me,
and I am like a man who lives secluded in a house in some strange city,
in a distant city they've never been to,
or someone who, as far as existence is concerned, had already died
or was still to be born;
I mean someone who in reality doesn't exist.
And they fill my eyes with their speed,
and one day and then another they drill into my memory this
    remembrance
of seeing how they arrive with effort, voices, laughter, or silent
    thoughts,
or maybe love.
And I watch them cross in front of the house that is now being built
    across the street
and they look in that direction,
confirming the way the walls grow,
and they guess the form, and each time shout
their commentaries,
and their gaze is filled, for a single moment, with the fleetingness
    of wood and stone.

When one day life crumbles their youth in oblivion,
will one of them ever recall, with emotion, this minimal event
of crossing the street riding a bicycle, with mild exertion
and bold voice.
And the house will again be constructed, and the garden will wait
    for these walls to be finished
in order to be flower, aroma, spring,
(and it's possible that he'll feel the mystery of the weight of

de un ser que no existió,
que le mira, con el cansancio ardiente de quien vive,
pasar hacia los muros del colegio),
y al recordar el cuerpo que ahora sube
solo bajo la tarde,
feliz porque la brisa le mueve los cabellos,
ha cerrado los ojos
para verse pasar, con el cansancio ardiente de quien sabe
que aquella juventud
fue vida suya.
Y ahora lo mira, ajeno, cómo sube
feliz, encendiendo la brisa,
y ha sentido tan fría soledad
que ha llevado la mano hasta su pecho,
hacia el hueco profundo de una sombra.

Palabras a la oscuridad, 1966

AMOR EN AGRIGENTO

(Empédocles en Akragas)

Es la hora del regreso de las cosas,
cuando el campo y el mar se cubren de una sombra lenta
y los templos se desvanecen, foscos, en el espacio;
tiemblan mis pasos en esta isla misteriosa.

Yo te recuerdo, con más hermosura tú
que las divinidades que aquí fueron adoradas;
con más espíritu tú, pues que vives.
Hay una angustia en el corazón
porque te ama,
y estas viejas columnas nada explican:

Unos ardientes ojos, cierta vez, miraron esta tierra
y descubrieron orígenes diversos en las cosas,
y advirtieron que espíritus opuestos los enlazaban
para que hubiese cambio, y así explicar la vida.
Esta tarde, con los ojos profundos, he descubierto la intimidad del
    mundo:
Con sólo aquel principio, el que albergaba el pecho,
extendí la mirada sobre el valle;
mas pide el universo para existir el odio y el dolor,
pues al mirar el movimiento creado de las cosas

   my eyes,
of a being who didn't exist,
who sees him, with the intense exhaustion of someone living,
passing toward the walls of the school),
and remembering the body that now climbs
alone below the afternoon,
happy because the breeze blows his hair,
he has closed his eyes
in order to see himself pass, with the intense exhaustion of someone
   who knows
that youth like that
was once his life.
And now he looks at him, alien, at how he climbs
happily, setting fire to the breeze,
and he has felt such a cold loneliness
that he's lifted his hand to his breast,
toward the deep emptiness of a shadow.

   Words for the Darkness, 1966

LOVE IN AGRIGENTO

(Empedocles in Akragas)

It's the hour when things return,
when countryside and sea are covered with a slow shadow
and the temples, now sullen, disappear in space;
my steps tremble on this mysterious island.

I remember you, you with more beauty
than the divinities who were worshipped here;
you with more spirit, because you are alive.
There's anguish in my heart
because I'm in love with you,
and these old columns explain nothing:

At one time, some intense eyes looked at this earth
and discovered diverse origins in things,
and warned that opposite spirits linked them
in order to have change, and so to explain life.
This afternoon, with eyes that look deeply, I've discovered the
   intimacy of the world:
With only that principle, the one that's lodged in the breast,
I extend my gaze over the valley;
but the universe begs for hatred and pain in order to exist,
since in looking at the created movement of things

las vi que, en un momento, se extinguían,
y en las cosas el hombre.

La ciudad, elevada, se ha encendido,
y oyen los vivos largos ladridos por el campo:
éste es el tránsito de la muerte, confundiéndose con la vida.
Estas piedras más nobles, que sólo el tiempo las tocara,
no han alcanzado aún el esplendor de tu cabello
y ellas, más lentas, sufren también el paso inexorable.
Yo sé por ti que vivo en desmesura,
y este fuerte dolor de la existencia
humilla al pensamiento.
Hoy repugna al espíritu
tanta belleza misteriosa, tanto reposo dulce, tanto engaño.

Esta ciudad será un bello lugar para esperar la nada
si el corazón alienta ya con frío,
contemplar la caída de los días,
desvanecer la carne.
Mas hoy, junto a los templos de los dioses,
miro caer en tierra el negro cielo
y siento que es mi vida quien aturde a la muerte.

       Palabras a la oscuridad, 1966

MÉTODOS DE CONOCIMIENTO

En el cansancio de la noche,
penetrando la más oscura música,
he recobrado tras mis ojos ciegos
el frágil testimonio de una escena remota.

Olía el mar, y el alba era ladrona
de los cielos; tornaba fantasmales
las luces de la casa.
Los comensales eran jóvenes, y ahítos
y sin sed, en el naufragio del banquete,
buscaban la ebriedad
y el pintado cortejo de alegría. El vino
desbordaba las copas, sonrosaba
la acalorada piel, enrojecía el suelo.
En generoso amor sus pechos desataron
a la furiosa luz, la carne, la palabra,
y no les importaba después no recordar.
Algún puñal fallido buscaba un corazón.

I saw that, in a moment, they would be extinguished,
and in things, man too.

That city, raised up high, has been burned,
and the living hear long wailing through the countryside:
this is the transit of death, confounded with life.
These nobler stones, that only time touches,
have not overtaken even the splendor of your hair
and the other slower ones also suffer the inexorable step.
I know that for you I live in immoderation,
and this strong pain of existence
humbles thought.
Today such mysterious beauty,
such sweet repose, such deceit repel the spirit.

This city will be a lovely place to wait for nothingness
if the heart now breathes coldly,
to observe the sunset,
to make the flesh disappear.
But today, next to the temples of the gods,
I look at the black sky fall on the earth,
and I feel that my life is the thing that surprises death.

Words for the Darkness, 1966

WAYS OF KNOWING

In the weariness of the night,
penetrating the darkest music,
I have recovered behind my blind eyes
the fragile testimony of a remote scene.

The sea was fragrant, and the dawn was a thief
of the skies; turning the lights
of the house into phantoms.
The diners were young and were neither hungry
nor thirsty, they searched for intoxication
in the shipwreck of the banquet,
and for the painted procession of happiness. The wine
overflowed the cups, it turned
the hot skin rosy, it reddened the floor.
In generous love they opened their breasts
to the furious light, to the flesh, to the word,
and afterwards their not remembering didn't matter.
A certain ineffectual dagger looked for a heart.

Yo alcé también mi copa, la más leve,
hasta los bordes llena de cenizas:
huesos conjuntos de halcón y ballestero,
y allí bebí, sin sed, dos experiencias muertas.
Mi corazón se serenó, y un inocente niño
me cubrió la cabeza con gorro de demente.

Fijé mis ojos lúcidos
en quien supo escoger con tino más certero:
aquel que en un rincón, dando a todo la espalda,
llevó a sus frescos labios
una taza de barro con veneno.
                              Y brindando a la nada
se apresuró en las sombras.

   Aún no, 1971

NO HAGAS COMO AQUÉL

Divinizó a Antinoos.
Y así, ayudado en la plegaria ajena,
lo pudo retener en el recuerdo,
mantuvo su dolor.
Al fin, sólo mendigo y hombre.

Sé más pagano tú. Y advierte que la vida
tiene un destino cierto: sólo olvido,
y si piadosa obra: sustitución.
Es el azar origen del amor,
y el camino azaroso, y un golpe del azar
lo acaba pronto. Si tan ruda
es la vida, tan incivil el sentimiento,
tan injusta la pena,
y en ello no hubo enmienda con los siglos,
no hagas tú como aquél;
no pretendas hacer digna la vida:
tan torpe tiranía
no merece sino tu natural indiferencia.

   Aún no, 1971

I too lifted my cup, the lightest one,
filled to the rim with ashes:
conjoined bones of falcon and bowman,
and there I drank, without thirst, two dead experiences.
My heart was calm, and an innocent child
covered my head with a madman's cap.

I set my clear eyes
on someone who knew how to choose with more accurate aim:
someone who in a corner, with his back to everything,
took to his cold lips
a clay cup of poison.
                    And toasting the nothingness
he hurried off into the shadows.

> *Yet No,* 1971

DON'T BE LIKE HIM

He made Antinoüs divine.
And so, aided by the prayers of others,
he could retain him in memory,
he kept his grief alive.
In the end, only beggar and man.

Be more of a pagan. And realize that life
has an assured destiny: only oblivion,
and in case of a merciful deed: substitution.
The origin of love is chance,
and the way hazardous, and a stroke of misfortune
ends it quickly. If life is so
crude, sentiment so uncivil,
suffering so unjust,
and the centuries haven't brought any improvement to all of this,
don't be like him,
don't attempt to give life dignity:
such a clumsy tyranny
is worthy of only your natural indifference.

> *Yet No,* 1971

EL CURSO DE LA LUZ

Trajo el aire la luz,
y nadie vigilaba, pues la robó en el sueño,
se originó en las sombras,
la luz que rodó negra debajo de los astros.
Casa desnuda, seno de la muerte,
rincón y vastedad, árida herencia,
vertedero sombrío, fértil hueco.

Tú estás donde las cosas lo parecen,
donde el hombre se finge,
ese que, a tus engaños, da en nombrarte
respiración, fidelidad.
Llegas hasta sus ojos,
y en ellos reconoces el nido en que nacieras,
piedra negra que está ignorando el mundo,
y ahondas tu furor, con belleza de rosas
o valle de palomos
o dormidos naranjos en la siesta del mar,
y agujeros callados se los tornas.

Débil es el sepulcro que así eliges,
no dura allí tu noche,
y vuelves a tu oficio, criatura inocente, y esos que te aman
    lloran,
pues dejas de ser luz para llamarte tiempo.
Nos tejiste con esa luz sombría
de tu origen, y en la carne que alienta
dejas el sordo soplo del olvido;
no es tú reino la humana oscuridad,
y en desventura existes.
Llega a ti el desconsuelo, la desdicha,
resignación del fuerte, y aun rencor,
y así nos acabamos:
extraño es el deseo de esa luz.

Extingue tu suplicio, ciega pronto;
si recobras la paz, no nos perturbes.

                    Insistencias en Luzbel, 1977

THE COURSE OF LIGHT

The air brought the light
and no one stood watch, because the air stole it in dream,
it began in shadows,
that light that rolled black under the stars.
Naked house, bosom of death,
corner and vastness, arid inheritance,
shadowy dumping ground, fertile hole.

You are where things seem to be,
where man pretends,
this being who, by naming you,
gives breath, faithfulness to your deceits.
You reach his eyes,
and in them recognize the nest in which you were born,
black stone that the world keeps ignoring,
and you deepen your furor, with the beauty of roses
or the valley of pigeons
or orange trees sleeping in the siesta of the sea,
and you transform them into quiet openings.

The tomb you choose this way is weak,
your night doesn't last there,
and you return to your task, innocent creature, and those who
    love you cry,
because you stop being light in order to call yourself time.
You knitted us with that somber light
of your origin, and in the flesh that breathes
you leave behind the mute rumor of oblivion;
human darkness is not your kingdom,
and you live in unhappiness.
Distress, sadness, the resignation of the strong,
and even hatred, come to you,
and so we end:
the wish of that light is strange.

Extinguish your torment, quickly turn blind;
if you regain peace, do not disturb us.

Insistence on Lucifer, 1977

MIS DOS REALIDADES

Era un pequeño dios: nací inmortal.
                              Un emisario de oro
dejó eternas y vivas las aguas de la mar,
y quise recluir el cuerpo en su frescura;
pobló de un son de abejas los huertos de naranjos,
y en torno a tantos frutos se volcaba el azahar.
Descendía, vasto y suave, el azul
a las ramas más altas de los pinos,
y el aire, no visible, las movía.
El silencio era luz.
Desde el centro más duro de mis ojos
rasgaba yo los velos de los vientos,
el vuelo sosegado de las noches,
y tras el rosa ardiente de una lágrima
acechaba el nacer de las estrellas.
El mundo era desnudo, y sólo yo miraba.
Y todo lo creaba la inocencia.

El mundo aún permanece. Y existimos.
Miradme ahora mortal; sólo culpable.

        Insistencias en Luzbel, 1977

EL POR QUÉ DE LAS PALABRAS

No tuve amor a las palabras;
si las usé con desnudez, si sufrí en esa busca,
fue por necesidad de no perder la vida,
y envejecer con algo de memoria
y alguna claridad.

Así uní las palabras para quemar la noche,
hacer un falso día hermoso,
y pude conocer que era la soledad el centro de este mundo.
Y sólo atesoré miseria,
suspendido el placer para experimentar una desdicha nueva,
besé en todos los labios posada la ceniza,
y fui capaz de amar la cobardía porque era fiel y era digna del hombre.

Hay en mi tosca taza un divino licor
que apuro y que renuevo;

MY TWO REALITIES

I was a small god: born immortal.
                                                A golden emissary
left the waters of the sea eternal and living,
and I wanted to seclude the body in its freshness;
he filled the orange groves with the hum of bees,
and in the presence of so many fruit the orange blossom was
    overturned.
Vast and soft, the blue descended
to the tallest branches of the pines,
and the air, not visible, moved them.
The silence was light.
From the firmest center of my eyes
I tore the veils of the winds,
the peaceful flight of the nights,
and behind the intense pink of a tear
the birth of stars lay in wait.
The world was naked, and I alone looked on.
And innocence created everything.

The world still remains. And we exist.
Look at me mortal now; but guilty.

Insistence on Lucifer, 1977

THE WHYS AND WHEREFORES OF WORDS

I had no special love for words;
if I used them nakedly, if I suffered in that search,
it was from the necessity of not losing life,
and of growing old with some memory
and some clarity.

So I put words together in order to burn the night,
to make a false day beautiful,
and I was able to know that loneliness is the center of this world.
And I hoarded only misery,
suspending pleasure in order to experience a novel misfortune,
on all lips I kissed the ash that was poised there,
and I was capable of loving cowardice because it was loyal and
    worthy of man.

In my crude cup there's a divine liquor
that I drain and that I renew;

desasosiega, y es
                    remordimiento;
tengo por concubina a la virtud.
No tuve amor a las palabras,
¿cómo tener amor a vagos signos
cuyo desvelamiento era tan sólo
despertar la piedad del hombre para consigo mismo?

En el aprendizaje del oficio se logran resultados:
llegué a saber que era idéntico el peso del acto que resulta de lenta
    reflexión y el gratuito,
y es fácil desprenderse de la vida, o no estimarla,
pues es en la desdicha tan valiosa como en la misma dicha.

Debí amar las palabras;
por ellas comparé, con cualquier dimensión del mundo externo:
el mar, el firmamento,
un goce o un dolor que al instante morían;
y en ellas alcancé la raíz tenebrosa de la vida.
Cree el hombre que nada es superior al hombre mismo:
ni la mayor miseria, ni la mayor grandeza de los mundos,
pues todo lo contiene su deseo.

Las palabras separan de las cosas
la luz que cae en ellas y la cáscara extinta,
y recogen los velos de la sombra
en la noche y los huecos;
mas no supieron separar la lágrima y la risa,
pues eran una sola verdad,
y valieron igual sonrisa, indiferencia.
Todo son gestos, muertes, son residuos.

Mirad al sigiloso ladrón de las palabras,
repta en la noche fosca,
abre su boca seca, y está mudo.

            Insistencias en Luzbel, 1977

it makes one restless, and it is
                              remorse;
I keep virtue for my concubine.
I had no special love for words,
how could one have love for vague signs
whose concern was only
to awaken self-pity in man?

One achieves results in the apprenticeship of the trade:
I came to know that the weight of the acts resulting from slow
reflection and from the gratuitous are the same,
and it's easy to disengage from life, or not to cherish it,
because life's as valuable in misfortune as it is in fortune.

I should have loved words;
through them, with whatever dimension of the external world, I
    compared:
the sea, the firmament,
a joy or a sorrow that died in an instant;
and in them I reached the shadowy root of life.
Man thinks that nothing's superior to man himself:
neither the greatest misery nor the greatest grandeur of the worlds,
because his desire contains it all.

Words separate from things
the light that falls on them and the extinct rind
and gather the veils of the night shadow
and the gaps;
but words didn't know how to separate the tear from the laughter,
because it was a single truth,
and smile and indifference cost the same.
Everything is gesture, death and residue.

Look at the secret thief of words,
he creeps in the sullen night,
he opens his dry mouth, and is mute.

   Insistence on Lucifer, 1977

Félix Grande

OFENDO, COMO OFENDEN LOS CIPRESES

Ofendo, como ofenden los cipreses. Soy
el desanimador. Yo soy el que contagia
con sus besos un vómito de silencios oscuros,
una sangría de sombras. Ofendo, ofendo, amada.

He ofendido a mi madre y a mi padre con esta
tristeza que ellos nunca buscaron, ni esperaban,
ni merecían. Y voy a ofender a mi siglo
con el frío y el nunca y el no de mis palabras.

Se ofenden ante mí las risas, como deben
ofenderse los pájaros enfrente de una jaula.
Ofendo como un rostro de náufrago en el lago.
Ofendo como un coágulo de sangre en una página.

Ofendo como ese camino que conduce
al cementerio. Como la cera ofendo, amada.
Como la cera, madre. Desanimo y ofendo,
madre, como las flores que mienten en la lápidas.

Las piedras, 1964

MADRIGAL

Palabra, dulce y triste persona pequeñita,
dulce y triste querida vieja, yo te acaricio,
anciano como tú, con la lengua marchita,
y con vejez y amor acalmo nuestro vicio.

Palabra, me acompañas, me das la mano, eres
maroma en la cintura cada vez que me hundo;
cuando te llamo veo que vienes, que me quieres,
que intentas construirme un mundo en este mundo.

Hormiguita, me sirvo de ti para vivir;
sin ti, mi vida ya no sé lo que sería,

I OFFEND THE WAY THE CYPRESSES OFFEND

I offend the way the cypresses offend. I'm
the depressor. I'm the one who contaminates
with his kisses a vomit of dark silences,
a bleeding of shadows. I offend, love, I offend.

I have offended my mother and my father with this
sadness that they never sought nor expected,
nor deserved. And I'm going to offend my century
with the cold and the "never" and the "no" of my words.

Laughter is offended in my presence, the way birds
must be offended in front of a cage.
I offend like the face of a drowned man on a lake.
I offend like a glob of blood on a page.

I offend like that road that leads
to the cemetery. I offend like wax, love.
Like wax, mother. I depress and offend,
mother, like flowers that tell lies on gravestones.

Stones, 1964

MADRIGAL

Word, gentle and sad little person,
gentle and sad dear old lady, I caress you,
old like you, with a withered tongue,
and I soothe our vice with age and love.

Word, you accompany me, you give me your hand, you are
a rope around my waist each time I sink;
when I call you I see that you come, that you love me,
that you try to construct a world for me in this world.

Little ant, I use you to live;
without you, I don't know what my life would be,

algo como un sonido que no se puede oír
o una caja de fósforos requemada y vacía.

Eres una cerilla para mí, como esa
que enciendo por la noche y con la luz que vierte
alcanzo a ir a la cama viendo un poco, como ésa;
sin ti, sería tan duro llegar hasta la muerte.

Pero te tengo, y cruzo contigo el dormitorio
desde la puerta niña hasta la cama anciana;
y, así, tiene algo de pálpito mi puro velatorio
y mi noche algo tiene de tarde y de mañana.

Gracias sean para ti, gracias sean, mi hormiga,
ahora que a la mitad de la alcoba va el río.
Después, el mar; tú y yo ahogando la fatiga,
alcanzando abrazados la fama del vacío.

Las piedras, 1964

EN LA ALTA MADRUGADA

En la alta madrugada
se diría que despiertas para siempre.
Sales del sueño como si salieras
de una placenta pobre, enferma. Emerges
de entre miseria y sangre;
de entre heridas emerges.
Y quedas como un niño mal parido
con canas en sus sienes.

En la alta madrugada
con premura de vómito te viertes
hacia un insomnio desamordazado
que en silencio te muerde.

Despiertas de tal modo
que te clavas el mundo sobre el vientre.
Hundes los ojos en la oscuridad
y abrumado te mueves
tratando de saber si es que has soñado
algo terrible y misterioso o si es que
retrocediendo desde tu futuro
algo terrible y misterioso viene.

En la alta madrugada
despiertas de un disparo y te parece

something like a sound that is not heard
or a burnt-out and empty matchbook.

You are a taper for me, like the one
I light at night and with its light
I manage to find the bed, you're like that;
without you, it would be so hard to reach death.

But I have you, and I cross the bedroom with you
from the young door to the old bed;
and, this way, my pure wake has some throbbing
and my night has some afternoon and morning.

Thanks be to you, many thanks, my ant,
now that the river crosses the middle of the bedroom.
Later, the sea; you and I drowning fatigue,
reaching in an embrace the fame of the abyss.

    Stones, 1964

IN THE LATE DAWN

In the late dawn
you would say that you've awakened for good.
You come out of sleep as you would exit
from a feeble, sick placenta. You emerge
out of misery and blood;
you emerge out of wounds.
And you're left like a clumsily delivered child
with gray hair on its brows.

In the late dawn
you spill out with a thrust of vomit
towards an unmuzzled insomnia
that bites you in silence.

You awaken in such a way
that the world is nailed into your stomach.
You plunge your eyes into darkness
and overwhelmed you move
trying to find out if you've dreamed
something terrible and mysterious or if it's
something terrible and mysterious walking
towards you from your future.

In the late dawn
you're awakened by a shot and it seems

que te han abandonado hace ya años
todos los que te quieren:
toda la soledad de un golpe sorbes
y te quedas anciano de repente.
Como si el esqueleto entero fuera
colgando de tu frente.

Música amenazada, 1966

HAS SIDO AQUÍ INFELIZ

Has sido aquí infeliz y alguna vez dichoso.
Muchos años son ya recorriendo estas calles.
Como un verdín, tu historia se sumerge en los muros:
junto a ellos has amado y vomitado y muerto.

Derramaste tu insomnio como ardiendo o borracho
en las plazas vacías, clementes, silenciosas.
¿De qué huías errabundo por la ciudad? ¿Qué buscas
errabundo hoy, entre la suma de tus fugas?

Estos ancianos edificios, estas aceras
preservan tu fantasma. Las gentes se retiran,
la oscuridad adormece a las calles, y quedas
solo, entre vagas luces, solo entre vagos años.

Desesperado y lentamente, con emoción
caminas en la noche llena de levadura.
Se diría que escuchas un órgano: es el mundo
y el tiempo, y un sonido de ilusión y orfandad.

Música amenazada, 1966

BOCETO PARA UNA PLACENTA

Tengo la prisa del insomne que una noche descubre
que casi todo ocurre sin su consentimiento ni participación
estoy apresurado igual que un condenado a cadena perpetua
hiervo como un muchacho solitario que pasea lentamente
por una ciudad numerosa en donde a nadie puede recurrir
me urge concluir conversaciones que se pudren de espera
tengo una prisa desaforada por conseguir serenidad
precipitadamente añoro alcanzar equilibrio

that all those who have loved you
have abandoned you:
you drink all the loneliness in one gulp
and suddenly you are old.
As if your entire skeleton were
hanging from your forehead.

Menaced Music, 1966

YOU'VE BEEN UNHAPPY HERE

You've been unhappy here and joyful at times.
For too many years you've been running through these streets.
Your story merges with the walls like green mold:
next to them you've loved and vomited and died.

You've spilled your insomnia like a man in flames or a drunkard
in the empty, merciful, silent plazas.
From whom did you flee blindly into the city? What did you
search for today, inside the sum of your flights?

These old buildings, these sidewalks
preserve your ghostly shadow. The people retire,
the darkness puts the streets to sleep and you alone
remain, among vague lights, alone among vague years.

Desperately and slowly, you walk
with feeling into a night filled with yeast.
One would say you hear an organ play: it's the world
and time, and the sound of illusion and orphanhood.

Menaced Music, 1966

NOTES FOR A PLACENTA

I am in a rush like the insomniac who one night discovers
that almost everything occurs without his consent or participation
I hurry like a man condemned to perpetual chains
I simmer like a solitary youth who walks slowly
in a large city where there's no one to help him
I am eager to conclude conversations that rot from waiting
I have an uncontrollable drive to obtain serenity
I long precipitously to achieve equilibrium

despertar de este modo es excesivo y al izarme del lecho
mi cráneo golpea el día y lo quiebra en cristales
la vida aquí es muy frágil la vida aquí es esquirlas
me falta tiempo o bien el tiempo aquí está roto
y agrupándolo me desgasto qué atroz subtarea
tengo prisa por visitar despacio el este y el oeste
la incitadora rosa de los vientos es desazón e insulto
de esto puede enfermarse necesitaría otro teléfono
este humo no es razonable hay pocas ruedas en el mundo
cuando reúno gente en casa y bajo la escalera corriendo
y regreso con vino y pongo un disco y otro
y leo machado a quienes ni siquiera lo desconocen
no es amistad tan sólo es impaciencia es
como apartar las piedras de alguna galería derrumbada
amos los personajes de dostoyewski veloces humeantes
majestuosos de urgencia, atropellándose
en una sociedad detenida, me conmueven me ilustran
nadie como ellos logró considerar la calderilla
ese dinero apresurado igual que un vómito de sangre
me desgarro mis ideas son a menudo epilepsíacas
con mis dedos hago arpegios picados rasgueos a la guitarra
entiéndase pues no se trata de pasión musical
sino del embrión de esa pasión su origen sí se trata
de la prisa mis manos mis uñas mi poder de sonar
es así ya no puedo asistir a la imagen de mi existencia
si ésta se me detiene pues me asusto me enfermo
tengo prisa lo repito mi vehemencia tartamudea
el humo me rodea choco me resquebrajo demasiado
es como ver el mundo dividido en pedazos desiguales
y pretender reunirlo según la forma esférica
que la leyenda le atribuye con lenguaje sospechoso redondo
mi bazo no soporta la lentitud de las mentiras
sabe mi gran simpático que hay muchas situaciones quietas
se empantana la realidad hiede a terreno pantanoso
se nos hunden los pies chapoteamos ¿cómo llamar sosiego
o paz a lo que es sólo desasosiego extenuándose?
chapoteamos con premura y nuestro cráneo gira
como un trompo en su rejo de manera veloz
vivimos grasos rodeados de placenta turbulentos
estamos resistiendo la precipitación de lo que nace.

Blanco spirituals, 1967

it's excessive to awaken this way and when I get up from bed
my skull strikes the day and breaks it into bits of glass
here life is very fragile here life is splinters
I need more time but maybe time is broken here
and in gathering it I exhaust myself what atrocious menial labor
I'm in a big hurry to make a leisurely visit to the East and the West
the inciting rose of the winds is boredom and insult
you can get sick from this you may need another telephone
this smoke is not reasonable there are few wheels in the world
when I have people over and run down the stairs
and return with wine and put on a record and another
and I read Machado to those who haven't even heard of him
it's not only friendship it's impatience it's
like sorting the rocks in some caved-in gallery
I love Dostoevski's characters swift fuming
majestic in their urgency, crashing into each other
in an arrested society, they move me they instruct me
no one like them was ever able to consider copper coins
that hurrying money like a blood-filled vomit
I tear away my ideas they are often epileptic
with my fingers I form arpeggios staccatos chords on the guitar
let it be understood it's not a matter of musical passion
but of the embryo of that passion its origin yes that's what it's
    about
of rushing my hands my nails my power to sound
that's how it is I can no longer attend the image of my existence
if that one stops me well I get scared I get sick
I'm in a hurry I repeat my vehemence stutters
smoke surrounds me I crash I crack too much
it's like seeing the world divided into unequal parts
and pretending to reunite it according to the spherical form
that legend attributes to it in suspicious round language
my spleen doesn't tolerate the slowness of lies
my charming one knows that there are many quiet situations
reality becomes flooded it smells of swampland
our feet sink we splash how can we call rest
or peace what is only attenuated restlessness?
we splash prematurely and our skull gyrates
like a top on its speeding point
we live fatty turbulent surrounded by placenta
we are resisting the precipitation of what is born.

White Spirituals, 1967

CABELLERA COMPASIVA

La música me araña lentamente en los huesos
se me restriega por los huesos con un puñado de hojas secas
desmenuza hojas secas como minúsculas bufandas
arropando a mi calcio con el polvillo de noviembre
y con la fibra de los años esa tan familiar urdimbre
de paisajes y lluvia y personas lo que llamo mi corazón

la música me da en la calavera roza mis cúbitos
bate su amoroso huracán contra el grave esqueleto que me sostiene
se abraza directamente a mi armadura no pierde el tiempo
efímero es vivir y es insustituible la música lo sabe
por eso embiste fíltrase sondea y tienta más adentro
y recurre a la exigua permanencia la torre de fosfatos
se diría que viene como una perra lastimada y preñada
y se aprieta hacia algo que no rechace su animal ternura
se diría que le urge especialmente una caricia libre
una caricia sin venganza ni astucia una necesidad
por eso va al cimiento de vivir el lugar donde el miedo
ya no coarta y no pervierte a la emoción ya no es nada
y allí apela portando su cabellera compasiva

la música es muy huérfana famélica antiquísima
su gran lengua sola en el mundo errante por el mundo
se aproxima a los huesos el documento de nuestra ruina
y lo lee temblando miope despacio desde muy cerca
la música se extiende en el destino y lo cubre
y le lame su inmensa cicatriz su barranco
y es más emocionante cuanto se sabe más cercada y aprieta
se aprieta al hueso actúa actúa: ¡emociona al conocimiento!

la música el delgado manantial de cariño
la fina galería atravesando el vientre de la historia
rozando también el esqueleto de la historia
tocando ese cósmico esqueleto con su mano su urdimbre
de paisajes y lluvia y personas empapando a la historia en historia
admiro enteramente a los músicos esos baúles proderosos
porque de modo tan extraordinario saben no enloquecer
porque crean un lenguaje profundo inteligible
como el de la mirada el da la ayuda el del respeto
ese lenguaje umbilical oh interminable y repentina música

COMPASSIONATE HEAD OF HAIR

Music slowly scratches my bones
scrubs my bones with a bunch of dry leaves
crumples dry leaves like miniature scarves
clothing my calcium with the dust of November
and with the fiber of the years that so very familiar warp
of landscapes and rain and people that I call my heart

music bangs me in the skull scrapes my cubits
lashes its amorous hurricane against the grave skeleton that
    supports me
clings directly to my armor wasting no time
living is ephemeral and there's no substitute music knows it
that's why it gores filters itself measures and feels deeper inside
and returns the tower of phosphates to exiguous permanence
one could say it comes like a hurt and pregnant dog
and clings to something that won't reject its animal tenderness
one might say it especially needs a free caress
a caress without vengeance or cunning or necessity
that's why it goes to the foundation of living the place where fear
doesn't limit doesn't pervert emotion is no longer anything
and there it begs carrying its compassionate head of hair

music is a very old famished orphan
its great tongue alone in the world wandering in the world
the document of our ruin approaches our bones
and trembling near-sighted slowly I read it very close-up
music extends itself over destiny and covers it
and licks its immense scar its precipice
and things are more exciting when it knows it's more enclosed and
    it tightens
tightens itself to the bone it acts acts: it excites consciousness!

music the thin spring of affection
fine gallery traversing the womb of history
also scraping the skeleton of history
touching that cosmic skeleton with its hand its warp
of landscapes and rain and people drenching history with history

I totally admire musicians those powerful trunks
because in such an extraordinary way they know how not to
    become mad
because they create a profound intelligible language
like the language of the glance of helping of respect
that umbilical language oh interminable and sudden music

un lenguaje mediante el cual los huesos de los seres
se envían la tristeza y la amistad de sus fosfatos ambulantes.

Blanco spirituals, 1967

LA RESISTENCIA

Caía en mi herida como en un barranco. Vieja bestia del sufrimiento,
es ya casi majestuosa su ritual obstinación. Remoto, incomprensible,
como mi adolescencia, venía el dolor aproximando a mis daguerrotipos
sucesivos; los restregaba contra mi mirada extenuada de avidez,
mostrándome mi decadencia, ya ni siquiera imperceptible; aquello
era lo mismo que la agresión de un mutilado que exhibe sus muñones,
borracho de rencor y de pena. ¡Tengo sólo trienta y un años!, pro-
testé. Después, sonreí, siniestro. Y luego, solitario en la madrugada,
ese recipiente mitad confesionario en sombra, mitad congelación,
exclamé atolondrado y sistemático: ¡Los culpables, quiero verles la
cara a los culpables!

Entonces, como ante un rey depuesto, inverosímil, comenzaron a
desfilar ante mi carie cotidiana los responsables gigantescos. Venían
las bombas de mil novecientos trienta y siete y besaban mi mano de
rey arrugado: bombas ceremoniosas, cubiertas por la penumbra de
mi edad y arañadas de olvido. Vino el hambre de la posguerra con su
cara tiznada de carbón, y me cumplimentó, enfática e irónica. Mamá
merodeaba por palacio con su antiguo trajín obsesivo y sus antiguas
deudas. Venían las deudas en papel moneda, arrogantes, hablándome
de tú, mas con desprecio. Y vino el miedo erguido sobre un corcel
maravilloso y me escupió en las cejas, otra vez. Ah, cuánta injuria,
rey grotesco, rey que volvías la espalda para llorar un poco meti-
culosamente ante la grandeza de un reino de desgracia. Desfiló
Europa entre clarines, llena de engranajes soberbios, poleas alucinantes
y zarandajas de discurso, chorreando un sudor de mala historia en
sonora putrefacción. Y dijo Europa: "Majestad, sois débil": como el
decreto de una ejecución. Y luego, la vejez, prematura, dos sobre dos
aborrecible, y la muerte, premonitoria, avanzaron juntas y ásperas,
mayores que mi repugnancia. Y el rey sólo acertó a decir: ¡qué
asamblea, qué reino y qué reinado! Y se aferró a los brazos de su
trono, evitando un desmayo amenazador.

Me agarraba a los bordes de mi herida. Mis uñas son aún mi
salvación. No caer. Resistir contra aquella asamblea, contra Europa
y sus palaciegos emisarios, contra el siglo y sus cristales fronterizos,

a language through which the bones of beings
send each other the sadness and the friendship of their itinerant
   phosphates.

   White Spirituals, 1967

RESISTANCE

I fell into my wound as into a ditch. Old beast of suffering,
its ritual stubbornness has now become majestic. Remote, in-
comprehensible, like my adolescence, pain came to approximate
my successive daguerreotypes; it scrubbed them against my gaze
exhausted by greed, showing me my decadence, not even perceptible
any more; it was the same as the aggression of a mutilated man
drunk from rancor and pain, who exhibits his stumps. I'm only
thirty-one years old!, I protested. Afterwards, I smiled in a sinister
manner. And later, solitary in the dawn, this recipient half
confessional in the shadow, half congealed, exclaimed confused and
systematic: The guilty ones, I want to see the faces of the guilty ones!

Then, as if in front of a deposed, improbable king, the gigantic
guilty ones began to parade before my daily disintegration. The
bombs of nineteen thirty-seven came and kissed this hand of a
wrinkled king: ceremonious bombs, covered by the penumbra of
my age and scratched by oblivion. The post-war hunger came with
its face blackened by soot, and complimented me, emphatic and
ironic. Mother wandered through the mansion with her long-
standing obsessive busywork and her longstanding debts. The
debts came in paper money, arrogant, speaking to me familiarly
but with disdain. And fear came riding high on a marvelous
steed and spit on my eyebrows, again. Ah, what an insult, gro-
tesque king, king who turned his back to cry a bit meticulously
before the greatness of a kingdom of tragedy. Europe paraded
among clarinets, full of haughty gears, brilliant pulleys and
trifles of oratory, dripping a sweat of bad history in sonorous
putrefaction. And Europe said: "Your Majesty, you are weak": like
the decree of an execution. And then, old age, premature, abhorrent
twice over, and death, with premonitions, advanced harsh and
together, greater than my repugnance. And the king was only able
to say: what an assembly, what a realm and what a kingdom! And
he grabbed the arms of his throne, to avoid an oncoming fainting
spell.

I held on by the edges of my wound. My nails are still my salvation.
Don't fall. Resist that assembly, Europe and its palace emissaries,

contra mis habitantes infecciosos, contra la pústula internacional, contra la mueca nuclear, resistir. Resistir esas agresiones, ese Merlín apóstata que transforma el pasado en herida, el presente en herida, el futuro en una colosal carcajada de loco. Colosalmente resistir, como un interrogado. Resistir: una elección, la única.

Luego vino el fracaso de los médicos, el fracaso del desenfreno, el fracaso de la esperanza: mi libertad crecía como otra deuda, infinitesimal y celular. Todo era libertad y desgracia. Vomité un juramento increíble y entonces, sólo entonces, pedí a gritos socorro a las palabras.

Pues, danzarines, espúreos, genuflexos, abominables, ¿qué imaginabais que fuese un poeta?

Puedo escribir los versos más tristes esta noche, 1971

DAME UNGÜENTO DE CARNE, LOBA

La prisa despareja con que miro tu piel
la premura apretada con que altero tu cuerpo
y este desasosiego en que empapo mi lengua
para hablarle a tu carne y lamer a tu voz
son como ávidas gotas de estaño compasivo
que busca aminorar las grietas de la muerte

La planta de la edad nos chupa nuestros días
abriéndose como una flor negra, abominable
y en este esplendor de hoy se oculta la simiente
de una desposesión calcinada y perversa
como la del desierto   En el calcio del tacto
hay una lenta caries que nos invade desde
el fin aterrador del tiempo y de la vida

Presuroso y perdido unto en mí tu persona
y soy un bulto de hombre y de loco y de perro
que corre por tu cuerpo y a la vez por un túnel
despavoridamente lamiendo en las tinieblas

Las rubáiyátas de Horacio Martín, 1978

the century and its exterior glass, my infectious inhabitants, the international blister, the nuclear grimace, resist. Resist those aggressions, that heretic Merlin who transforms the past into a wound, the present into a wound, the future into the colossal guffaw of a madman. Resist colossally, like someone being inter-rogated. Resist: a choice, the only one.

Later came the defeat of the physicians, the defeat of wantonness, the defeat of hope: my liberty grew like another debt, infinitesimal and cellular. Everything was liberty and tragedy. I vomited an incredible oath and then, only then, I screamed to the words for help.

Well, dancers, bastards, sycophants, abominations, what did you imagine a poet to be?

I Can Write the Saddest Verses Tonight, 1971

GIVE ME UNGUENT OF FLESH, WOLF-LADY

The singular hurry with which I look at your skin
the tight urgency with which I alter your body
and this restlessness in which I soak my tongue
in order to speak to your flesh and to lick your voice
they are like eager drops of compassionate solder
that seek to diminish the crevices of death

The plant of old age sucks up our days
opening like a black flower, abominable
and in this day's splendor is hidden the seed
of a charred and perverse dispossession
like that of the desert   In the calcium of touch
there's a slow cavity that invades us from
the terrifying end of time and of life

Impatient and lost I rub your person on me
and I am a bulk of man and of madman and dog
that runs across your body and at the same time through a tunnel
terrifiedly licking in the darkness

The Rubaiyats of Horacio Martín, 1978

Manuel Vázquez Montalbán

OTOÑO CUARENTA

Hasta que llega, las conversaciones
alternaron un concierto de Bach
aquella canción de la Piaf je
vous connais, milord, desconciertos
a veces entre matrimonios demasiado
acostumbrados, también silencios
en la calle pulcra y luminosa
de la ciudad alta, endomingada
casi se escucha el temblor de las hojas
como de metal nervioso

                pero llega
exótico, amigo soltero que huele
a lecho individual, sin normas
en la conciencia no entregada nunca
a pasiones constantes, normativas
como vicios perpetuos que amanecen
con nosotros
          de dos en dos vosotras
le hacéis sitio, trae palabras
que no oisteis hace tiempo, improvisa

como si no supiera lo que ayer,
en cambio hasta su venida ellos,
vuestros maridos taciturnos hablaron
como tenderos culturales (catedráticos
o negros en editoriales sobre libros
de viajes) del amor en Max Sheler
o en Ortega, temas de examen, mal
casi siempre mal desarrollados
                  —ahora
los jóvenes aprenden el amor frente
a visillos corridos de habitaciones,
vacío, tibio el pasillo con calefacción
y las muchachas canturreando: no,
no es posible el amor, es un sueño
romántico—

FORTIETH AUTUMN

Until he arrives, the conversations
alternate between a Bach concerto
that song by Piaf Je
Vous Connais, Milord, occasional
discords among couples too
used to each other, also silence
in the tidy and luminous street
of the elevated city, dressed in its Sunday best
the tremor of the leaves can almost be heard
as though they were made of nervous metal
                                        but he arrives
exotic, this bachelor friend who smells
of a single bed, without a conscience
full of standards, never given over to
constant passions, normative
like perpetual vices that awake
with us
          two by two you
make room for him, he brings words
you haven't heard in a long time, he improvises

as if he didn't know that yesterday,
or rather until his arrival they,
that is your taciturn husbands, spoke
like cultural shopkeepers (professors
or blacks in publishing houses producing travel
books) of love in Max Scheler
or in Ortega, topics for examinations, badly
almost always badly developed
                              —now
the young learn about love in front
of closed bedroom shutters,
the hall empty, warm from the heating system
and the girls humming: no,
love is not possible, it's a romantic
dream—

cuarenta otoños pasaron
hasta la llegada del amigo imprevisto
que no ha envejecido tanto como ellos

sonríe con frecuencia es muy capaz
de besaros las mejillas
sin rubor
—el rubor está prohibido a ciertas edades
y a ciertos niveles intelectuales— le cercáis
utilizáis los más sutiles diálogos
de novela, las intrigas más capaces

y confiesa un turbio asunto amoroso
(ella tenía veinte años y ahora finge
suicidios a la orilla del teléfono)

jugáis a la mujer fatal que mataron
dos o tres partos, las cosas con nombre
llamadas en el mercado, el diálogo
con las domésticas, los largos silencios
de los hijos y las hijas ofensivas
como la luz blanca en las mejillas
y dejáis para mañana, oh lunes,
el baño de parafina sobre el vientre
o los rayos ultravioleta —es primavera
pero todavía hiela el césped en Piscinas
y Deportes—
él, exquisitamente, os habla
como a muchachas emancipadas
y os propone jugar a la canasta
denunciando cinicamente el tópico
sólo atribuíble a vosotros, pequeños
y burgueses, propensos a, inteligentes,
jugar el breve papel de clase
fronteriza

también fronteriza la tarde con la noche
le besáis suavemente los labios
como al muchacho aquel de las citas
clausuradas a las diez por un papá
educado a la vieja usanza, consciente
del papel nocivo del relente nocturno
sobre los sexos sin estrenar
el muchacho,
algo calvo ahora y con lentes bifocales,
os propone entonces el regreso a casa

    forty autumns passed
until the unforeseen arrival of the friend
who hasn't aged as much as they

smiles frequently is highly capable
of kissing you on the cheek
                        without blushing
—blushing is forbidden after a certain age
and in certain intellectual circles— you surround him
you use the subtlest dialogue
from novels, the most competent intrigues

and he confesses a troubled love affair
(she was twenty years old and now pretends
to commit suicide beside the telephone)

you play the *femme fatale* killed
by two or three pregnancies, the things with names
shouted out in the market, the dialogue
with the maids, the long silences
of the sons and the offensive daughters
like white light on the cheeks
and you leave until tomorrow, or Monday,
the wax treatment on the stomach
or ultraviolet rays—it's spring
but there's still frost on the grass at the
Country Club—
                    he speaks to you, exquisitely,
as an emancipated young woman
and suggests a game of canasta
cynically denouncing the idea
attributable only to you, petty
and bourgeois, intelligent, prone to
playing at the short-lived role of pioneer
                                    class

the afternoon is also frontier to the night
you kiss his lips softly
as though kissing that boy you dated
when you were cloistered at ten o'clock by a father
educated in the old customs, conscious
of the harmful effect of nocturnal dew
on sexual organs never put to use
                            the boy
somewhat bald now and wearing bifocals,
then suggests going home

todavía distraéis minutos de fidelidad,
pero volvéis y la sonrisa permanece
hasta que no sin cansancio os sentáis

y frente al espejo os parecen escasas
esta noche
                    sus respuestas de siempre.

Una educación sentimental, 1967

de *ARS AMANDI*

Queda crepúsculo, rodajes
de cielo añil anaranjado, brisa
de otoño, destejo las persianas,
no hay vecinos en los balcones,
y nos protege el patio con gatos
y cacharros, pieles de plátanos
deshabitados, mondas de naranja
brutalmente desnudadas
                              en la esquina
mujeres solas, olor a pan dormido,
chocolate a la francesa, niñas
con faldas plisadas, medias
de algodón y blusas blancas

                          los lirios
agonizaban ya seis días hace
en ese jarrón con cigüeñas y nubes
fragancia embalsamada en analgésico
                          han encendido
los primeros faroles, huele a invierno
el eczema de luz sobre el asfalto,
salen ahora de las puertas de los Bancos
pañuelitos de seda en el bosillo, huelo
a masaje facial y a sudor de abdominales
en el Club Náutico

                    he dejado el dinero
sobre la cónsola, bajo el retrato colectivo
de una esforzada promoción de profesores
mercantiles
                    no, no te han visto el rostro
anochecido, anochece y una voz infantil grita lejana

you still amuse yourself with a few minutes of fidelity
but you go back while the smile stays
until you sit down not without weariness

and in front of the mirror his usual
replies
       seem insufficient tonight.

    A Sentimental Education, 1967

from *ARS AMANDI*

Twilight remains, wheels
of orange indigo sky, autumnal
breeze, I open the Venetian blinds,
there are no neighbors on the balconies
and the patio full of cats and rubbish
protects us, the skins of uninhabited
bananas, the peels of oranges
brutally undressed
                on the corner
unaccompanied women, the smell of sleeping bread,
French-style chocolate, girls
with pleated skirts, cotton
socks and white blouses

             the lilies
have been dying for six days now
in that vase of storks and clouds
fragrance embalmed in an analgesic
                they've lit
the first street lights, it smells of winter
the eczema of light on the asphalt,
from Bank doors little
silk pocket-handkerchiefs now emerge, I smell
of facial massage and the sweat of sit-ups
in the Nautical Club

         I've left the money
on top of the console, under the group portrait
of a courageous graduation of business
teachers
      no, no they have not seen your nightfallen
face, night falls and a child's voice screams in the distance

no vale ¿por qué parecen ateridos esos lirios
que veíamos arder en el verano? lentos
crepúsculos
                    y algo menos sabios cerrábamos
la puerta a doble llave

                              mira, ya la tarde
se arrima a las esquinas inciertas
                                          y las luces
intentarán hábilmente describirnos
                                          tienes
la piel naranja por el sol poniente, sombra
de pelo sobre el rostro encendido, tacto
de ceniza
                y has de volver a casa antes de las doce.

Una educación sentimental, 1967

HIPPY-BLUES

No, no han nacido para engrasar
las tuercas del detonador
                                    prefieren bailar
sobre las flores de loto de Hiroshima
y Nagasaki o entre los jaramagos
que hermosean la estela de Palas Atenea
en el Partenón
                        el soul, qué bello el soul,
bailar el soul
                    es un primor

                              y si la tierra es dura
calzarán chinelas de aluminio y harán
el amor sobre asientos traseros de coches
desguazados
                    en los cementerios de la prosperidad

se les ve bailar junto al mar — dice el soul —
que nadie ha llorado — dice el soul —
se les ve bailar desde el atardecer hasta la muerte
y agitar las cadenas de viejas bicicletas
contra la sombra inmensa del pájaro metálico

porque cualquier melodía sirve para el recuerdo
cualquier paisaje para una despedida

it's not fair, why do these lilies that once we saw
burning in the summer seem frightened? slow
twilights
      and somewhat less wise we double-locked
the door
      look, already the afternoon
presses close to the uncertain street corners
          and with great
ability the lights will attempt to describe us
         your skin
is orange because of the setting sun, a shadow
of hair on your lighted face, the touch
of ashes
      and you have to be home by twelve.

A Sentimental Education, 1967

HIPPY-BLUES

No, they have not been born in order to grease
the screws of the detonator
      they prefer to dance
on top of the lotos flowers of Hiroshima
and Nagasaki or among the hedge mustard
that beautifies the wake of Pallas Athena
on the Parthenon
      the soul, how beautiful the soul,
to dance the soul
      what a treat

        and if the earth is hard
they'll wear aluminum slippers and make
love in the back seats of cars
dismembered
      in the cemeteries of prosperity

one can see them dance near the sea— says the soul—
no one has cried— says the soul—
one can see them dance from nightfall until death
and agitate the chains of old bicycles
against the immense shadow of a metallic bird

because any melody can be used for remembering
any landscape for a farewell

                                          pero sólo el soul
para despedir las cosmonaves en las recepciones
de futuros clientes del Pentágono, nuncios chinos
acompañados de asesores generales en Cultos
y Sepulturas, tácticos supuestos de muertes
                                          presupuestas
            ellos, ¡oh ellos!
                        con pantalones
tejanos asexuados y sonrisas geométricas
de alegría neutra, no, no han nacido para engrasar
las tuercas del detonador

                              y en los cuadrados círculos
de la noche y el día, en los ocho círculos
que tiene la semana,
                        el octavo nadie, nadie
lo ha encontrado entre las ruinas de la casa
con rosaledas bordes y surtidores oxidados
                                    —antepasados
que cultivaron heveas en Malasia o murieron
en las barricadas; Lancashire, Lyon, Bonaplata
o La Comune

            por eso prefieren hacer el amor
no la guerra y con los años no harán la guerra
                                    ni el amor

        Movimientos sin éxito, 1969

de *VARIACIONES SOBRE UN 10 % DE DESCUENTO*

Es este el paraíso
de los muñecos de cartón, los presidentes
de los Estados Unidos y los relojes
divididos en cuatro tiempos
en el laberinto de supermán
los carteles conducen a la caja
registradoras doncellas prometen
la llegada de Simbad
                        tras tesoros
de drugstores sumergidos
                              los rostros
se mezclan en el shake y alguien
compra un retrato, una bandera

but only the soul
for saying goodbye to spaceships at receptions
for future clients of the Pentagon, Chinese nuncios
accompanied by general advisors on Religion
and Sepulchers, assumed tactics of presupposed
          deaths
      they, oh they!
         with asexual
Texan trousers and geometric smiles
of neutral happiness, no, no, they were not born to grease
the screws of the detonator

         and in the square circles
of night and day, in the eight circles
of the week,
     the eighth nobody, nobody
has found it among the ruins of the house
with rose hedges and rusty fountains
        —forebears
who farmed rubber plantations in Malaysia or died
in the barricades: Lancashire, Lyon, Bonaplata
or The Commune

     that's why they prefer to make love
not war and with the years they'll make neither war
         nor love

Movements with No Outcome, 1969

from *VARIATIONS ON A 10% DISCOUNT*

This is the paradise
of paper dolls, the Presidents
of the United States and the clocks
divided into four time zones
in the labyrinth of Superman
the posters lead to the cashier
girls who operate the cash register promise
the arrival of Sinbad
     behind treasures
of submerged drugstores
     the faces
are mixed in the milkshake and someone
buys a portrait, a flag

               un collar
de cebollas azules, trapos huérfanos
                     y la nostalgia
del pañuelo de seda muere en el cuello
o cierra cabezas de filósofos
               todo
absolutamente todo lo que se ve
                  o se toca
está en las cuevas del drugstore
y la sorpresa del mundo antiguo
—tan poco sorprendente— sobrevive
tras los escaparates
                 como un invitación al regalo
mañana es fiesta, la sonrisa
abre las bolsas del deseo
             y además
Vd. saldrá ganando, Vd. comprará
y el drugstore le hará un 10 % de descuento.

    Manifiesto subnormal, 1970

ULISES

En su regreso
primero cayó Ulises
en los deslices
           de una doncella
llena de caracolas y complejos

amarla era adivinarla
el tiempo del retorno
fue una nube
           presente pero blanda

después cayó
en una mujer honda
como un pozo con cieno
antiguo apenas removido
por periódicos ahogados
            que iban de paso

la mujer honda devoraba
a inciertos padres de familia
que jamás
      jamás volvieron a casa

a collar
of blue onions, orphaned rags
and the nostalgia
of a silk handkerchief dies on the neck
or shuts the heads of philosophers
everything
absolutely everything that can be seen
or touched
is in the cellars of the drugstore
and the surprise of the ancient world
—so far from surprising—survives
behind the showcases
like an invitation to give gifts
tomorrow is a holiday, the smile
opens the pockets of desire
and furthermore
you come out ahead, you make a purchase
and the drugstore gives you a 10% discount.

Subnormal Manifesto, 1970

ULYSSES

On his return trip
Ulysses first fell
on the slips
of a maiden
full of snail shells and complexes

to love her was to predict her
the time of return
was a cloud
present but soft

afterwards he fell
into a woman deep
as a well with old slime
scarcely stirred
by drowned newspapers
that floated by

the deep woman devoured
certain heads of household
who never
never returned home

pero Ulises
sabedor de su rumbo
                literario
volvió a Ítaca y era Navidad
                    tras los cristales
la anciana Penélope
gozaba mansamente con el eunuco
                      Ulises
perdió la cabeza y la rajó cien veces
allá donde la afrenta y el verbo
                 se hicieran carne.

A la sombra de las muchachas sin flor, 1973

HÖLDERLIN 71

I

Venenosa paz
la de los árboles lentos
                es posible morir
de olvido y perdón
el eucalipto huele a invierno
la mimosa anochecida
           amortaja

cerca el mar es una red azul
llena de muchachas carnales
veleros resucitados por el verano
               los vientos
esparcen los eruptos de una Europa
                 mediocre y feliz

borradas las estelas de los dioses diluidos
nos queda el pan y el vino
            mientras agonizamos

II

Ya se diluyeron los dioses
aquellos días en que a su luz
la realidad parecía ser propicia
ahora
       el áspero fieltro del horizonte
las ruinas de los deseos
            sus cascotes

but Ulysses
aware of his literary
destination
returned to Ithaca and it was Christmas
behind the windows
the elderly Penelope
was gently enjoying herself with the eunuch
Ulysses
lost his head and slit her a hundred times
there where the affront and the word
became flesh.

In the Shadow of Flowerless Girls, 1973

HÖLDERLIN 71

I

Poisonous peace
of the slow trees
it's possible to die
of forgetfulness and pardon
the eucalyptus smells of winter
the mimosa grown dark
shrouded
near the sea is a blue net
full of carnal girls
sailboats resurrected for the summer
the winds
scatter the belches of a Europe
mediocre and happy
the wakes of the diluted gods are erased
all we have left is bread and wine
while we die

II

The gods have already been diluted
those days in which reality seemed
propitious in their light
now
the rough felt of the horizon
the ruins of desires
their rubble

de ladrillos en perpetuo derribo
todo conduce a la mediocre
ternura
por un desamparo compartido
hijos
de la ira sin padres suficientes
abandonados por el absoluto
fugitivos del paraíso
desahuciados para la rehabilitación
no venderemos el alma al dinero
ni a la Historia

¿nos bastará el pan y el vino
la entrega sospechosa de otro cuerpo
pasajero?

o la constante tentación del suicidio
esa tenaz insistencia de héroes
subempleados.

A la sombra de las muchachas sin flor, 1973

COMO EL JUDÍO QUE AÑORA

Como el judío que añora
aquel lugar
del que no sea preciso regresar
paraísos de confianza
en la propia piel
o en la blanda penetrabilidad
de los cuerpos

vivo en Praga acumulando
recuerdos deudas pérdidas
de la propia identidad en cada testigo
muerto

escribo en alemán para que las palabras
no sean vuestras ni mías
al fin y al cabo
todo lenguaje es un tam tam
que pide socorro en una lengua
inaceptable

ser judío vivir en Praga escribir en alemán

of bricks in perpetual demolition
everything conduces to mediocrity
                             tenderness
by shared abandonment
                     children
of wrath without adequate fathers
abandoned by the Absolute
                        fugitives from Paradise
evicted for the purpose of renovation
we won't sell our souls for money
                       or for History
will bread and wine be enough for us
the suspicious surrender of another passing
                          body?
or the constant temptation of suicide
this tenacious insistence of underemployed
                         heroes.

      In the Shadow of Flowerless Girls, 1973

LIKE THE JEW WHO LONGS

Like the Jew who longs
for that place
from which he never has to return
that paradise of security
                    inside his own skin
or in the soft penetrability
                of bodies

I live in Prague hoarding
memories debts of my own
identity lost with each dying
               witness

I write in German so the words
will not be yours or mine
               in the end
all language is a tom-tom
that asks for help in an unacceptable
                  idiom

to be a Jew living in Prague writing in German

significa no ser judío ni alemán
                              ni ser aceptado
por las mejores familias de la ciudad
                              que identifican
el alemán con Alemania y el ser judío con la alarma

Por las venas un río en fuga
o quizá sólo de tránsito
pero fue el aire de Praga
la monumentalidad oxidada
de sus palacios sin reyes
de sus diccionarios sin lengua
de sus garitas llenas de guerreros
                                        extranjeros
la que cambió el ritmo de la sangre
y señaló el mapa exacto de cuatro
puntos cardinales cuatro esquinas de cruz
                              final

nacidos para ser extranjeros
compartimos con vosotros la condición vencida
incluso los recuerdos —los vuestros, sin duda—
de escuadras en el mar
                    mares de Praga

sangre de paso o de vuelta digo
recuerdos vuestros memoria vuestra
y al fin imposible el ayer y el mañana
mestizos de derrota propia y ajena
cultura de bolero y K quinientos cuatro

de cuando Mozart cedía a Praga
tres movimientos de una sinfonía que le sobraba

   Praga, 1980

means to be neither Jew nor German
                              nor to be accepted
by the best families in town
                         who identify
German with Germany and being Jewish with panic

Inside the veins a river in flight
or perhaps only in transit
but it was the air of Prague
the rusted monumentality
of its palaces without kings
of its dictionaries without language
of its watchtowers full of foreign
                              warriors
which changed the rhythm of the blood
and marked on the map the four exact
cardinal points four corners of a final
                              cross

born to be strangers
we share with you the status of defeat
including the memories — your memories, no doubt —
of fleets on the ocean
                    the oceans of Prague

blood coming or going I speak
of your recollections your memory
and finally both yesterday and tomorrow are impossible
hybrids of their own defeat and foreign
culture of boleros and K. five hundred four

from when Mozart gave to Prague
three movements of a symphony he didn't need

   Prague, 1980

Pedro Gimferrer

EN INVIERNO, LA LLUVIA DULCE
EN LOS PARABRISAS...

En invierno, la lluvia dulce en los parabrisas, las carreteras brillando
   hacia el océano,
la viajera de los guantes rosa, oh mi desfallecido corazón, clavel
   en la solapa del smoking,
muerto bajo el aullido de la noche insaciable, los lotos en la niebla,
   el erizo de mar al fondo del armario,
el viento que recorre los pasillos y no se cansa de pronunciar tu
   nombre.

Ella venía por la acera, desde el destello azul de Central Park.
¡Cómo me dolía el pecho sólo con verla pasar!
Sonrisa de azucena, ojos de garza, mi amor,
entre el humo del snack te veía pasar yo.
¡Oh música, oh juventud, oh bullicioso champán!
(Y tu cuerpo como un blanco ramillete de azahar...)

Los jardines del barrio residencial, rodeados de verjas, silenciosos,
   dorados, esperan.
Con el viento que agita los visillos viene un suspiro de sirenas
   nevadas.

Todas las noches, en el snack,
mis ojos febriles la vieron pasar.
Todo el invierno que pasé en New York
mis ojos la buscaban entre nieve y neón.

Las oficinas de los aeropuertos, con sus luces de clínica.
El paraíso, los labios pintados, las uñas pintadas, la sonrisa, las rubias
   platino, los escotes, el mar verde y oscuro.
Una espada en la helada tiniebla, un jazmín detenido en el tiempo.
Así llega, como un áncora descendiendo entre luminosos arrecifes,
la muerte.

Se empañaban los cristales con el frío de New York.
¡Patinando en Central Park sería un cisne mi amor!

Los asesinos llevan zapatos de charol. Fuman rubio, sonríen.

IN WINTER, THE GENTLE RAIN ON THE WINDSHIELDS . . .

In winter the gentle rain on the windshields, the highways shine
  towards the ocean,
the traveler with pink gloves, oh my weak heart, a carnation in the
  lapel of my dinner jacket,
dead under the howl of an insatiable night, the lotos flowers in the
  snow, the starfish in the bottom of the armoire,
the wind that walks the halls and never tires of pronouncing your
  name.

She came down the sidewalk, out of the blue glimmer of Central Park.
How it tore my heart just to see her go by!
Lily smile, heron eyes, my love,
amid the smoke of the snackbar I saw you pass.
Oh music, oh youth, oh turbulent champagne!
(And your body like a white bouquet of orange blossoms . . .)

The gardens of residential neighborhoods, surrounded by grillwork,
  silent, golden, they wait.
With the wind that rattles the curtains comes a sigh of snowy
  sirens.

Every night, in the snackbar,
my feverish eyes saw her pass.
All that winter I spent in New York
my eyes searched for her between the snow and the neon lights.

The offices at airports, with their hospital lights.
Paradise, painted lips, painted nails, smile, platinum blondes,
  low-necked dresses, green and dark sea.
A sword in the frozen darkness, a jasmine arrested in time.
So she comes like an anchor descending among luminous reefs,
death.

The windows were fogged with the New York cold.
My love was a swan skating in Central Park!

The murderers wore patent leather shoes. They smoked expensive

Disparan.
La orquesta tiene un saxo, un batería, un pianista. Los cantantes.
    Hay un número de strip-tease y un prestidigitador.
Aquella noche llovía al salir. El cielo era de cobre y luz magnética.
¡Focos para el desfile de modelos, pistolas humeantes!

> *Arde el mar*, 1966

de *LA MUERTE EN BEVERLY HILLS*

Yo, que fundé todos mis deseos
bajo especies de eternidad,
veo alargarse al sol mi sombra en julio
sobre el paseo de cristal y plata
mientras en una bocanada ardiente
la muerte ocupa un puesto bajo los parasoles.
Mimbre, bebidas de colores vivos, luces oxigenadas que chorrean
    despacio,
bañando en un oscuro esplendor las espaldas, acariciando con fulgor
    de hierro blanco
unos hombros desnudos, unos ojos eléctricos, la dorada caída de una
    mano en el aire sigiloso,
el resplandor de una cabellera desplomándose entre música suave y
    luces indirectas,
todas las sombras de mi juventud, en una usual figuración poética.
A veces, en las tardes de tormenta, una araña rojiza se posa en los
    cristales
y por sus ojos miran fijamente los bosques embrujados.
    ¡Salas de adentro, mágicas
para los silenciosos guardianes de ébano, felinos y nocturnos como
    senegaleses,
cuyos pasos no suenan casi en mi corazón!
No despertar de noche el sueño plateado de los mirlos.
Así son estas horas de juventud, pálidas como ondinas o heroínas de
    ópera,
tan frágiles que mueren no con vivir, no: sólo con soñar.
En su vaina de oscuro terciopelo duerme el príncipe.
Abandonados rizos en la mano se enlazan. Las pestañas caídas
    hondamente han velado los ojos
como una gota de charol y amianto. La tibieza escondida de los
    muslos desliza su suspiro de halcón agonizante.
El pecho alienta como un arpa deshojada en invierno; bajo el jersey
    azul

cigarettes, they smiled. They shot.
The orchestra has a saxophone, a drummer, a pianist. Singers.
    There's a striptease number and a juggler.
That night it rained when we came out. The sky was made of copper
    and magnetic light.
Spotlights for the parade of models, smoking pistols!

    The Sea Is Burning, 1966

from *DEATH IN BEVERLY HILLS*

I, who founded all my desires
under the aspect of eternity,
see my shadow brighten toward the sun in July
on the glass and silver walk
while in a burning puff
death takes a seat under the parasols.
Wicker, brightly-colored drinks, rusted lights that slowly melt,
bathing their backs in a dark splendor, with the brilliance of
    white iron
caressing naked shoulders, electric eyes, the golden fall of a hand in
    the silent air,
the radiance of hair collapsing in soft music and indirect lights,
all the shadows of my youth in their usual poetic figuration.
At times, on stormy afternoons, a reddish spider alights on the
    windowpanes
and through its eyes the bewitched forests look intently.
    Indoor halls, magic
to silent guards of ebony, feline and nocturnal like Senegalese,
whose steps hardly sound in my heart!
Do not disturb through the night the silver sleep of the blackbirds.
Such are those hours of youth, pale like water nymphs or operatic
    heroines,
so fragile they die not from living, no: only from dreaming.
The prince sleeps in his sheath of dark velvet.
Forgotten curls turn in his hand. Deeply fallen eyelashes thickly
    cover his eyes
like a drop of varnish and asbestos. The hidden warmth of thighs
    lets slip its dying falcon sigh.
The chest breathes like a leafless harp in winter; under the blue
    jersey

se para suave el corazón.
                              Ojos que amo, dulces hoces de
      hierro y fuego,
rosas de incandescente carnación delicada, fulgores de magnesio
que sorprendéis mi sombra en los bares nocturnos o saliendo del cine,
      ¡salvad
mi corazón en agonía bajo la luz pesada y densa de los focos!
Como una fina lámina de acero cae la noche.
Es la hora en que el aire desordena las sillas, agita los cubiertos,
tintinea en los vasos, quiebra alguno, besa, vuelve, suspira y de
      pronto
destroza a un hombre contra la pared, en un sordo chasquido
      resonante.
Bésame entre la niebla, mi amor. Se ha puesto fría
la noche en unas horas. Es un claro de luna borroso y húmedo
como en una antigua película de amor y espionaje.
Déjame guardar una estrella de mar entre las manos.
Qué piel tan delicada rasgarás con tus dientes. Muerte, qué labios,
      qué respiración, qué pecho dulce y mórbido
ahogas.

        La muerte en Beverly Hills, 1968

BY LOVE POSSESSED

Me dio un beso y era suave como la bruma
dulce como una descarga eléctrica
como un beso en los ojos cerrados
como los veleros al atardecer
pálida señorita del paraguas
por dos veces he creído verla su vestido estampado el bolso el pelo
      corto y aquella forma de andar muy en el borde de la acera
En los crepúsculos exangües la ciudad es un torneo de paladines a
      cámara lenta sobre una pantalla plateada
como una pantalla de televisión son las imágenes de mi vida los
      anuncios
y dan el mismo miedo que los objetos volantes venidos de no se sabe
      dónde fúlgidos en el espacio
Como las banderolas caídas en los yates de lujo
las ampollas de morfina en los cuartos cerrados de los hoteles
estar enamorado es una música una droga es como escribir un poema
por ti los dulces dogos del amor y su herida carmesí
Los uniformes grises de los policías los cascos las cargas los camiones

the heart gently stops.
                              Eyes that I love, sweet sickles
    of iron and fire,
roses of incandescent delicate incarnation, flashes of magnesium
that surprise my shadow in night bars or coming out of the movies,
    save
my heart in agony under the thick and heavy glare of headlights!
Night falls like a thin sheet of steel.
It's the hour when the wind turns over the chairs, shakes the
    silverware,
tinkles the glasses, breaks a few, kisses, returns, sighs and suddenly
destroys a man against a wall, with a deaf resonating crack.
Kiss me in the fog, my love. The night has turned cold
in a few hours. It's a murky and misty moonlight
like the ones in old movies of love and espionage.
Let me keep a sea star in my hands.
What delicate skin you'll tear with your teeth. Death, what lips,
    what breath, what sweet and morbid breast
you'll drown.

>   *Death in Beverly Hills,* 1968

BY LOVE POSSESSED

She gave me a kiss and it was soft like the fog
sweet like an electric discharge
like a kiss on closed eyes
like sailboats in late afternoon
pale señorita carrying an umbrella
twice I thought I saw her with her print dress her handbag her
    short hair and that way of walking very close to the edge of the
    sidewalk
In the anemic twilight the city is a tournament of knights in slow
    motion on a silver screen
the images of my life are like a television screen like commercials
and they awake the same fear as flying objects come from who
    knows where burning in space
Like fallen banners from a luxurious yacht
ampules of morphine in locked hotel rooms
to be in love is a music a drug it's like writing a poem
because of you sweet bulldogs of love and their crimson wound
The policemen's gray uniforms the helmets the cargoes the trucks

    los jeeps los gases lacrimógenos
aquel año te amé como nunca llevabas un vestido verde y por las
    mañanas sonreías
Violines oscuros violines del agua
todo el mundo que cabe en el zumbido de una línea telefónica
los silfos en el aire la seda y sus relámpagos
las alucinaciones en pleno día como viendo fantasmas luminosos
como palpando un cuerpo astral
desde las ventanas de mi cuarto de estudiante
y muy despacio los visillos
con antifaz un rostro me miraba
el jardín un rubí bajo la lluvia.

De *"Extraña fruta"* y otros poemas, 1968-1969

ANTAGONÍAS

I

No es el sonido del agua en los opacos cristales
(la oscuridad de invierno, que ahoga los sonidos)
ni la luz nebulosa de los astros de acero.
Como si hubiera entrado en un espejo,
la violenta refracción del aire
pone mi cuerpo en pie, galvanizado espectro de una rosa.
Tras un telón de sedas amarillas
bultos de luz, figuras con disfraz.
Los bajíos, la espuma, los rubíes que reflejan unos ojos,
las piedras que incitan al sueño —zafiros—, la significación del oro
    y los metales,
el brillo que queda en la mirada después del amor,
la verde oscuridad del mar en sueños,
la simultaneidad de tiempos en el momento de correrse unos visillos,
    con el gesto de ayer, un perfil en escorzo, como en un boceto de
    pintor,
las figuras del agua en los nublados cristales,
la lucha de dragones en el cielo borrascoso,
el espacio y el tiempo de un poema, el tono en que se dice, el ritmo de
    lectura, las pausas, los silencios, lo que alude entre paréntesis,
(lo que un poema alude entre paréntesis)
la superposición de imágenes que aluden a la muerte, al amor, al
    transcurso del tiempo
(la superposición de imágenes que aluden al poema)

the jeeps the tear gas
that year I loved you most of all you wore a green dress and you
     smiled in the mornings
Dark violins violins of water
everyone who's crammed into the buzz of a telephone line
the sylphs in the air the silk and their lightning
the hallucinations in broad daylight like looking at luminous
     phantoms
like touching an astral body
from my dormitory room windows
and very slowly the curtains
a face in a mask stares at me
the garden a ruby beneath the rain.

Of "Strange Fruit" and Other Poems, 1968-1969

ANTAGONIES

I

It's not the sound of water on opaque windowpanes
(the darkness of winter, that smothers sounds)
nor the nebulous light of steel stars.
As if it had entered a mirror,
the violent refraction of the air
sets my body upright, galvanized ghost of a rose.
Behind a yellow silk drape
masses of light, masked figures.
Shoals, foam, rubies reflected in eyes,
rocks that incite one to sleep—sapphires—, the meaning of gold and
     metals,
the shine that remains in the gaze after love,
the green darkness of a dreaming sea,
the simultaneity of time at the moment one opens the curtains, with
     yesterday's gesture, with foreshortened profile, as a painter's
     sketch,
the figures made by water on the cloudy windowpanes,
the dragons' struggle in the stormy sky,
the space and time of a poem, the tone in which it is said, the rhythm
     of reading, the pauses, the silences, whatever's referred to in
     parentheses,
(what a poem refers to in parentheses)
the superimposition of images that refer to death, to love, to the
     flow of time
(the superimposition of images that refer to the poem)

cuando en la noche una voz se detiene, se hace una pausa en la
     lectura, se alza la mirada
para contemplar el fuego reflejado en el espejo,
y todo queda entre paréntesis, como un lugar santo en levitación o un
     lugar maligno tras la silenciosa explosión de humo de un fakir.

II

Las primeras tentativas daban sólo figuras inciertas,
velado el cliché, todo envuelto en la blancura diabólica de una placa en
     negativo,
los ácidos, las sales, mostraban sólo sombras plateadas,
en la pantalla aparecían reflejos crepusculares,
el crepúsculo invadía la habitación con su llamear de vencejos,
y quizá era éste el sentido de la fotografía.
Una experiencia de la ambigüedad
o una experiencia del silencio:
el jardín puebla el triunfo de los pavos reales
en una silenciosa llamarada creciendo ante los ojos, luz de colores
     cálidos, otoño.

III

Tambores, oh tambores oscuros del otoño, cobre, lentas cañadas,
estas calles donde a veces los vidrios de los balcones reverberan
—mucho más que mi imagen y sin embargo menos que una
     aparición—
creced en mi corazón y sus lúgubres jardines,
en la vegetación de verdes resplandores que oscurecen latiendo
(en este tiempo estamos obligados a escribir sólo esbozos de poemas)
cuando entre bastidores la oscuridad impide ver los rostros,
pero aún no es de noche: las palabras,
estos bultos de sombra que pronuncian el nombre de jardines
     secretos,
la ráfaga de un viento helado en primavera,
los bosques de la helada primavera que oprime los sentidos.

De *"Extraña fruta"* y *otros poemas,* 1968-1969

VLAD DRAKUL

I

Este imperio, que los tilos dominan,
reino oscuro del mirto, como una sombra

when a voice stops in the night, a pause occurs in reading, the
  gaze rises
to contemplate the fire reflected in the mirror,
and everything remains in parenthesis, like a sacred space in levi-
  tation or a malignant space after a magician's silent explosion
  of smoke.

II

The first attempts gave only uncertain figures,
the cliché over-exposed, everything draped in the diabolic white-
  ness of a negative,
the acids, the salts, displayed only silver shadows,
on the screen crepuscular reflections appeared,
twilight invaded the room with its flame of swallows,
and perhaps this was the meaning of the photograph.
An experience of ambiguity
or an experience of silence:
the garden is populated with the triumph of peacocks
swelling before our eyes in a silent flash, light of warm colors,
  autumn.

III

Drums, oh dark drums of autumn, copper, slow canyons,
these streets where at times the windows of balconies reverberate
—much more than in my imagination yet less than in an apparition—
you must grow in my heart and in its lugubrious gardens,
in the vegetation filled with green splendors that darken as they
  beat
(in these times we are forced to write only the outlines of poems)
when the darkness between the window sashes keeps faces from
  being seen,
but it's still not night: words,
these shadowy figures that pronounce the name of secret gardens,
the ghost of a cold wind in spring,
the forests of an icy spring that oppress the senses.

Of "Strange Fruit" and Other Poems, 1968-1969

COUNT DRACULA

I

This kingdom that the linden trees dominate,
dark kingdom of myrtle, like a shadow

de águila, como las llaves, piedra, gozne
de la nada, cuando, augusto, sobre los árboles,
el crepúsculo mueve un dragón. De noche, las nubes
pierden sus colores: rojo de tumba,
azul de humilladero, o verde
de ojos congelados. Una sola nube, indistinta,
inmensa, cuerpo al acecho, labios que alientan
en el dominio trémulo de los terciopelos.
No es rehén de un país de sombras
este aliento. No es rehén de uñas
ni de zarpas en la noche, caja de plata
o copa en el tocador. Lienzos de Cuaresma,
colgajos del frío y la tiniebla. ¿Ves,
bajo el eje de las ruedas, el gañido
y la sangre de las lechuzas? Mañana,
cuando el ojo ciego del buitre llame al mediodía,
como un triunfo de cuerpos, y en los sepulcros
los turbiones de nieve hayan sepultado
el filo de lanza de las cruces, el espectro
pálido de mi recuerdo dirá, desvanecidas,
sombras de candelabros, tintineo herido
de aguas y de espejos, cobre sonoro,
cáliz secreto de unos ojos, los que ahora se cierran
y arrasan la claridad difunta, el pábilo
de un pecho que ya tan sólo oscuridades reclama.

II

Como tras el espejo
la armadura nocturna
azul fuego, aguas abajo,
verá la taciturna
mirada del caballo.
El cielo se ha cerrado: una urna
de imposible cristal.

De noche, sin refugio,
este frío, ¿son los cuerpos
quienes lo sienten? ¿Tal vez,
al fondo del tuétano,
en cava sepulcral
y con la piel hecha jirones,
a Lucifer invocaré?

Con rayo de azufre azul,
colorete de sarao

of an eagle, like the keys, rock, hinge
of nothingness, when, majestic, the twilight,
pushes a dragon over the trees. At night, the clouds
lose their colors: tomb-red,
shrine-blue, or green
like congealed eyes. A single cloud, indistinct,
immense, lurking body, lips that breathe
in the tremulous domain of velvet.
This breath is not hostage to a country
of shadows. It is not hostage to nails
or to claws in the night, a silver box
or cup on the dressing table. Lenten canvases
hanging from the cold and the dark. Do you see,
under the axle of the wheels, the yelp
and the blood of owls? Tomorrow,
when the blind eye of the vulture calls at midday,
like a triumph of bodies, and in the sepulchers
the snow squalls will have buried
the lance edge of crosses, the pale specter
of my memory will tell of faded
shadows of candelabra, wounded tinkling
of water and mirrors, sonorous copper,
secret chalice of a pair of eyes, those which now close
and raze the defunct brightness, the wick
of a breast that now asks only for darkness.

II

As if behind a mirror
the nocturnal fire-blue
armor, downstream,
will see the taciturn
gaze of the horse.
The sky has been closed: an urn
of impossible glass.

At night, without shelter,
is it the bodies that feel
this cold? Perhaps,
at the bottom of the marrow,
in the sepulchral vena cava
and with the skin turned to shreds,
I will invoke Lucifer.

With a ray of blue sulphur,
my ashen body rouged

y en los ojos un sangriento ojal,
cuerpo mío de ceniza, esclavo,
casaca vacía, ¿te place
mirar la muerta nave?
—La nieve, la sangre me pertenecen.

Fuego ciego, 1972-73 (en *Poesía 1970-77,* 1978)

NOCHE DE ABRIL

La mente en blanco, con claridad celeste
de alto zodíaco encendido: cúpula vacía,
azul y compacta, forma transparente
al abrigo de una forma. Así vuelvo a encontrarme
buscando esta calle. Ni está, ni estaba:
ahora existe, en levitación,
porque la mente la inventa. Asedio adusto,
pleito de lo visible y lo invisible: llama
y consumación. Contornos, inmóvil
piedra que cristaliza. Esta noche,
tormento de los ojos, tormento que una palabra designa,
sin decirlo del todo, como el reflejo
de una perla en tinieblas. Ahora los dedos
arden con la claridad de una palabra. ¿El sol?
El nocturno cuerpo solar, hecho pedazos, rueda
cielo abajo, piel abajo. Ni el tacto sabe
detener la caída. Incendiado
y poderoso. Riegan, de madrugada,
las calles, y un silencio nulo de cláxons,
en los pasajes húmedos, abre un imperio
donde a la piel responde la piel, y el nudo
se hace y deshace. Las teas de Orión
ven los cuerpos enlazados. Astral
escenario de profundos cortinajes
sobre el resplandor sonoro. Dices
sólo una palabra, la palabra del tacto, el sol
que ahora tomo en mis manos, el sol hecho palabra,
tacto de la palabra. Y las estrellas, táctiles,
inviolados, carro que al deslizarse
al fondo de un vidrio vago se refleja
en tu lujo, claridad de espalda y nalgas,
el globo detenido, ígneo: el reverso
oculta el trueno oscuro del monte de Venus. Brillan

for the soiree, with a bloody buttonhole
in the eyes, slave,
empty frock coat, does it please you
to look at the dead nave?
— The snow, the blood belong to me.

Blind Fire, 1972-73 (in Poetry 1970-1977, 1978)

APRIL NIGHT

The mind blank, with the celestial light
of a high burning zodiac: empty cupola,
blue and compact, transparent form
at the mercy of a form. I find myself again
looking for this street. It neither is, nor was:
it exists now, in levitation,
because the mind invents it. Austere siege,
struggle between the visible and the invisible: flame
and consummation. Contours, motionless
rock that crystallizes. Tonight,
storm in the eyes, storm that one word names,
without saying it all, like the reflection
of a pearl in darkness. Now the fingers
burn with the clarity of a word. The sun?
The solar nocturnal body, torn apart, rolls
downward, upside down. Nor does touch know
how to stop the fall. Aflame
and powerful. At dawn, they wash
the streets, and a null silence of carhorns,
in the wet landscapes, opens into a realm
where skin answers skin, and the knot
is made and unmade. Orion's torches
see the embracing bodies. Heavenly
scene of profound curtains
over sonorous splendor. You speak
only one word, the word of touch, the sun
that I now take in my hands, the sun made word,
touch of word. And the stars, tactile,
unviolated, carriage that in falling
to the depths of a vague glass is reflected
in your morning, light of back and buttocks,
the globe detained, igneous: the other side
hides the dark thunder of the Venus mound. Two

dos tinieblas cuando el firmamento
mueve galeras y remos, y ahora escucho
el oleaje, el chapoteo de los pechos y el vientre,
copiados por la noche. La estancia cósmica
es la estancia del cuerpo, y la blancura
no confunde nubes altas y verde de espuma:
todo lo delega, lo reenvía todo. Tiemblan,
esperando recibir un nombre, las criaturas
de la oscuridad, el dibujo de las tenazas
de los dos cuerpos, tapiz del cielo, horóscopo
giratorio. ¿Un sentido? Todo, ahora, es doble:
las palabras y los seres y la oscuridad.
Pero, escucha: muy lejos, desde esquinas
y faroles nocturnos, vacíos de murmullos,
negativo ignorado de magnesio,
vengo, mi rostro viene, y ahora este rostro
vuelve a ser el rostro mío, como si con un molde
me rehicieran los ojos, los labios, todo,
en el arduo encuentro de este otro, un trazo
dibujado al carbón, que no conozco, que toma
posesión del hielo, que me funde y me hiela.
Es éste el enemigo, el que yo siento,
irrisorio y soberbio, ojo o escorpión,
el nombre del animal, el antiguo dominio.
¿Lo reclama el amor? Cuando dientes y uñas
bordean el azulado coto de la piel,
cuando los miembros se aferran, la certeza
¿viene de un fondo más remoto? Curvados, se despeñan
los amantes, como las formas minerales,
rechazados por la noche que calcina el mundo.

Tres poemas, 1974

darknesses shine when the firmament
moves its galleys and oars, and now I hear
the waves, the splash of the chest and the belly
copied by the night. The cosmic mansion
is the mansion of the body, and the whiteness
does not confuse the high clouds with green foam:
everything is delegated, everything sent back. They tremble,
waiting to receive a name, the creatures
of darkness, the sketch of the two-bodied
pincers, tapestry of sky, gyrating
horoscope. One meaning? Everything, now, is double:
words and beings and darkness.
But, listen: from very far, from nocturnal
corners and lampposts, empty of murmurs,
negative ignored by magnesium,
I come, my face comes, and now this face
becomes once more my face, as if the eyes,
the lips, everything, would recast me from a mold,
in the arduous encounter with this other, a trace
sketched in charcoal, which I don't know, that takes
possession of the ice, that casts me and freezes me.
This one is the enemy, the one I feel,
mocking and proud, eye or scorpion,
the name of the animal, the ancient rule.
Does love claim it? When teeth and nails
embroider the blue border of the skin,
when the limbs are locked, does certainty
come from a more remote depth? Curved, the lovers
collapse, like mineral forms,
rejected by the night that embalms the world.

    Three Poems, 1974

Guillermo Carnero

MELANCOLÍA DE PAUL SCARRON, POETA BURLESCO

Zumban las mariposas en mi oído
y ante los ventanales apagados.
En la penumbra de los corredores
una daga sutil relampaguea.
Inventaré tu voz. Inventaré
tu cuerpo en la distancia. Desmorona
esa raíz de hondísimo deseo.
Olvídame de tanto presentido
desorden de rubíes encerrados.
No revele la huella de tu pie
en los tapices la delgada trama
de tantísimas músicas caídas.
Inmóviles los aires. El crepúsculo,
un espejo de límpido cristal
sobre la muerta delgadez del río.
Alabastro, mujer. Fueran aristas
de cortante cristal tu cabellera
y el imborrable río de tus manos.
Fueran tus ojos luz. Fuera la tarde
una dulce mortaja congelada.
Mármol sobre la cima. En la dormida
superficie nevada, está creciendo
al pie de tu cristal, alguna antigua,
alguna azul y hondísima cañada.
Una sola palabra y surtirán
en las tazas los ríos apagados.
Puertas, hierros, cerrojos, celosías,
derribaré dinteles y montañas.
Duele como cauterio en mi pupila
la vertical profanación del aire.
Ríe, ríe. Mi corazón resuena
como una inmensa caja de viola.

Dibujo de la muerte, 1967

MELANCHOLY OF PAUL SCARRON, BURLESQUE POET

Butterflies buzz in my ears
and before unlit office windows.
In the shadows of the corridors
a subtle dagger flashes its lightning.
I'll invent your voice. I'll invent
your body in the distance. Root,
crumble from deep desire.
Forget me in the middle of so much foreshadowed
disorder of locked-up rubies.
Don't let your footprint
on the rug reveal the delicate plot
of so much fallen music.
The air is motionless. The twilight,
a mirror of limpid glass
on the dead slenderness of the river.
Alabaster, woman. I wish that your hair
and the ineradicable river of your hands
were edges of sharp glass.
I wish that your eyes were light. I wish that
the afternoon were a sweet congealed shroud.
Marble on the heights. On the sleeping
snowy surface, some old, some
blue and deepest glen is growing
next to your glass.
A single word and the stifled fountains
will spurt from their basins.
Doors, grills, bolts, lattices,
lintels and mountains will I tear down.
The vertical profaning of the air
hurts like cauterizing the pupil.
Laugh, laugh. My heart resounds
like the belly of an immense viola.

Outline of Death, 1967

OSCAR WILDE EN PARÍS

Si proyectáis turbar este brillante sueño,
impregnad de lavanda vuestro más fino pañuelo de seda
o acariciad las taraceas de vuestros secreteres de sándalo,
porque sólo el perfume, si el criado
me tiende sobre plata una blanca tarjeta de visita,
me prodría evocar una humana presencia.
Un bouquet de violetas de Parma
o mejor aún, una corbeille de gardenias.
                                        Un hombre puede
arriesgarse unas cuantas veces, sobre la mesa
la eterna sonrisa de un amorcillo de estuco,
nunca hubo en Inglaterra un boudoir más perfecto
mirad, hasta en los rincones una crátera de porcelana
para que las damas dejen caer su guante.
Oh, rien de plus beau que les printemps anglais,
decidme cómo hemos podido disipar estos años,
naturalmente que un par de guantes amarillos no se lleva dos veces,
cómo ha podido esta sangrienta burla
preservarnos del miedo y de la muerte.
Un hombre puede, a lo sumo unas cuantas veces,
arriesgar el silencio de su jardín cerrado.
Pero decid, Milady, si no estábais maravillosa preparando el
    clam-bake
con aquella guirnalda de hojas de fresa!
Las porcelanas en los pedestales
y tantísimas luces y brocados
para crear una ilusión de vida.
No, prefiero no veros, porque el aire nocturno
agitando las sedas, desordenando los pétalos caídos
y haciendo resonar los cascabeles,
me entregará el perfume de las flores, que renacen y mueren en la
    sombra
y el ansia y el deseo, y el probable dolor y la vergüenza
no valen el sutil perfume de las rosas
en esta habitación siempre cerrada.

    Dibujo de la muerte, 1967

OSCAR WILDE IN PARIS

If you're considering disturbing this brilliant dream,
saturate your finest silk handkerchief with lavender
or caress the marquetry of your sandalwood secretaries,
because, when the servant offers me a white visitor's card
on a silver tray, only the perfume
can evoke for me a human presence.
A bouquet of violets from Parma
or better yet, a corbeil of gardenias.

                                  A man can
risk it a few times, on the table
the eternal smile of a little stucco cupid,
in England there has never been a boudoir more perfect
see, even in the corners there's a porcelain bowl
for the ladies to let their gloves fall into.
Oh, rien de plus beau que les printemps anglais,
explain to me how we've been able to dissipate these years,
naturally one doesn't wear a pair of yellow gloves twice,
how this bloody joke has been able
to preserve us from fear and from death.
A man can risk the silence of his closed garden
at most a few times.
But say, Milady, weren't you marvelous preparing the clambake
with that garland of strawberry leaves!
The porcelains on the pedestals
and a tremendous number of lights and brocades
to create an illusion of life.
No, I'd rather not see you, because the night air
fluttering the silks, scattering the fallen petals
and jingling the bells,
will bring me the perfume of the flowers, that are reborn and
   die in the shadow
and the wish and the desire, and the probable pain and the shame
are not worth the subtle perfume of the roses
in this room that is always closed.

    Outline of Death, 1967

EL SUEÑO DE ESCIPIÓN

I

Preguntado Laforgue por el ser del poema:
"Ni moi ni mon art, Monsieur".
                                        Lo que supone,
igual que sus sarcasmos sobre el claro de luna
hace superflua la charla de Polonio
exacto sobre el Príncipe *(Though this be madness
there is method in it).*
                        No erraba el cadencista
aun incurriendo en etopeyas fáciles
de Pierrot, y el recurso
es más preciso que Bison Ravi[1]
apuntando al azar: *"A mort le pléonasme"*[2].
La poesía cuenta lo mismo que el amor
un breve repertorio, y el arma del intérprete
es el oficio de aventajar la glosa.
Así pues, contemplando
algo convencional y en apariencia *plano,*
horizontal, yacente y en nada apelatorio
como una singular vinculación erótica
resultan por el arte las múltiples lecturas
y no una, previsible, con sus habituales
requerimientos: la común terneza,
la satiriasis, abstracción del tiempo,
antecedentes y consecuentes, como el anfiteatro,
sino una vasta gama por lo vario del signo
siendo vivir un modo de escritura
secuencia del problema literario
de inescribir lo escrito.
                        A mort le pléonasme.

II

El poema procede de la realidad
por vía de violencia; realidad viene a ser
visualizar un caos desde una perspectiva
que el poeta preside desde el punto de fuga.
Grandeza del poema, la del héroe trágico;
un modo de atentar contra el método empírico
desde su misma entraña, como aquel poseído
ofendía la ley desde el sometimiento.

---

[1] Anagrama usual de Boris Vian.
[2] *En avant la zizique et par ici les gros sous,* Cap.III.

SCIPIO'S DREAM

I

Laforgue questioned about the being of the poem:
"Ni moi ni mon art, Monsieur."
                              Which implies,
the way his sarcasms on moonlight
make superfluous the chatter of precise Polonius
about the Prince *(Though this be madness*
there is method in it.)
                    The cadence-maker made no errors
even when falling into Pierrot's easy portrayals
and the device
is more precise than Bison Ravi[1]
pointing at random: *"A mort le pléonasme."*[2]
Poetry values a short repertoire
the same as love, and the interpreter's weapon
is the craft of improving the gloss.
So then, contemplating
something conventional and *flat* in appearance,
horizontal, prone and not at all appealable
like a single erotic attachment
because of art multiple readings result
and not a single foreseeable one with the
usual requirements: common tenderness,
satyriasis, abstraction of time,
antecedents and consequents, like the amphitheater,
but a vast gamut because of the variety of signs
living being a form of writing
sequence of the literary problem
of unwriting what has been written.
                              A mort le pléonasme.

II

The poem comes from reality
by way of violence; reality comes to be
the visualization of a chaos from a perspective
over which the poet presides from the point of escape.
The greatness of the poem, that of the tragic hero;
a manner of attacking the empirical method
from its own insides, like that madman
offending the law in submitting to it.

---

[1] Commonly used anagram for Boris Vian.
[2] *En avant la zizique et par ici les gros sous*, Ch.III.

Poema es una hipótesis sobre el amor escrito
por el mismo poema, y si la vida
es fuente del poema, como sabemos todos,
entre ambos modos de escritura
no hay corrección posible: como puede observarse
no nos movemos en un círculo

          para gloria del arte

y sin embargo evítese
tal conclusión en práctica:
la palabra en perjuicio de la tragedia íntima
lo mismo que su opuesto;

          ¿qu'adviendrait-il alors

de cette absence de mystère?[3]

III

Indignaban a Pico
los pulcros paradigmas de Careggi,
que *la inteligencia, la vista y el oído*
son los únicos medios de gozar la belleza
y existe por lo tanto una triple beldad
o que *la belleza de un cuerpo es su simetría*
de donde amor no exige más cosa que templanza
y buen gusto[4].

      De ahí
su bien lograda máxima: *No hay belleza en un dios.*
Y procediendo por analogía,
que es el modo de ser de este parágrafo,
resulta (véase el resto del poema):
Et vous et votre art, Monsieur. No hay belleza en un dios.

    El Sueño de Escipión, 1971

---

[3]Mallarmé: *L'art pour tous.*
[4]Traduzco libremente parte del discurso de Giovanni
  Cavalcanti en el *Comentario al banquete de Platón*, de Marsilio Ficino.

PUISQUE RÉALISME IL Y A

Vuelve la vista atrás y busca esa evidencia
con que un objeto atrae a la palabra propia
y el uno al otro se revelan; en el mutuo contacto
experiencia y palabra cobran vida,
no existen de por sí, sino una en otra;

The poem is a hypothesis on love written
by the poem itself, and if life
is the fountain of the poem, as we all know,
between both ways of writing
there's no correction possible: as can be observed
we *don't* move in a circle
$\qquad\qquad\qquad$ for the glory of art
and, nevertheless, such conclusions
are to be avoided in practice:
the word to the detriment of the intimate tragedy
the same as its opposite:
$\qquad\qquad\qquad$ *qu'adviendrait-il alors*
de cette absence de mystère?[3]

III

Pico was indignant
at the tidy paradigms of Careggi,
that *intelligence, sight and hearing*
are the only ways to enjoy beauty
and there exists as a result a triple beauty
or that *the beauty of a body is its symmetry*
from which love does not demand anything more than moderation
and good taste.[4]
$\qquad\qquad$ From there
his perfectly apt maxim: *There's no beauty in a god.*
And proceeding by analogy,
which is the manner of being of this paragraph,
the result is (consult the rest of the poem):
Et vous et votre art, Monsieur. There's no beauty in a god.

$\qquad$ *Scipio's Dream,* 1971

---

[3] Mallarmé: *L'art pour tous.*
[4] Freely translated portion of the discourse of Giovanni Cavalcanti in the *Commentary on Plato's Symposium* by Marsilio Ficino.

PUISQUE RÉALISME IL Y A

Turn your gaze backward and search for that evidence
with which an object attracts the proper word
and the one is revealed to the other; in mutual contact
experience and word assume life,
they do not exist on their own, but one in the other;

presentido, el poema que aún no es
vuela a clavarse firme en un punto preciso
del tiempo; y el que entonces fuimos ofrece
en las manos de entonces, alzadas, esa palabra justa.
No así; gravitan las palabras y su rotunda hipótesis
ensambla su arquitectura; más allá es el desierto
donde la palabra alucina hasta crear su doble:
creemos haber vivido porque el poema existe;
 lo que parece origen es una nada, un eco.

Variaciones y figuras sobre un tema de La Bruyère, 1974

MIRA EL BREVE MINUTO DE LA ROSA

Mira el breve minuto de la rosa.
Antes de haberla visto sabías ya su nombre
y ya los batintines de tu léxico
aturdían tus ojos—luego, al salir al aire, fuiste inmune
a lo que animara en tu memoria
la falsa herida en que las cuatro letras
omiten esa mancha de color: la rosa tiembla, es tacto.
Si llegaste a advertir lo que no tiene nombre
regresas luego a dárselo, en él ver: un tallo mondo, nada;
cuando otra se repite y nace pura
careces de más vida, tus ojos no padecen agresión de la luz,
sólo una vez son nuevos.

Variaciones y figuras sobre un tema de La Bruyère, 1974

MUSEO DE HISTORIA NATURAL

Encerrados en un espacio distante
perfeccionan allí la estabilidad de no ser
más que inmovilidad de animales simbólicos
la escorzada pantera, el mono encadenado
y la fidelidad que representa el perro
echado ante los pies de la estatua yacente;
adquieren aridez en la luz incisiva
bajo las losas de cristal del domo,
traslúcido animal que no perece.
La boa suspendida

foreshadowed, the poem that is not yet
flies to nail itself firmly in a precise point
of time; and the one we once were offers
that exact word with the raised hands of time.
Not like this: the words gravitate and their rotund hypothesis
assembles their architecture; farther out is the desert
where the word hallucinates until it creates its double:
we believe we have existed because the poem exists;
what appears to be an origin is a nothingness, an echo.

Variations and Figures on a Theme of La Bruyère, 1974

LOOK AT THE BRIEF MOMENT OF A ROSE

Look at the brief moment of a rose.
Before seeing it you already knew its name
and the gong of your lexicon had
deafened your eyes—afterwards, going out for air, you were immune
to what in your memory animates
the false wound in which the four letters
erase the colored stain: the rose trembles, it is touch.
If you become aware of what hasn't any name
you later return to give it one, seeing in it: a lean stalk, nothing;
when another is repeated and is born pure
you lack more life, your eyes don't suffer from the aggression
    of light,
only once are they new.

Variations and Figures on a Theme of La Bruyère, 1974

MUSEUM OF NATURAL HISTORY

Enclosed in a distant space
there they perfect the stability of not being
more than the motionlessness of symbolic animals
the foreshortened panther, the chained monkey
and the fidelity that a dog represents
lying at the feet of a reclining statue;
they become arid in the incisive light
under the glass slabs of the dome,
translucent animal that does not perish.
The boa suspended

por cuatro alambres tensos sobre cartón pintado
no es más que el concepto de boa.
                              Agavillados
bajo un domo distante, la memoria
les redondea el gesto, los induce
a la circunferencia imaginaria
en la que inscriben dentro de su urna
la suspensión del gesto, salto rígido
igual que las mandíbulas abiertas
gritan terror de estopa, agonía en cartón, violencia plana.
Agazapados tras una puerta distante,
cuando la empuja el simulacro vuelve
a componer su coreografía;
y un día han de invadir los bulevares
de la ciudad desierta, amenazando
la arquitectura fácil del triunfo
y el gesto de la mano que acaricia
la mansedumbre impávida de animales pacíficos.

      El azar objetivo, 1975

OSTENDE

Obediencia me lleva y no osadía
      Villamediana

Nuestros burgueses . . . sienten una grandísima fruición
en seducirse unos a otros sus mujeres.
      Manifiesto Comunista, II

Recorrer los senderos alfombrados
de húmedas y esponjadas hojas muertas,
no por la arista gris de grava fría
como la hoja de un cuchillo.
                        Mueven
su ramaje los plátanos como sábanas lentas
empapadas de noche, de grávida humedad
y reluciente.
                  También en la espesura
late la oscuridad de las cavernas
y el sol sobre las hojas evapora
las gotas de rocío—
                        el aura de calor
que envuelve e ilumina los cuerpos agotados

by four tight wires over painted cardboard
is no more than the concept of a boa.
       Bound together
under a distant dome, memory
rounds out their gesture, induces them
towards the imaginary circumference
on which they inscribe inside of their urn
the suspension of gesture, rigid jump
just the way the open mandibles
scream the terror of hemp, cardboard agony, flat violence.
Seized behind a distant door,
when pushed the simulacrum again
composes its choreography;
and one day they'll invade the boulevards
of the deserted city, threatening
the easy architecture of triumph
and the gesture of the hand that caresses
the fearless meekness of peaceful animals.

  Objective Chance, 1975

OSTEND

Obedience guides me and not boldness
 Villamediana

Our bourgeoisie . . . experience the greatest
enjoyment in seducing one another's wives.
 The Communist Manifesto, II

Traveling through the paths carpeted
by damp and spongy dead leaves,
not by the gray edge of cold gravel
like the blade of a knife.
      The plane trees
move their branches with pregnant and shining
humidity like slow sheets soaked
in night.
   Also in the thicket
the darkness of caverns beats
and the sun evaporates the drops of dew
on the leaves—
     the aura of heat
which envelopes and illumines the exhausted bodies

cuando duermen: si acercas la mejilla
ves las formas bailar y retorcerse,
un espejismo fácil y sin riesgo:
dos bueyes que remontan la colina,
el mago que construye laberintos,
el calafate, el leproso, el halconero
parten seguros al amanecer,
no como yo, por los senderos
cubiertos de hojas muertas, esponjadas y húmedas.
A veces entre los árboles clarean
los lugares amenos que conozco:
el pintado vaporcillo con su blanca cabeza
de ganso, acribillada de remaches y cintas;
las olas estrellándose bajo el suelo de tablas
del gran salón de baile abandonado,
las lágrimas de hielo que lloran los tritones
emergiendo en la nieve de las fuentes heladas;
el cuartito en reposo con la cama deshecha
junto al enorme anuncio de neón
que lanza sobre el cuerpo reflejos verdes, rojos,
como en las pesadillas de los viejos opiómanos
del siglo diecinueve.
                Un cervatillo salta
impasible: lo sigo.
                    En un claro del bosque
está sentada al borde de la fuente,
con blanquísima túnica que no ofrece materia
que desgarrar a la rama del espino.
Corro tras ella sin saber su rostro,
pero no escapa sino que conduce
hasta lo más espeso de la fronda,
donde juntos rodamos entre las hojas muertas.
Cuando la estrecho su rostro se ha borrado,
la carne hierve y se diluye; el hueso
se convierte en un reguero de ceniza
y en medio de la forma que levemente humea
brilla nítida y pura una piedra preciosa.
La recojo y me arreglo la corbata;
de vuelta, silencioso en el vagón del tren,
temo que me delate su fulgor
que resplandece y quema aun bajo el abrigo.
Tengo una colección considerable
y en el silencio de mi biblioteca
las acaricio, las pulo, las ordeno

when they sleep: if you bring your cheek close
you see the shapes dancing and twisting,
a facile mirage and one without risk:
two oxen that climb the hill,
the wizard who constructs labyrinths,
the shipwright, the leper, the falconer
leave boldly at dawn,
not as I go, through the paths
covered with dead leaves, spongy and damp.
Sometimes through the trees
the pleasant places that I know are spotlighted:
the painted little steamboat with its white
goosehead, riddled with patches and ribbons;
the waves crashing under the deck
of the abandoned grand ballroom,
the tears of ice that the Tritons weep
emerging from frozen fountains in the snow;
the quiet little room with the unmade bed
next to the enormous neon sign
that hurls green, red reflections across the body,
as in the nightmares of old nineteenth-century
opium eaters.
        A little fawn leaps
impassive: I follow it.
            In a clearing in the woods
she's lying at the edge of the fountain,
with the whitest tunic that provides no material
for the hawthorn branch to tear.
I run after her without knowing her face,
but she doesn't escape rather leads
toward the thickest frond,
where we roll together among the dead leaves.
When I embrace it its face has been erased,
the flesh boils and is diluted; the bone
is converted into a heap of ash
and in the middle of the lightly smoking shape
a precious stone shines clear and pure.
I pick it up and adjust my tie;
on the return trip, silence in the car of the train,
I'm afraid that its resplendence, which shines and burns
even beneath my overcoat, will give me away.
I have a considerable collection
and in the quiet of my library
I fondle them, I polish them, I arrange them

y a veces las imprimo.
En el dolor se engendra la conciencia.

Recorrer los senderos alfombrados
de húmedas y esponjadas hojas muertas,
inseguro paisaje poblado de demonios
que adoptan apariencia de formas deseables
para perder al viajero.
                    Mas no perecerá
quien sabe que no hay más que la palabra
al final del viaje.
                    Por ella los lugares,
las camas, los crepúsculos y los amaneceres
en cálidos hoteles sitiados
forman una perfecta arquitectura
vacía y descarnada como duelas y ejes
de los modelos astronómicos.
Vacío perseguido cuya extensión no acaba
como es inagotable la conciencia,
la anchura de su río
y su profundidad.
                    Desde el balcón
veo romper las olas una a una,
con mansedumbre, sin pavor.
Sin violencia ni gloria se acercan a morir
las líneas sucesivas que forman el poema.
Brillante arquitectura que es fácil levantar
igual que las volutas, los pináculos,
las columnatas y las logias
en las que se sepulta una clase acabada
ostentando sus nobles materiales
tras un viaje en el vacío.
                    Producir un discurso
ya no es signo de vida, es la prueba mejor
de su terminación.
                    En el vacío
no se engendra discurso,
pero sí en la conciencia del vacío.

Ensayo de una teoría de la visión, 1977

and at times I print them.
Consciousness is engendered in pain.

Traveling through the paths carpeted
by damp and spongy dead leaves,
unsafe landscape peopled by demons
that adopt the appearance of desirable shapes
in order to confuse the traveler.
                                         But he will not perish
who knows that at the end of the voyage
there's nothing more than the word.
                                     Through it
the places, the beds, the twilights, and the dawns
enclosed in warm hotels
form a perfect architecture
empty and without flesh like staves and axles
in astronomic models.
Pursued emptiness whose extension has no end
the way consciousness is inexhaustible,
the breadth of its river
and its depth.
                            From the balcony
I see the waves breaking one by one,
with meekness, without terror.
Without violence or glory the successive lines
forming the poem come to die.
Brilliant architecture that's easy to construct
like the volutes, the pinnacles,
the colonnades and the loggias
in which an extinct class is buried
displaying its noble materials
after a journey in the void.
                                To produce discourse
is no longer a sign of life, but the best proof
of its termination.
                            Discourse is not
begotten in the void,
but is engendered in the consciousness of the void.

Essay on a Theory of Vision, 1977

Antonio Colinas

CEMENTERIO DEL PÈRE LACHAISE

El mármol de las tumbas es más agrio este otoño.
Bajo las hojas húmedas, oscuras del laurel
hay una llama verde: son los ojos de un gato.
Fragante amanecer de las enredaderas.
Música enfebrecida de cada estatua rota.
Música por el musgo de las escalinatas.
Música por la noche aún de las violetas.
El sauce de Musset no dará ya más sombra.
La lira de Chopin ahogada entre la yedra.
La esfinge de Oscar Wilde petrificada y sola.
Noble, atetciopelado oro viejo del parque,
florón de piedra, verjas, coronas y sarcófagos,
enrojecido y frío clavel de la mañana,
después de tanta muerte ¿qué podríais hacer
por esta canción triste que traigo entre mis labios?

Truenos y flautas en un templo, 1972

OCASO

Cuando la noche llega sobre el mar a la isla
sales del laberinto, del templo resonante.
Se encienden en las salas las lámparas de cobre.
El incienso lo lleva la brisa al los jardines.
Los sótanos entierran músicas y oraciones.
Mujer, mujer, en ti todo el ocaso es fruto.
De porcelana y pájaro están hechos tus ojos.
Puros y firmes son tus muslos: son columnas.
Sales, paseas, dejas un velo entre las flores.
En la loma te quedas mirando el mar violáceo
que se repliega exhausto, colmado, conmovido.
Tus dos labios sonámbulos adivinan la noche,
ponen cerco de carne a la redonda luna.
Mujer, mujer, preguntas encierra el corazón.

THE GRAVEYARD OF PÈRE LACHAISE

The marble of the tombs is more bitter this fall.
There's a green flame under the damp, dark
laurel leaves: it's the eyes of a cat.
Fragrant sunrise among the vines.
Feverish music from each broken statue.
Music for the moss of the stairways.
Music for the night still made of violets.
Musset's willow will no longer provide shade.
Chopin's lyre is drowned among the ivy.
Oscar Wilde's Sphinx is petrified and alone.
Noble, velvet old gold of the park,
stone rosette, grates, crowns and sarcophagi,
red and cold carnation of the morning,
after so much death what could you do
for this sad song that I carry between my lips?

Thunder and Flutes in a Temple, 1972

SUNSET

When night comes to the island from across the sea
you emerge from the labyrinth, from the resonant temple.
The copper lamps are lit in the rooms.
The breeze carries incense to the gardens.
The basements bury music and prayers.
Woman, woman, everything that sets in you is fruit.
Your eyes are made of porcelain and birds.
Your thighs are pure and firm: they are columns.
You depart, you pass, you leave a veil among the flowers.
You remain in the hills looking at the violet sea
that folds into itself, exhausted, abundant, shaken.
Your two sleepwalking lips foretell the night,
they form a frame of flesh to encircle the moon.
Woman, woman, the heart contains questions.

¿Dónde encontrar palabras para escribir tu historia?
¿Con qué alucinaciones construiré mis versos?
Diosa o mujer, te miro y te pierdo para siempre.

Truenos y flautas en un templo, 1972

ENCUENTRO CON EZRA POUND

debes ir una tarde de domingo,
cuando Venecia muere un poco menos,
a pesar de los niños solitarios,
del rosado enfermizo de los muros,
de los jardines ácidos de sombras,
debes ir a buscarle aunque no te hable
(olvidarás que el mar hunde a tu espalda
las islas, las iglesias, los palacios,
las cúpulas más bellas de la tierra,
que no te encante el mar ni sus sirenas)
recuerda: *Fondamenta Cabalá,*
hay por allí un vidriero de Murano
y un bar con una música muy dulce,
pregunta en la pensión llamada Cici
donde habita aquel hombre que ha llegado
sólo para ver gentes a Venecia,
aquel americano un poco loco,
erguido y con la barba muy nevada,
pasa el puente de piedra, verás charcos
llenos de gatos negros y gaviotas,
allí, junto al canal de aguas muy verdes
lleno de azahar y frutos corrompidos,
oirás los violines de Vivaldi,
detente y calla mucho mientras miras:
Ramo Corte Querina, ese es el nombre,
en esa callejuela con macetas,
sin más salida que la de la muerte,
vive Ezra Pound

Sepulcro en Tarquinia, 1975

Where does one find the words to write your story?
With what hallucinations will I construct my poems?
Goddess or woman, I look at you and lose you forever.

Thunder and Flutes in a Temple, 1972

MEETING WITH EZRA POUND

you must go some Sunday afternoon,
when Venice dies a little less,
in spite of the solitary children,
of the sickly pink of the walls,
in spite of the acrid gardens in the shadows,
you must go and look for him even if he doesn't speak to you
(you'll forget that the sea buries behind your back
islands, churches, palaces,
the most beautiful cupolas on earth,
don't let the sea or its sirens enchant you)
remember: *Fundamenta Cabala,*
there's a Murano glass shop located there
and a bar with very soft music,
inquire at the pension they call Cici
where it is that man lives who has come
to Venice only to see people,
that slightly crazy American,
erect and with a very snowy beard,
cross the stone bridge, you'll see puddles
with black cats and seagulls,
there, next to the canal with deep green waters
full of orange blossoms and rotting fruit,
you'll hear Vivaldi's violins,
stop and be very still while you look:
Ramo Corte Querina, that's the name,
in that alley with potted flowers,
with no other exit but death,
Ezra Pound lives

Sepulcher in Tarquinia, 1975

NOVALIS

Oh Noche, cuánto tiempo sin verte tan copiosa
en astros y en luciérnagas, tan ebria de perfumes.
Después de muchos años te conozco en tus fuegos
azules, en tus bosques de castaños y pinos.
Te conozco en la furia de los perros que ladran
y en las húmedas fresas que brotan de lo oscuro.
Te sospecho repleta de cascadas y parras.

Cuánto tiempo he callado, cuánto tiempo he perdido,
cuánto tiempo he soñado mirando con los ojos
arrasados de lágrimas, como ahora, tu hermosura.
Noche mía, no cruces en vano este planeta.

Deteneos esferas y que arrecie la música.
Noche, Noche dulcísima, pues que aún he de volver
al mundo de los hombres, deja caer un astro,
clava un arpón ardiente entre mis ojos tristes
o déjame reinar en ti como una luna.

Sepulcro en Tarquinia, 1975

HOMENAJE A TIZIANO (1576-1976)

He visto arder tus oros en los otoños de Murano,
en la cera aromada de los cirios de invierno;
tu verde en madrugadas adriáticas
y en los ciruelos de los jardines de Navagero;
tu azul en ciertas túnicas y vidrios
y en los cielos enamorados
de nuestra adolescencia
que nunca más veremos;
los ocres en los muros cancerosos
mordidos por la sal, en las fachadas
de granjas y herrerías;
tu rojo en cada teja de Venecia, en los clavos
de las Crucifixiones
o en los labios con vino de los músicos;
un poco de violeta
en los ojos maduros de las jóvenes;
tus negros
en las enredaderas funestas
sobrecargadas de Muerte.

Astrolabio, 1979

NOVALIS

Oh Night, how long it's been since I've seen you
so full of stars and fireflies, so drunk with perfume.
After many years I know you in your blue
flames, in your chestnut and pine woods.
I know you in the fury of barking dogs
and in the damp strawberries that sprout from the dark.
I imagine you replete with cascades and vines.

How long I've kept quiet, how much time I've wasted,
how much time I've dreamt your beauty like now
with eyes brimful with tears.
My Night, don't cross this planet in vain.

Spheres, stand still and let the music grow louder.
Night, sweetest Night, since I must still return
to the world of men, let a star drop,
drive a burning harpoon between my sad eyes
or let me reign in you like a moon.

Sepulcher in Tarquinia, 1975

HOMAGE TO TITIAN (1576-1976)

I saw your golds burn in the autumns of Murano,
in the aromatic wax of winter candles;
your greens in Adriatic dawns
and in the plum trees of the gardens of Navagero;
your blue in certain tunics and glass
and in the lovesick skies
of our adolescence
that we'll never see again;
the ochres in cancerous walls
savaged by salt, in the facades
of dairy barns and blacksmith shops;
your red in every roof-tile of Venice, in the nails
of Crucifixes
or on the wine-covered lips of musicians;
a touch of violet
in the mellow eyes of the young;
your blacks
in the fatal bindweed
overloaded with Death.

Astrolabe, 1979

MEGALÍTICO

Esa enorme piedra torturada
sostiene el techo de la Noche.
Esta enfebrecida carne penetra la oquedad de los siglos.
En torno un vacío que deshace o sustenta
la soledad del mundo, una luz que ilumina
las heridas producidas en el acero.
Gira la masa enorme de la piedra entre astros.
Es de carne y de piedra el cigüeñal que mueve
desgastado el motor de nuestra Historia.
Libros, cosas y horas amadas, seres
tiernos y dulces como la música del sueño,
frágiles brazos, labios enamorados,
nada podéis contra esta atroz mecánica,
contra esta complicada maquinaria celeste.
Árbol de carne y piedra, huso de sangre,
gira la masa ciega en este espacio
de demenciales constelaciones,
de infinitos silencios.
Sólo en la piedra enorme hay firmeza.
Sólo en la piedra hay eternidad.
Un cuerpo está abrazando en otro cuerpo
una hoguera extinta.
La carne sólo horada ceniza en otra carne.

            Astrolabio, **1979**

MEGALITHIC

That enormous tortured stone
holds up the roof of the Night.
This feverish flesh penetrates the hollowness of centuries.
Surrounding it an emptiness that undoes or sustains
the world's solitude, a light that illumines
wounds produced in steel.
The enormous mass of the stone revolves among stars.
The worn-out crankshaft that moves our History
is made of flesh and stone.
Books, beloved things and hours, tender
and sweet beings like the music of dreams,
fragile arms, enamored lips,
you have no power over this atrocious mechanics,
over this complicated celestial machinery.
Tree of flesh and stone, spindle of blood,
the blind mass revolves in this space
of demented constellations,
of infinite silences.
Only in the enormous stone is there firmness.
Only in the stone is there eternity.
One body embraces in another body
an extinct fire.
Flesh is only pierced ash in other flesh.

   Astrolabe, 1979

Pureza Canelo

LA LUZ

Tu presencia encima de todo, lo que hablo,
debajo de una roca donde no estoy,
tú en el triunfo extraño que es amor,
y el cuerpo se resiente
y es látigo de verdad
árboles donde puedo acercarme.

No vienes de parte alguna.
Te encuentro parecido con todo.
Hablas tu lenguaje de corbata normal, de existencia,
de seno como yo, de pez que corre,
esa luz de fondo inacabable.
Y tú eres quien triunfa sin que sea recuerdo,
sin que vaya a ser,
una ceja es suficiente para atarme, Luz,
la hoja caída la pisamos a medias,
y la tierra pisada sigue intacta lejísimos.

No te diré que te irás.
Vuelco el vuelco diario detrás del sol.

Y corres tanto
como te amo.

      Celda verde, 1971

YA PUEDO MORIRME SI ME DEJO

Palabras, oficio que no lo es.
Hojas que caen al suelo
y no me da tiempo a detenerlas.
Figuraciones mías, y amor, otra vez,
al compás, verso grande,
para la vida. El mío me quiere.

Anillo puesto a mi dedo
en un año cualquiera; sin nombre,

LIGHT

Your presence over everything of which I speak,
underneath a rock where I am not,
you in the strange triumph that is love,
and the body is insulted
and it is a whip of truth
trees that I can approach.

You don't come from any direction.
I find you resemble everything.
You speak the language of an ordinary necktie, of existence,
of breast like myself, of fish that runs,
that light of interminable depth.
And you are the one who triumphs without its becoming memory,
without its impending,
an eyebrow is enough to tie me down, Light,
we both trample the fallen leaf,
and the trampled earth remains distantly intact.

I won't tell you that you will leave.
I turn the daily turn behind the sun.

And you run as fast
as I love you.

> *Green Cell*, 1971

I CAN DIE IF I FEEL LIKE IT

Words, craft that it isn't.
Leaves that fall to the ground
and I have no time to stop them.
Fantasies of mine, and love, again,
in rhythm, noble verse,
for life. Mine loves me.

Ring placed on my finger
in some year or other; without name,

sin novio, sin recorte de lágrima;
vence, me vence el rostro,
la inquietud de mi ceguera es así,
y el monedero en el bolso, mi verso.
Amor en mi casa lo hay,
lo suplo con hablar, con anotar las deudas oscuras
en una noche; sola, solísima, yo me acompaño.

Y miro hacia atrás, y miro.
Qué olvido tan grande tengo a todas horas
que no me hace morir ni de repente;
grande hasta mi cuello el tiempo
y mi cintura pequeña.

Pido una separación definitiva
con el mundo;
para más vida,
para tronchar la higuera
que ya no se contempla sólo; se mira,
se ríe, tiene dos frutos salientes, mujer, yo,
amor flojo o fuerte en la nuca del corazón.

He avanzado por la tierra,
y puedo ver el mar, toda la ternura de dos;
ya tengo el verso,
ya puedo morirme.
Ahora mismo, como un compás
que algo me valdrá en su cero.

Lugar común, 1971

LA PRESENCIA

En ti toda la hora buscando
la longitud más alta del insecto,
la fibra de la montaña
envuelta en pinos, en la leyenda
de parte a parte, de boca a boca,
como la oscuridad del verso.
Y sueno mi corazón. Bajo el peldaño
de la concha,
bajo otra, bajo más, la tristeza,
la compañía de ti, amor de la noche
bajo el sol,
tú, reservador del alma mía,

without bridegroom, without the shape of a tear;
the face defeats, defeats me,
that's how the disquiet of my blindness is,
and the changepurse in my bag, my poetry.
There is love in my house,
I increase it by speaking, by writing down the dark debts
one night; alone, very alone, I keep myself company.

And I look in back of me, and I look.
What a vast oblivion I have all the time,
one that doesn't make me die even suddenly;
I'm up to my neck in time
and up to my small waist.

I ask for a final separation
from the world;
for the sake of more life,
to snap the fig tree
that is no longer only contemplated; it looks,
it laughs, it has two budding fruit, woman, I,
love weak or strong on the nape of the heart.

I have walked the earth,
already I can see the ocean, all the tenderness of two;
I already have the poem,
I can die now.
Right now, like a compass
that will be of some use pointing to zero.

       Common Place, 1971

PRESENCE

All the hour searching in you
for the highest longitude of the insect,
the fiber of the mountain
wrapped around the pinetrees, in the legend
from part to part, from mouth to mouth,
like the obscurity of the poem.
And I ring my heart. Under the ridges
of the shell,
under another, under more, sadness,
your company, love of the night
beneath the sun,
you, keeper of my soul,

de los besos que no existen,
con todas las nubes acampanadas,
que ofenden ahora, al tiempo sin el olvido,
en mi perseverancia.
Amor, tú, único domador de mis huesos.
De la distancia de mi cintura.
De la copla sonámbula,
este destino que tú deshaces, mis nudos
como en ventana abierta,
último dedo de mi cuerpo.
Y aquí en la tarde,
cuando la presencia no va a dormir nunca,
no es tu cabeza quien me convoca a ti,
sino el hormiguero de vuelta ya,
que encontrará en la noche
su martillo silencioso.

El barco de agua, 1974

POEMA DE DESVÁN SÉPTIMO

Los membrillos se preparan otra vez
para abrirse al pecho de septiembre;
los membrillos y la tosca pata de la mesa
sobre la que escribo hacen su meditación,
los tiempos que descoseré de mi zancada
a solas.

El amor invita a regresar a su limbo,
cansado del serpenteo de hormigas va tomando
el inventario de los otoños que se mueren,
y los niños de mi pueblo llevan aros sin romperse,
con el tomillo de la razón descanso, aprieto, deprisa
esta sombra de esparto que alimenta a la sangre
intacta de partirse en dos.

Cuartillas, hiedras de extraños afectos,
hielo de mis labios, sus grifos bajando de la nada,
patatas hervidas ocultas junto a los hombres,
estridencias para fregar mis suelos, vuelven, volverán
atadas a ese árbol del centro de la plaza
que atentamente me llama para la vida
todavía sin descanso del mundo que comienza.

of the kisses that don't exist,
with all bell-shaped clouds,
that now offend time without forgetting,
in my perseverance.
Love, you sole housebreaker of my bones.
From the distance of my waist.
From the sleepwalking song,
this destiny that you destroy, my joints
as in an open window,
last finger of my body.
And here in the afternoon,
when presence is never going to sleep,
it's not your head that calls me to you,
but the anthill already returned
that will find its silent hammer
in the night.

The Boat Made of Water, 1974

POEM OF THE SEVENTH-FLOOR ATTIC

The quince trees are prepared once more
to open to the breast of September;
the quince trees and the rough leg of the table
on which I write engage in meditation,
the moments that I will unwind from my long stride
alone.

Love invites a return to its limbo,
tired of the ants' serpentine movement it takes
inventory of the autumns that die,
and the children of my village carry hoops without breaking
    them,
I rest with the thyme of reason, I grasp quickly
this shadow of esparto grass that nourishes the blood
intact from being divided in two.

Sheets of paper, ivies full of strange emotions,
ice on my lips, griffin faucets descending from nothing,
some boiled potatoes hidden next to the men,
stridencies to scrub my floors by, they all return, will return
tied to that tree in the center of the plaza
that politely calls me to life
still without resting from the world that begins.

Porque regreso a la ciudad, al delfín de la muerte
en cualquier calle de los silencios jóvenes.
Regreso a la punta de mi lanza corneada bien
durante tantos años de hoz, y dueña.
Regreso a la fauna de mi cabeza, al mal,
para encerrar la fiebre de las hierbas claves
en el desván del séptimo.
Las mañanas del cuerpo serán para el prójimo
que me batalla enfrente.
Después de la jornada olvidaré la estrategia
de los pozos infectados.
Y en la noche alguna chispa hermana volará
la casa por haber muerte alrededor de mí.

¿A dónde vas muchacha
dilatada al destierro
que da con tu pasión en tierra?
¿Cómo distribuirás el mármol
y la pizarra que ha trabajado
tu honda para el mundo agraz?

¿En qué aire te ha cogido el campo
con todos los buitres del amor
empapados de una sal perdedora?
Ah, quedan lagunas por romper,
quedan miembros propios para adelante del signo,
longitudes que tomaré cuando la viga caiga
durante los años que amanecerán despiertos,
deseosos, altos, declinados,
de que dientes a esa hora sean los hijos
de la torbellina boca loca bien amada.

> *Habitable (Primera poética),* 1979

POEMA DE NUEVE DE DICIEMBRE DE MIL NOVECIENTOS CUARENTA Y SEIS

Esta costurera nació aquel día
con la sensación del mundo
que aún no mostraba su rojo paladar
en el peldaño creciente.
Pero esa mujer miraba desde abajo
el peso de los totales y hoy cree
que poema y hombre es labor de paciencia

Because I return to the city, to the dauphin of death
in some street full of young silences.
I return at the tip of my spear gored
during so many years of the sickle, and I am mistress.
I return to the fauna of my head, to evil,
in order to lock up the fever of the key grasses
in the seventh-floor attic.
Mornings of the body will exist for the sake of those
who battle with me across the street.
After the journey I'll forget the strategy
of infected wells.
And in the night some sisterly spark will escape
from the houses because there's death all around me.

Where are you going girl
expanded toward an exile
that will dash your passion to the ground?
How will you distribute the marble
and the slate that have worked
your slingshot aimed at the bitter world?

In what air did the field find you
with all the vultures of love
full of a corrupting salt?
Ah, there remain lakes to smash,
there are still one's own members to place in front of the
    sign,
I will measure the length of the fallen beam
during the years that will dawn awake,
anxious, tall, declining,
at that hour to what teeth of the turbulent, mad
well-loved mouth will the children belong?

> *Inhabitable (First Poetics)*, 1979

POEM OF DECEMBER NINTH, NINETEEN FORTY-SIX

This seamstress was born that day
with the sensation of a world
that hadn't yet shown its red palate
on the growing staircase.
But that woman looks from below
at the weight of the sums and today she believes
that poem and man are a labor of patience

y pasión
cuantas más mejor en carnes
que no se alcanzan
de meditar posesivamente.
Mientras los niños de su pueblo
rompían las cancelas de las puertas
y sujetaban al perro para orinarle
ella encendía la soledad
observando con aguja en rostro
su propia cabeza de la tierra.

Sé que sigo viviendo en pasado
y que no será obstáculo para la existencia.
Ni lápiz que podrá gastarme
la broma de la nada.
Pero qué distintas se sitúan hoy las sillas
de mi corazón entonces valiente y colorado.
Si la plenitud puede conquistarse
sigo amando aquella torre entre cereales
del alma, de vanguardias del alma,
de barruntos tronchados después por todo.
Treinta años ya están aquí.
Qué viva, qué enorme la cautela en verbos
de esos años.
Qué pan de pueblo luciendo
el vestido de mi noche entera,
y enterada.

Sin embargo habrá que cuidar
que el poema del pasado no decaiga
en fosa parecida a la del poema
del amor sentido.
Ironías de mi oficio acostumbrado
trotador a morir con sangre levantada.
Huyendo de la invasión, del canto
del cisne porque nunca supe convocar
los caramelos astutos de la venta
poética.
Ni he sabido que mis alambres
sirvan para vosotros, tema que estoy codiciando
en Habitable.

>   *Habitable (Primera poética),* **1979**

and passion
how much better in the flesh
that is not reached
by positive meditation.
While the children of the village
tore down the grates of the doors
and walked the dog to let him urinate
she lit the solitude
with a needle in her face
watching her own head made of earth.

I know that I continue to live in the past
and that it won't be an obstacle to existence.
Nor will a pencil be able to play
its trick of nothingness on me.
But how differently are the chairs arranged today
in my heart that was once valiant and red.
If plenitude can be conquered
I continue loving that tower among the grains
of the soul, of the vanguard of the soul,
of broken inklings afterwards everywhere.
Thirty years are already here.
How alive, how enormous the wariness in words
of those years.
What a village bread wearing
the dress of my total and
buried night.

We will have to see to it however
that the poem of the past doesn't fall into
a grave similar to that of the poem
of felt love.
Ironies of my craft trotter
accustomed to die with raised blood.
Fleeing from the invasion, from the swan's
song because I never knew how to call together
the astute caramels of poetic
marketing.
Nor have I known that my wires
are of use to you, subject that I covet
in the Inhabitable.

Inhabitable (First Poetics), 1979

BIOGRAPHICAL SKETCHES AND BIBLIOGRAPHIES

(The bibliographies following the biographical sketches contain generally only the poet's most significant or inclusive books of poetry.)

GERMÁN BLEIBERG (b. 1915) is a native of Madrid where he earned a doctorate in philosophy and literature. He fought as an infantry officer for the Republican cause in the Spanish Civil War and then was a political prisoner for four years. He taught at the University of Madrid and, since 1961, has lived in the United States where he has been on the faculties of Notre Dame, Vanderbilt, University of Massachusetts, Vassar and SUNY, Buffalo. He is presently Distinguished Professor at SUNY, Albany. He was awarded the National Prize for Literature in 1938 for his drama *La huida*. His first book of poems, love sonnets, expressed an intense, delicate and melancholy passion with elegance of form. His later poetry probes themes of internal struggle with images of ruins, shipwreck and the autumnal landscape.

Sonetos amorosos, 1936; *Más allá de las ruinas*, 1947; *El poeta ausente*, 1948; *La mutua primavera*, 1948; *Selección de poemas, 1936-1973*, 1975.

FRANCISCO BRINES (b. 1932) was born near Valencia and earned a law degree from the University at Salamanca. He also has a degree in philosophy and literature from Madrid University. He has been a lecturer at Oxford and now lives in Madrid. He has won two major literary awards for his poetry, which is strongly inward, and he has received considerable critical acclaim. He creates an objective distance from his own remembered experience and, through intense meditation, examines the existential awareness of solitude and the precarious human encounter with nothingness.

Las brasas, 1960; *El santo inocente*, 1965; *Palabras a la oscuridad*, 1966; *Aún no*, 1971; *Insistencias en Luzbel*, 1977.

PUREZA CANELO (b. 1946) is a native of Moraleja (Cáceres) and grew up in the surrounding countryside. In Madrid she studied to become a teacher and was trained in tourism and information. She now works as coordinator of cultural activities for the Free University of Madrid. Her second book won the coveted Adonais prize and her most recent collection won the prize in honor of Juan Ramón Jiménez. Her poems employ quick and surprising movement to express the broken rhythms of concrete feeling. The interiority of her vision is externalized through a unique "alogical syntax." She has given many poetry readings throughout Spain.

Celda verde, 1971; *Lugar común*, 1971; *El barco de agua*, 1974; *Habitable (Primera poética)*, 1979.

GUILLERMO CARNERO (b. 1947) was born in Valencia. He studied economics, philosophy and literature at the University of Barcelona and now teaches in the University at Valencia. Besides poetry, he has written criticism and has done translations from English and French, including work of Gautier. His poems incorporate wide erudition into an ironic and surreal outlook and frequently express an angle of vision on the poetic act itself. He uses both free and highly controlled forms to accommodate language that is brilliant and penetrating.

Dibujos de la muerte, 1967, 1971; *Barcelona, mon amour*, 1970; *El sueño de Escipión*, 1971; *Variaciones y figuras sobre un tema de La Bruyère*, 1974; *El azar objetivo*, 1975; *Ensayo de una teoría de la visión*, 1979.

GABRIEL CELAYA (b. 1911) is the pseudonym of Rafael Múgica, an extraordinarily prolific poet who is also a novelist, critic and dramatist. Born in Hernani (Guipúzcoa) he became an industrial engineer in Madrid and lived in the Students' Residence there. After writing two books in the mid-thirties, he published no poetry until 1947, when he founded the publishing venture *Norte* with Amparo Gastón in San Sebastián. He stopped working as an engineer in 1957 and devoted himself entirely to literature. He has won many awards in Spain and abroad, including the Etna-Taormina International Poetry Prize. He has translated poems of Blake, Rimbaud, Rilke and Eluard. Using a language of almost studied plainness, he is one of the most important social poets, but his work also exhibits a Kafkaesque existential anguish and a fascination with mathematics and music.

Marea del silencio, 1935; *La soledad cerrada* (1936), 1947; *Movimientos elementales*, 1947; *Tranquilamente hablando*, 1947; *Objetos poéticos*, 1948; *Las cosas son como son*, 1949; *Las cartas boca arriba*, 1951; *Lo demás es silencio*, 1952; *Paz y concierto*, 1953; *Cantos iberos*, 1955; *De claro en claro*, 1956; *Las resistencias del diamante*, 1957; *Episodios nacionales*, 1962; *Poesía, 1934-1961*, 1962; *Dos cantatas*, 1964; *Los espejos transparentes*, 1968; *Lírica de cámara*, 1969; *Operaciones poéticas*, 1971; *Función de uno, equis, ene*, 1973; *La higa de Arbigorriya*, 1975; *Buenos días. Buenas noches*, 1976.

ANTONIO COLINAS (b. 1946) is a native of La Bañeza in León. He studied technical subjects and history at the University of Madrid. Later he taught Spanish at the universities in Milan and Bergamo in Italy. Italian culture has had a strong influence on his work and he has translated various Italian authors, including Leopardi. He has written several volumes of criticism. In 1976 he won the Critics' prize for his third book of poetry. His poems are lyrical and incorporate natural imagery together with cultural allusions. In many of them objects resonate in a magical space intersecting an inward reverie.

Preludios a una noche total, 1969; *Truenos y flautas en un templo*, 1971; *Sepulcro en Tarquinia*, 1975; *Astrolabio*, 1979.

ÁNGELA FIGUERA AYMERICH (b. 1902), like Gabriel Celaya and Blas de Otero, comes from the Basque region of Spain. Though she belongs by date of birth to an earlier generation, she did not begin publishing poetry until 1948. Once she began, several books appeared in rapid succession, and she won the admiration of such distinguished poets as Neruda and León Felipe. Like her Basque compatriots, she is a poet of strong social consciousness who writes also on erotic and metaphysical themes. Her poems express strong feeling without sentimentality and exhibit a universal compassion for those who suffer.

Mujer de barro, 1948; *Soria pura*, 1949; *Vencida por el ángel*, 1950; *El grito inútil*, 1952; *Víspera de la vida*, 1953; *Los días duros*, 1953; *Belleza cruel*, 1958; *Toco la tierra. Letanías*, 1962.

GLORIA FUERTES (b. 1918) was born and educated in Madrid. She has worked in a factory, on the editorial staff of a magazine and as director of a public library. She has written many stories and poems for children and has won awards for children's literature. In 1961 she was a Fulbright lecturer on Spanish poetry at Bucknell University and she has lectured and read her poetry across Spain. She also founded and edited the magazine *Arquero*. Her poems are often humorous and self-mocking, playful and ironic, though at the same time loaded with awareness of human anguish, sorrow and death. She manages in her playfulness to express a deep solidarity with victims of all kinds.

Isla ignorada, 1950; *Antología y poemas del suburbio*, 1954; *Aconsejo beber hilo*, 1954; *Todo asusta, 1958; Que estás en la tierra, 1962; Ni tiro, ni veneno, ni navaja, 1965; Poeta de guardia, 1968; Cómo atar los bigotes del tigre, 1969; Sola en la sala, 1973; Obras incompletas, 1976.*

JAIME GIL DE BIEDMA (b. 1929) is a native of Barcelona where he grew up except for the Civil War years spent near Segovia. He studied law at the University in Salamanca and later traveled in France, England and the Far East. An important critic, he is fluent in English and has translated T.S. Eliot and Christopher Isherwood. Since 1955 he has worked for an industrial firm in Barcelona. His poetry draws heavily on recollections of childhood and on his developing moral insight. Reality appears in his poems as demystification and the fragility of erotic love is a favorite theme. His language is colloquial and concise.

Compañeros de viaje, 1959; En favor de Venus, 1965; Moralidades, 1966; Poemas póstumos, 1968; Las personas del verbo, 1975.

PEDRO GIMFERRER (b. 1945) was born in Barcelona and studied law, philosophy and literature at the University there. Translator of Samuel Beckett and the Marquis de Sade, he is also a literary critic and a writer on art and film. He writes in Catalan as well as in Spanish and translates his own work. He was awarded the National Prize for Poetry in 1968. His poems juxtapose images from the fictive worlds of the movies and dreams with everyday reality and literary references in a revelatory illumination. With hallucinatory intensity he blends material from the mass media with subtle intellectual reflection.

Mensaje del Tetrarca, 1963; Arde el mar, 1966; La Muerte en Beverly Hills, 1968; Poemas, 1963-1969, 1969; Els miralls, 1970; Hora foscant, 1972; Foc cec, 1973; Poesía 1970-1977, 1978.

ÁNGEL GONZÁLEZ (b. 1925) grew up in Oviedo where he took a law degree at the local university. He began his writing career as a music critic for one of that city's newspapers, later studied journalism in Madrid and worked at a government job. He now lives in the United States and teaches Spanish at the University of New Mexico. He received the Antonio Machado prize for poetry in 1962. His poems are deeply rooted in an adolescence spent in the aftermath of the Spanish Civil War and often express disillusionment, scepticism and bitterness beneath a lighthearted surface. He employs a concise, colloquial and descriptive language with piercing humor.

Áspero mundo, 1956; Sin esperanza, con convencimiento, 1961; Grado elemental, 1962; Palabra sobre palabra, 1965; Tratado de urbanismo, 1967, 1976; Procedimientos narrativos, 1972; Muestra corregida y aumentada, de algunos procedimientos narrativos y de las actitudes sentimentales que habitualmente comportan, 1977.

FÉLIX GRANDE (b. 1937), a native of Mérida, lived in Tomelloso (Ciudad Real) and worked as goatherd, cowboy, winery employee and office clerk. After moving to Madrid he was an administrative assistant and a salesman of chemical products. He is now editor of the journal *Cuadernos Hispanoamericanos*. A novelist and critic, he has won many awards including the National Prize for Literature. His poems often explore the visceral terror of being human, sometimes in cascading rhythms without punctuation. His work encompasses nausea, a pained eroticism and guilt in the face of permanent injustice.

Las piedras, 1964; Música amenazada, 1966; Blanco spirituals, 1967; Taranto (Homenaje a César Vallejo), 1971; Biografía, 1971; Las rubáiyátas de Horacio Martín, 1978.

MIGUEL HERNÁNDEZ (1910-1942) transformed himself from a goatherd with little formal schooling into a poet of great power and subtlety, though he lived not quite thirty-two years. He first read the poets of the Golden Age and then the modern poets in the library of his native Orihuela in Alicante. He collaborated with his friend Ramón Sijé in editing a literary review in Orihuela and visited Madrid in 1931. Returning to Madrid in 1934, he was enthusiastically received by José Bergamín who published his work in *Cruz y Raya*, and he became the friend of Neruda and Aleixandre. The formalism of his early work gave way to a freer structure and he wrote dramas as well as poetry. He fought on the Republican side in the Spanish Civil War and was imprisoned at the end of the war. His death from tuberculosis occurred in the prison in Alicante on March 28, 1942. The poems he wrote at the front during the war are among the most memorable Spanish war poems and the ones written in prison are strong, tender and poignant.

Perito en lunas, 1933; *El rayo que no cesa*, 1936; *Viento del pueblo*, 1937; *Sino sangriento y otros poemas*, 1939; *El hombre acecha*, 1939; *Seis poemas inéditos y nueve más*, 1951; *Cancionero y romancero de ausencias*, 1958; *Obras completas*, 1960.

JOSÉ LUIS HIDALGO (1919-1947) was born in Torres in Santander. He studied drawing and painting in Valencia and Madrid and became a painter and engraver as well as poet and essayist. His first book explored the terrestrial roots of human life and his second penetrated the interiority of animal life. In his third book, published the year he died of tuberculosis at the age of twenty-eight, he revealed a profound existential awareness of death, bound up with a feeling of unity with the cosmos despite man's enigmatic mortality.

Raíz, 1944; *Los animales*, 1945; *Los muertos*, 1947; *Canciones para niños*, 1951; *Obra poética completa*, 1976.

JOSÉ HIERRO (b. 1922) grew up in Santander where his technical school studies were interrupted by the Spanish Civil War. He was jailed for political activism while still a teenager. Later he lived in Valencia and, on his return to Santander, helped to found the review *Proel* where his first poems were published. He won the Adonais prize for his second book, *Alegría*, in 1947 and the National Prize for Literature in 1953, followed by several other important awards. An art critic, he has lectured widely on poetry and painting. His poems are marked by intense dramatic movement and carefully controlled rhythms.

Tierra sin nosotros, 1947; *Alegría*, 1947; *Con las piedras, con el viento*, 1950; *Quinta del 42*, 1953; *Estatuas yacentes*, 1955; *Libro de las alucinaciones*, 1964; *Cuanto sé de mí*, 1974.

RAFAEL MORALES (b. 1919) is a native of Talavera de la Reina (Toledo). He received a degree in philology from the University of Madrid and has written a great deal of literary criticism in addition to poetry. He is also a writer of children's stories. His first book, *Poemas del toro* (1943), inaugurated the prestigious Adonais series and in 1954 he won the National Prize for Literature. Involved in many cultural activities, he is a professor of Spanish Literature at the Complutensian University of Madrid. His poems demonstrate a Rilkean penetration into the life of objects, animals and other human beings.

Poemas del toro, 1943; *El corazón y la tierra*, 1946; *Los desterrados*, 1947; *Canción sobre el asfalto*, 1954; *La máscara y los dientes*, 1962; *Poesías completas (1940-1967)*, 1967; *La rueda y el viento*, 1971.

BLAS DE OTERO (1916-1979) was born in Bilbao and spent his childhood there and in Madrid. He took degrees in law, philosophy and literature but never practiced any profession. He worked for a foundry, did a stint as a miner and earned a living as a private tutor in his native city. He gave lectures and poetry readings across Spain, lived in Paris and Havana and traveled to the Soviet Union and China. A poet of great originality and depth, he is the acknowledged master of the post-Civil War generation. His outspoken social and political views prevented his work from being regularly published in Spain during the Franco era, though editions of his poems did appear in France, Mexico, Argentina and Puerto Rico.

Cántico espiritual, 1942; *Ángel fieramente humano*, 1950; *Redoble de conciencia*, 1951; *Pido la paz y la palabra*, 1955; *Ancia*, 1958; *En castellano*, 1960; *Este no es un libro*, 1963; *Que trata de España*, 1964; *Mientras*, 1970; *Poesía con nombres*, 1977; *Todos mis sonetos*, 1977; *Viejo camarada*, 1978.

LEOPOLDO PANERO (1909-1962) was born in Astorga. He studied law in Valladolid and Madrid and then continued his studies at Cambridge University in England. He was associated with the magazines *Cruz y Raya* and *Escorial* and later collaborated on *Caballo Verde*, founded by Neruda. An art critic, he held positions in the Institute of Spanish Culture and served as cultural attaché at the Spanish embassy in London. In 1953 he published a long poem as a reply to Neruda's *Canto general*. He was awarded the National Prize for Poetry in 1950 and after his death a prize was established in his honor. His poems celebrate family, nature and God in a way reminiscent of the great English romantic poets whom he translated. He wrote memorable elegies for Lorca and Vallejo.

Versos del Guadarrama, 1930-1939; *La estancia vacía*, 1944; *Escrito a cada instante*, 1949; *Canto personal. Carta perdida a Pablo Neruda*, 1953; *Obras completas I: Poesías (1928-1962)*, 1973.

CLAUDIO RODRÍGUEZ (b. 1934) won the Adonais prize for young poets in 1953 at the age of nineteen, with the publication of his first book. He is among the most highly regarded poets of his generation, though his poems are less directly social and political in content and more celebrative of a rich inner life. Born in Zamora, he studied in Madrid and took a degree in philology. He has been a lecturer in Spanish at the University of Nottingham and at Cambridge University in England, and now lives in Madrid.

Don de la ebriedad, 1953; *Conjuros*, 1958; *Alianza y condena*, 1965; *Poesía (1953-1966)*, 1971; *El vuelo de la celebración*, 1976.

LUIS ROSALES (b. 1910) is a native of Granada, the home also of Lorca. Educated in Madrid, he earned a doctorate in philosophy and literature and was on the staff of the magazines *Escorial* and *Cruz y Raya*. He has held various cultural posts, was elected a member of the Royal Spanish Academy and is the recipient of several literary prizes. His first book, with its deep religious vein, put him at the head of the intimist movement. His later work moved away from formalism and absorbed the influence of Vallejo and Surrealism, showing a deepened awareness of man's rootedness in the earth.

Abril, 1935; *La casa encendida*, 1949, 1967; *Rimas*, 1951; *Segundo abril*, 1973; *Canciones*, 1973; *Cómo el corte hace sangre*, 1974.

CARLOS SAHAGÚN (b. 1938) won his first major literary prize at the age of eighteen with poems exploring his own childhood in the post-Civil War period. His later poems concentrate on universal themes of love, desolation and struggle. Born in Onil in Alicante, he studied philosophy and literature at the University of Madrid. He lectured on Spanish culture at the University of Exeter in England, taught literature in Segovia and now lives in Barcelona. He has translated Eugenio Montale and William Carlos Williams.

Profecías del agua, 1958; *Como si hubiera muerto un niño*, 1961; *Estar contigo*, 1973; *En la noche*, 1976; *Memorial de la noche 1957-1975*, 1976; *Primer y último oficio*, 1979.

JOSÉ ÁNGEL VALENTE (b. 1929) is a native of Galicia, where he began his university studies. He later transferred to the University of Madrid, earning a degree in philology. From 1955 to 1958 he taught Spanish literature at Oxford, and since 1958 he has lived in Geneva where he works as a translator. Using quiet tones and direct language, his poetry penetrates to the core of human relationships and exposes the spiritual emptiness of much of modern life. His poems are tightly constructed but may often contain a dynamic symbolism. For him, poetry is a form of knowledge. A noted critic, he is also translator of Cavafy.

A modo de esperanza, 1955; *Poemas a Lázaro*, 1960; *Sobre el lugar del canto*, 1963; *La memoria y los signos*, 1966; *Siete representaciones*, 1967; *Breve son*, 1968; *Presentación y memorial para un monumento*, 1970; *El inocente*, 1970; *Punto cero*, 1972; *El fin de la edad de plata*, 1973; *Interior con figuras*, 1976.

MANUEL VÁZQUEZ MONTALBÁN (b. 1939) is a native of Barcelona, where he presently lives. He studied journalism in Madrid and took a degree in philosophy and literature at the University of Barcelona. His role in the 1962 student uprisings on behalf of the striking miners of Asturias earned him a three-year jail sentence from a military court, but he was pardoned after serving a year and a half. He has written a column on international politics for the magazine *Siglo 20* and is the author of novels, essays and songs. His poetry creates a montage of colloquial language, advertising slogans, popular songs and traditional literature which he parodies with a tender wit. Beneath this surface he exposes a deeper level of human fate.

Una educación sentimental, 1967; *Movimientos sin éxito*, 1969; *Manifiesto subnormal*, 1970; *A la sombra de las muchachas sin flor*, 1973; *Coplas a la muerte de mi tía Daniela*, 1973; *Praga*, 1980.

LUIS FELIPE VIVANCO (1907-1975) was born in San Lorenzo de El Escorial, studied philosophy and literature and became an architect practicing in Madrid, where he was associated with the magazines *Cruz y Raya* and *Escorial*. He helped to promote the cause of contemporary painting and sculpture. His book on contemporary Spanish poetry (1957) became one of the most important critical works of the century. An intimist poet of strong religious emotion, he saw the poetic act as an exhibition of personal authenticity and was much influenced by Rilke, whom he translated. His experimental late prose poems employ a free and wide-ranging diction.

Cantos de Primavera, 1936; *Tiempo de dolor*, 1940; *Los caminos*, 1947; *Continuación de la vida*, 1949; *El descampado*, 1957; *Canciones de Loredo*, 1957; *Memoria de la plata*, 1958; *Lecciones para el hijo*, 1961; *Los caminos (1945-1965)*, 1974; *Prosas propicias*, 1976.

INDEX OF POETS

Bleiberg, Germán   76-85
Brines, Francisco   238-251
Canelo, Pureza   324-333
Carnero, Guillermo   300-315
Celaya, Gabriel   48-65
Colinas, Antonio   316-323
Figuera Aymerich, Ángela   140-149
Fuertes, Gloria   150-163
Gil de Biedma, Jaime   224-237
Gimferrer, Pedro   284-299
González, Ángel   198-213
Grande, Félix   252-265
Hernández, Miguel   2-23
Hidalgo, José Luis   110-119
Hierro, José   120-139
Morales, Rafael   104-109
Otero, Blas de   86-103
Panero, Leopoldo   38-47
Rodríguez, Claudio   164-183
Rosales, Luis   24-37
Sahagún, Carlos   214-223
Valente, José Ángel   184-197
Vázquez Montalbán, Manuel   266-283
Vivanco, Luis Felipe   66-75